塔木德

——犹太人的经商与处事圣经

［美］赫里姆/著

邹文豪◎编译

图书在版编目（CIP）数据

塔木德：犹太人的经商与处事圣经／（美）赫里姆著；邹文豪编译． -- 北京：中国画报出版社，2009.1（2024.7重印）
ISBN 978-7-80220-400-3

I.①塔⋯ II.①赫⋯②邹⋯ III.①犹太人－商业经营－经验②犹太人－人生哲学 IV.①F715②B821

中国版本图书馆CIP数据核字（2008）第206688号

书　　　名：	塔木德——犹太人的经商与处事圣经
出 版 人：	于九涛
著　　　者：	［美］赫里姆
编　　译：	邹文豪
责任编辑：	齐丽华
出版发行：	中国画报出版社
	（中国北京市海淀区车公庄西路33号，邮编：100044）
电　　　话：	88417359（总编室兼传真）、68469781（发行部）
	88417417（发行部传真）
网　　　址：	http://www.zghbcbs.com
电子信箱：	cpph1985@126.com
印　　　刷：	三河市骏杰印刷有限公司
监　　　印：	焦　洋
开　　　本：	16K
印　　　张：	16
字　　　数：	269千
版　　　次：	2009年2月第1版　2024年7月第12次印刷
书　　　号：	ISBN 978-7-80220-400-3
定　　　价：	36.00元

前言

世界新首富"股神"巴菲特、科学巨人爱因斯坦、"华尔街之子"摩根、石油大王洛克菲勒、"金融天才"索罗斯、"普利策新闻奖"的创始人普利策、电影巨头华纳兄弟、著名导演斯皮尔伯格、"甲骨文"CEO拉瑞·埃里森、伟大的无产阶级革命导师马克思、心理学家弗洛伊德……这些声名显赫的人物虽然在不同的领域成功，但是他们有一个共同的身份——犹太人。另外，美国华尔街有一半以上的超级富翁是犹太人，诺贝尔奖的获得者中犹太人占总数的30%以上。

在全世界，犹太人的人口数量才1600多万，只占世界人口的0.3%。但是他们所取得的成就，不在其他任何民族之下！这其中到底有什么秘密呢？

其中的奥秘就在《塔木德》中。犹太人能够历经坎坷而不散，久经磨难而兴盛，最重要的一个原因就是得益于这本书。《塔木德》是犹太人精神的百科全书，为犹太人提供了生活的准则和处世、经商、教育等方面的道德规范，构建了犹太人的世界观，所以犹太民族被称为"一本书的民族"。

《塔木德》共20卷，全书是由上千名犹太学者，花了十几年的工夫，把公元前500年至公元500年近千年的圣哲之言进行整理、编纂成册的。它内容庞杂，卷帙浩繁，头绪纷纭，大至宗教、律法、民俗、伦理、医学，小到饮食起居、洗浴穿衣等无所不含。这本书渗透到犹太人生活的方方面面，直至现在仍未改变。

《塔木德》是犹太人对自己民族智慧的发掘、思考和提炼，是整个犹太民族生活方式的导航图，是滋养世世代代犹太人的土壤，也是其他民族了解犹太文化和接触犹太智慧的必经之道。

在犹太民族中流传着这样一句话："为了贫穷女孩子的一份嫁妆,可以在犹太教堂里把《圣经》卖掉。为了使这个女孩子一生富足,她的嫁妆里必须要有一部《塔木德》。"

在每一个犹太人家里,当小孩稍微懂事时,母亲就会翻开《塔木德》,点一滴蜂蜜在上面,叫小孩子去吻《塔木德》上的蜂蜜。他们认为《塔木德》是最甜的。

每个犹太孩子在成长过程中几乎都不可避免地要回答这样一个问题:

"假如有一天你的房子被烧毁,你将带着什么东西逃跑呢?"

如果孩子回答是钱或钻石,母亲将进一步问:

"有一种没有形状、没有颜色、没有气味的东西,你知道是什么吗?"

要是孩子答不出来,母亲就会说:

"孩子,你要带走的不是钱,也不是钻石,而是知识。知识是任何人都抢不走的,只要你还活着,知识就永远跟随着你。"

《塔木德》的智慧从小就被根植到代表民族未来的孩子的理念之中。

目前《塔木德》已被译成12种语言,在全世界广泛流传。尤其是犹太人几乎人手一册,从生到死一直研读,他们除了每天早上阅读一段时间之外,安息日还要安排几个小时的学习时间。在家庭聚餐或朋友聚会时,他们一般都要共同交流学习心得。

《塔木德》的内容仍在不断增加,新版本问世时,最后一页必定是张白纸,意思是希望圣贤之士续写。

目录 Contents

上篇 商道智慧

第 1 辑　赚钱是一种智慧　>>>

别想一下就造出大海，必须先由小河川开始。

——《塔木德》

- 金库，从无到有 /004
- 小和大的辩证哲学 /013
- 本钱只做本钱 /018
- 付出与回报 /020
- 敢于创新 /023
- 具有预见性 /025

第 2 辑　做有钱人的生意　　　　　　　　　　　　　　　　>>>

名贵的商品都是给财主们准备的。

——《塔木德》

- 22：78 法则 /028
- 厚利适销 /031
- 关注有钱人的流行趋势 /033
- 借势大人物 /034

第 3 辑　赚女人和嘴巴的钱　　　　　　　　　　　　　　>>>

让女人掏腰包的机会远比让男人掏腰包的机会多。嘴巴是消耗的无底洞。

——《塔木德》

- 掏女人的腰包 /038
- 挖嘴巴的钱 /042

第 4 辑　生意从微笑开始　>>>

坑蒙顾客就是播种仇恨，微笑带来的则是滚滚财源。

——《塔木德》

- 微笑是无价之宝 /046
- 和气生财 /047
- 生意也要幽默 /051
- 诚实 /053
- 一颗谦卑的心 /055

第 5 辑　随时捕捉机会　>>>

当机会来临时，不敢冒险的人永远是平庸之辈。

——《塔木德》

- 信息里找钱 /060
- 对机会果断出击 /062
- 敢于冒险 /064
- 逆境中求财 /068
- 身边的机遇 /071
- 找准人生的位置 /072
- 瞬间成就人生 /074

第6辑　犹太人的理财智慧　>>>

　　我见日光之下，快跑的未必能赢，力战的未必得胜，智慧的未必得粮食，明哲的未必得资历财，灵巧的未必喜悦，所临到众人的，是在乎当时的机会。合理的投资也要选择恰当的时间。

——《塔木德》

- 能花钱才能挣钱　/076
- 用钱难于赚钱　/078
- 100%发挥一块钱的功用　/080
- 有钱不置半年闲　/083

第7辑　解放商业天赋　>>>

　　时间是商品，知识是商品，那么国籍当然也可以成为商品，而且是一种特殊的商品。

——《塔木德》

- 诚信第一　/086
- 一双干净的手　/088
- 双赢或多赢　/090
- 崇尚变通　/091
- 机智是取胜的筹码　/095
- 生意无禁区　/097
- 长期规划增值　/099

第8辑　契约的精神　　　　　　　　　　　　>>>

遵守契约，尊重契约，你获得的将不只是尊重。给对方以仁慈让步，就是对自己的残忍！

——《塔木德》

- 合同是与神的契约 /102
- 常识是契约 /105
- 钻法律的空子 /107

第9辑　谈判中获胜　　　　　　　　　　　　>>>

诱使对方产生错误的"想象"。

——《塔木德》

- 不带情绪 /114
- 得理不饶人 /115
- 把握时机 /117
- 多准备几套方案 /119
- 高目标 /121

下篇 处事圣经

第10辑 生存的哲学

我们行事为人是凭着信心信念。

——《塔木德》

- 忍耐 /126
- 现实主义 /129
- 只信自己 /130
- 以利驱人 /131
- 精明 /133
- 示人以弱 /135

第 11 辑　生活之道　>>>

会享受生活的人才能够更好地去创造生活。

——《塔木德》

- 全心工作和休息 /140
- 家庭和事业 /141
- 孝悌之礼 /143
- 幽默 /144
- 超越痛苦 /146
- 自强 /148

第 12 辑　信仰的力量　>>>

拉比规定,遇到地震、惊雷、风暴和闪电时,应该这样祷告:"赞美您,主啊,我们的上帝,宇宙的主宰。您的力量充盈了世界。"

——《塔木德》

- 摩西十诫 /152
- 苦难的历史 /153
- 信仰至上 /155

第13辑　尊重知识和教育　>>>

能够逢人学习对方优点者，乃世上最聪明之人。

——《塔木德》

- 知识重于金钱 /160
- 为学习而学习 /162
- 尊敬教师 /164
- 学校在民族在 /166
- 教育决定未来 /172

第14辑　团队的力量　>>>

不要鄙视任何人——任何人都有自己的位置，都可以在有钱和有时间的条件下创造奇迹。

——《塔木德》

- 折箭的寓言 /178
- 团队精神 /179
- 学会合作 /181
- 借用他人的力量 /183

第15辑　孩子是未来　　　　　　　　　　　　　　>>>

没有学童的城市终将衰败；有学童而不教育的家庭，必将是一个贫穷的家庭。

——《塔木德》

- 孩子是希望所在 /186
- 教育孩子要趁早 /187
- 从爱书开始 /189
- 教育孩子坦然地生活 /192
- 教孩子从小就具有忍耐力 /194
- 从小就对孩子进行理财教育 /195
- 好孩子好品性 /196
- 怎样惩罚孩子 /197

第16辑　犹太人的自我观　　　　　　　　　　　>>>

①每时每刻都要善待自己。

②超越别人的人，不能算真正的超越；超越从前的自己，才是真正的超越。

③幽默的人是拥有智慧的人。

——《塔木德》

- 善待自己 /204
- 节制 /207
- 躬行 /209
- 自我鼓励 /210
- 心理补偿 /211

第17辑　与人交往　>>>

两个人总比一个人好。

人应交友以便能跟他一起读《圣经》，一起研习《密西拿》，一块吃饭，一同饮酒，并向他吐露心曲。

——《塔木德》

- 成为朋友吧 /214
- 懂得宽容 /216
- 把敌人变成朋友 /218
- 不借钱给朋友 /220

第18辑　事业第一　>>>

把你的心思永远只专注于一个地方。

——《塔木德》

- 工作的偏执狂 /224
- 专注于目标 /225
- 绝不拖沓 /227
- 出售的是时间 /228
- 不找任何借口 /230

第19辑　爱情与婚姻　　　　　　　　　　　　　　　>>>

　　神没用男人的头造女人，因为女人是不可以支配男人的。同时，神也没用男人的脚来造女人，这是因为不可以让女人成为男人的奴隶。独用男人的肋骨来造女人，就是希望女人经常能在男人的心中。

——《塔木德》

● 男女平等　/234
● 好女人是所学校　/236
● 女人的爱情观　/238
● 男性的择偶　/239

上篇

商道智慧

第 1 辑　赚钱是一种智慧

>>>

别想一下就造出大海，必须先由小河川开始。

——《塔木德》

犹太巨商大多是白手起家，职业之初一般多从事最底层的工作。他们的一大共性是都能将平凡的工作干得出色。如洛克菲勒16岁开始为一个小商人做会计助理，因工作有条不紊、精细认真深受老板赏识；哈同在上海的沙逊洋行当门卫，表现突出一年后升任地产科领班；钻石大王彼得森16岁到一家珠宝店当学徒，敲敲打打一丝不苟，仅5个月其手艺就得到师傅的认可；股票超人约瑟夫·贺希哈从14岁开始，伏案画股票行情图，一画就是三年。犹太巨商如此，小商人也一样；白手起家时如此，功成名就后也一样。美联储主席格林斯潘身居高位多年，仍对经济理论和经济运行的细节了如指掌，尤其对统计数据非常内行。

金库，从无到有

《塔木德》说，任何东西到了商人手里，都会变成商品。

故事一

如果有白手起家的决心，那么，请相信犹太商法中的"无中生有"法则。

希尔顿就是信奉这一法则，以区区3万美元起步，逐步成为全球闻名的旅店大王，终于以亿万财富跻身美国十大财阀之列。

1923年的一天，怀着致富梦想的希尔顿来到繁华的达拉斯商业区大街上，突然发现这里竟然没有一家像样的酒店。一个念头由此在希尔顿的心中产生：

"我如果在这里建一座高档的酒店，生意一定不错。"

经过一番观察，希尔顿看准了一块地，认为那里最适合兴建旅店。

这块地位于达拉斯商业区大街的拐角地段，所有权在一个人称"老德米克"的房地产商人手上。

在和老德米克商量之前，希尔顿很快就悄悄请来了建筑设计师和房地产评估师，经过大致观察，得知按心中所想建起一座酒店至少需要100万美元。

这与希尔顿已经筹措的30万美元差距太大。

但30万美元可以买下这块地皮。

希尔顿一点也不着慌。他这时找到老德米克，以30万美元的价格签订了地皮买卖的协议。

给付土地出让费的日期到了。这一天，希尔顿仅仅带了3万美元就来见老德米克。他一脸无奈地说：

"我买你的地，是想建一座大型酒店，但算来算去，我的钱只够建造一个普通的酒店，所以我只能租你的地了。"

就在老德米克摆摆手，正准备说"不想和你合作"的时候，希尔顿诚恳地说道：

"我的租期为90年，分期付款，每年租金为3万美元。如果我不能按期付款，你就收回你的土地和土地上面的酒店。你看怎么样？"

老德米克一听，不由得喜上眉梢：30万美元的土地出让费可以换得270万美元的租金，土地还是自己的，土地上的饭店也有可能是自己的。

于是交易就成了，希尔顿付给了老德米克第一年的土地租金3万美元。

希尔顿用3万美元拿到了30万美元才能买到所有权的土地第一年的使用权，把一个殷实的房地产开发商与自己紧紧地捆在了一起，口袋里剩下的27万美元仍然不能建起一座100万美元的旅店。于是，希尔顿再一次找到老德米克，说"以土地作为抵押去贷款建店"。

为了把270万美元全部拿到手，老德米克答应了。

一切按预想进行。银行按土地的现值贷给了希尔顿30万美元，使希尔顿手头可利用资金达到了57万美元。

1924年5月，希尔顿旅店在资金缺口已不太大的情况下开工了。

酒店建设用完了57万美元，希尔顿又没有了钱。这时，他还是来找老德米克，如实介绍了资金困难，希望老德米克把盖到半截的建筑物接收过去，出资让它顺利完工。他说：

"酒店一完工，就租赁给我来经营，年租金最低10万美元。"被套牢的老德米克想想自己并不吃亏——土地是自己的，土地上的饭店是自己的，每年还有10万美元的租金收入，于是就补足了工程建设的资金缺口。

1925年8月4日，以希尔顿名字命名的希尔顿旅店建成开业。

3万美元在两年时间内干成了大事。

如果希尔顿当初一美分也没有，相信他一样能把这事干得漂亮。

因为他的商业智慧是无价的。

希尔顿的成功道出了这样一条铁律：

把有实力的利益追求者与自己捆绑在一起，捆成一个不可分割的利益共同体，把最大的风险不着痕迹地转嫁给对方，财富就可以"无中生有"。

犹太商人提倡做生意不能太滥，要想从无到有，必须把每一次生意做到位，为下一次生意奠定基础。

故事二

孔菲德,曾被人称为美国股海"空手道大师",自幼家境贫寒,父亲的早亡,给这个孤儿带来了巨大的痛苦,但也养成了他坚韧的性格。他在大学毕业后的最初几年,并未显示出过人的商业智慧,相反,他对金钱的憎恨倒叫人难以理解。

1954年,他告别了费城,只身漂泊到了纽约,找了一份"互助基金"推销员的工作。互助基金这一行,在战后正拼命地扩展,这有如今日中国的期货经济,他们到处搜罗推销员,在街上,几乎是任何会讲英语和会笑的人,都在他们欢迎之列。招来后,加以短期培训,就出去推销基金股票了。

孔菲德就这样稀里糊涂地开始了他一生的宏图大业。互助基金一般由股东提供,股东将这笔资金集中起来,然后投资于股票,这比自己玩股票要保险得多。就个人来说,谁能看透变化莫测、瞬息万变的股市呢?推销员的佣金是从投资人资金中提取的,因而孔菲德在受训时,他的老师告诉他不管股票行情如何变化,即便是顾客们赔钱,对于推销员来说并没有什么大关系。孔菲德最初的老板是纽约一家投资者计划公司,孔菲德并不想长期做推销员,这对他来说只是一个跳板。工作之余,他花了很多时间去研究基金的财务组织和管理。不久他就发现:互助基金犹如一座金字塔,金字塔的最底层是基层推销员,往上是推销主任,再往上是地区和全国性的高级推销员,而高高在上的当然是互助基金的经理们。凡上面的一层均有从其属下的佣金中提成的权力。孔菲德因此看到了推销员这一领域外更广阔的"天地"。他觉得自己羽翼渐丰,应该冲破现有环境的束缚,到更广阔的天地去闯一闯。

1955年,经公司允许,孔菲德自费去了巴黎,当时欧洲许多国家禁止本国公民购买美国的互助基金股票,以免本国资本以这种方式流向美国。看来向欧洲公民推销股票这条路已行不通了。经过观察,孔菲德发现了欧洲这个禁区中的"新大陆"——美国的侨民市场。当时的欧洲各国到处都有美国的驻军、外交人员和商人,他们大部分都已在此居留相当长的时间,因此,他们的薪资都渐渐地进入了欧洲的经济圈子。这些美侨很有钱,他们有很多人都读到关于华尔街空前繁荣的报告，但由于远居异国，又没有一条方便之路，可以让他们将资金投于美国股票市场上。而今，孔菲德的出现，正好与侨民的愿望不谋而合，真乃天赐良机。

孔菲德经过广泛游说，卖了很多投资者计划公司的股票，为公司和他本人赢得了巨额利润。孔菲德赢得了声誉，向他投资的人渐渐增多，他想这足以证明在海外存在着一个广大而富足的市场。当然，这种市场就目前而言还是潜在的，还需要去开拓。至此，孔菲德野心勃勃，他现在已不再满足于投资者计划公司了。

孔菲德注意到了一家新的公司——垂法斯基金公司。这家公司当时的基金股票销路很好，比投资者计划公司拥有更广阔的市场。于是他毅然做出决定，脱离投资者计划公司，加入更有名气的垂法斯公司。随后，孔菲德写信给垂法斯基金公司，谈论了他发现的欧洲市场情况，并提出了一个快速开发报告，要求垂法斯委派他担任欧洲总代理。这一建议很快送到了垂法斯的高层决策群中，他们反复研究讨论之后，一致认为这项计划对垂法斯的发展非常有利，如果成功就可以扩大经营范围，打开国际市场的局面。于是孔菲德的要求很快就被答应了。

不久，孔菲德成立了自己的销售公司，并给它取了一个响亮的名字——投资者海外服务公司（简称IOS）。开始时他自己一个人推销垂法斯股票，然后他招聘了许多推销员，孔菲德可以从每一个推销员的每笔交易中提取1/5的佣金。随着推销员队伍的不断壮大，孔菲德从佣金中提成的收入越来越高，他已无须亲自去推销了，于是开始专心于训练新的推销员，健全他的代理机构，并开拓更广阔的基金市场。IOS以惊人的速度成长着。到20世纪50年代末，它已拥有100个推销员，他们的足迹踏遍世界各大洲的许多国家。他的推销员队伍壮大到孔菲德一人难以管理的地步。于是他就一层层地增设中间机构，一些原来他的推销员被提升为推销主任，这样他们就有权拥有自己的推销员并从佣金中提成。而当推销主任下属太多时，他又设立了次一级的中间机构，自己的地位也上升了一级。就这样，孔菲德建立了金字塔般的组织，这回他已距离金字塔塔尖不远了。

他一层层地从每一个属下身上提取他应得的那部分佣金。到1960年，孔菲德已净赚100万美元，而他自己从未投入一分一厘的资金，实际上他不是"一本万利"，而是"无本万利"的空手道高手。孔菲德手中拥有了雄厚的资本，加之公司声名鹊起，于是，他采取了在互助基金这一行中石破天惊的一步——成立了他自己的互助基金公司。孔菲德的第一家互助基金公司名叫国际投资信托公司（简称

IT），公司在号称是"自由中的自由市场"的卢森堡登记。基金的通信地址和实际的经营总部依然在瑞士，和IOS在一起。孔菲德的那些熟练而有冲劲的推销员们能使一般的潜在客户获得一个印象，即IT是一家以瑞士为基地的殷实可靠的大公司，IT股票销售的情况就如股市繁荣时的热门股票。一年以后，该公司已获得其投资者投入的350万美元，基金继续不断地增长，直到最后增长到将近7.5亿美元。

长期以来，孔菲德对他只能向欧洲境内的美国公民推销的限制一直感到气恼。20世纪50年代末期，有几个国家的政府抱怨IOS的推销员私下违背了这个规定，大批地将垂法斯的股票通过银行和以货币交换的方式卖给非美国公民。孔菲德现在决定要设法使这一限制逐步地解除。他说服每一个国家的财政当局，说："你们现在担心资金流出贵国，对不对？好吧，我告诉你们我的做法。我的新基金II，将投入一部分资金，购买贵国企业股票。但作为交换条件你们要准许我向贵国人民推销基金股票。"结果他说服了对手，孔菲德就是这样一步步地使自己登上了互助基金的金字塔塔尖，他的财源滚滚而来。

随后，孔菲德又在加拿大注册登记了"基金的基金"公司，市场进一步开阔。接下来，他把注意力转向了金融中心——华尔街。众所周知，华尔街股市一直是誉满全球的，它的许多热门股票都是抢手货，孔菲德只有跻身其间，才能有用武之地。于是，孔菲德和他的助手们又想出了一个绝妙的主意。按照美国的法律，由公众拥有的投资公司只能做多层基金生意，而个人拥有的公司则不受这种限制。这样，如果本公司成立只有一个股东的"基金的基金"公司，这就合乎个人公司的定义；这种私有资金也就可以在美国公开经营而不受干涉。说穿了，他就是在华尔街设立一个公司办事处，这对长期不能在华尔街和美国其他各地立身的国际投资信托公司来说，则是一举两得。就这样，一个接一个的私人基金公司成立起来，它们对任何股票都大胆投资，从炙手可热的热门股票到令人望而却步的冷门股票，从房地产投资到北极石油探测，他们都插上一手，从中捞到不少好处。

这样，"基金的基金"已经不仅是一个投资于其他基金的超级基金组织，而是一个受少数大亨操纵的公司，他们无所顾忌地从事着一连串的投资冒险生意。经过十几年的发展，到了20世纪60年代，孔菲德脱颖而出，一下子成了美国股票巨星。

故事三

犹太商人自己的生意经中有这样一句话，"金库是从心中变出来的"，下面这个案例可以说明这个观点。

1978年11月，在洛杉矶市获得奥运会主办权后的一个月，市议会就通过了一项不准动用公共基金办奥运会的市宪章修正案。

洛杉矶市政府只好向美国政府求援。但美国政府对此却很冷淡，明确表示不能提供一分钱。巧妇难为无米之炊。洛杉矶市走投无路，只好向国际奥委会申请，要求允许以私人名义主办奥运会。这个请求太意外了，国际奥委会还从来没想过由私人主办奥运会。万一这个人半途而废怎么办？偌大的奥运会交由私人主办，国际奥委会的面子置于何处？

更何况，《奥林匹克宪章》已明确规定只能由某个城市主办奥运会。如果还有另一个城市申请，国际奥委会就有了回旋的余地，然而，当时没有别的国家和城市申请举办，国际奥委会一点儿回旋的余地都没有，《奥林匹克宪章》的这条规定第一次失败了。

于是，洛杉矶奥运会筹备组开始"物色"一个能在行政当局不贴一分钱的情况下办好奥运会的人选。这个人年龄在40～55岁，在洛杉矶地区生活过，喜欢体育，具有从经济管理到国际事务等多方面的经验。经过一次又一次的筛选，名单里不断出现的名字就是——彼得·尤伯罗斯。

于是筹备组向尤伯罗斯发出了邀请。当筹备组的人谈起所谓"理想人选"的标准后，尤伯罗斯情不自禁地说：

"哦，这有点像我。"

他妻子吉妮后来说：

"不是像他，就是他。"

私人主办奥运会是奥运史上的第一次，同时也意味着要冒最大的风险。这之前的几届奥运会，主办城市财政上的亏损谁也没能逃过去。

1972年，在联邦德国慕尼黑市举行的第20届奥运会所欠下的债务久久不能偿还。

1976年，加拿大蒙特利尔第21届奥运会，亏损达到10亿美元。

1980年，在苏联莫斯科举行的第22届奥运会耗资高达90亿美元，亏损更是空前。

1980年，在美国普莱西德湖举行的冬季奥运会，从财政和组织上来说，也是不甚成功的。

纵观现代奥运会的历史就能发现，举办奥运会是财政上的一场"灾难"，谁主办谁就得不惜"血本"，更何况尤伯罗斯是私人主办奥运会。

即使如此，尤伯罗斯仍觉得主办奥运会是对自己的一次重大的挑战，他欣然接受了筹委会的邀请。

奥运会是举世瞩目的，对一个国家和一个城市来说，能够承办奥运会是一项巨大的荣誉，但是，奥运会的巨额费用使承办者苦不堪言，很多国家都知难而退。筹集资金是承办奥运会的关键，这个问题始终困扰着人们。

但尤伯罗斯毕竟是一个善动脑筋的人，如果没有很大把握，他也不会接这个任务。

尤伯罗斯决定利用各企业的竞争心理提高赞助收入。

本届奥运会规定，正式赞助单位只能接受30家，每一个行业选择一家，每家至少赞助400万美元，赞助者可取得本届奥运会某项商品的专卖权。这样一来，各大公司就只好拼命抬高赞助额的报价。

可口可乐公司和百事可乐公司历来是竞争对手，每一届奥运会都是两家交手的战场。1980年莫斯科奥运会上，百事可乐公司占了上风，虽然赌注大了点，但毕竟打响了牌子，提高了销售量。可口可乐公司尽管自恃老大，但一不留神就会在竞争中落后，这次洛杉矶奥运会上，可口可乐公司决心要挽回自己的面子。

尤伯罗斯向两家公司抛出了400万美元的底价。

百事可乐公司准备不足，还在犹豫之际，可口可乐公司已经胸有成竹，一下子把赞助费提高到1300万，高出了尤伯罗斯提出底价的3倍。

可口可乐公司的一位董事咄咄逼人地说，我们一下子多出900万，就是不给百事可乐还手的余地，一举将它击退。果然，百事可乐公司没有还手，可口可乐公司成了饮料行业独家赞助商。

尤伯罗斯笑纳1300万美元后，又把目光对准了感光胶片的两位大亨：柯达公司和富士公司。底价同样是400万美元。

然而这次可不那么顺利。

柯达公司开始也想加入赞助者的队伍，但他们不肯接受组委会的不得低于400万美元的条件，他们只同意赞助100万美元和一大批胶卷。尤伯罗斯没有答应，他还亲自飞到柯达公司的总部劝说他们接受组委会的条件，但"心胸狭窄和傲慢"的柯达公司没有同意，他们满以为有把握不改变条件便可获得赞助权，等待着尤伯罗斯的让步。

此时一向嗅觉灵敏的日本人似乎感觉到了什么，决心以此打入美国市场。富士公司同尤伯罗斯讨价还价，最后以700万美元的价格买下了洛杉矶奥运会胶卷独家赞助权。待到柯达公司醒悟时，富士胶卷已经充斥了美国市场，为此柯达公司广告部的经理被撤了职。

美国通用汽车公司与丰田等日本几家汽车公司的竞争更是热火朝天，彼此都竭尽全力拼抢这"唯一"的赞助权……

结果，本次奥运会获得的企业赞助共计3.85亿美元，而1980年的莫斯科奥运会仅获得赞助900万美元。

其中收入最高的莫过于作为专利拍卖奥运会电视实况转播权。

最初，电视台提出的最高拍卖价是1.52亿美元，遭到尤伯罗斯的否定。

他亲自出马，先研究了前两届奥运会电视转播的价格，又弄清楚了美国电视台各种广告的价格，提出2.5亿美元的价格。

尤伯罗斯还以7000万美元的价格把奥运会的广播转播权分别卖给了美国、澳大利亚等国，从此以后，广播电台免费转播体育比赛的惯例被打破了。

奥运会开幕前，要从希腊的奥林匹克把火炬点燃空运到纽约，再蜿蜒绕行美国的32个州，途经41个城市和近1000个镇，全程1.5万千米，通过接力最后传到洛杉矶，在开幕式上点燃火炬。

尤伯罗斯发现参加奥运会火炬接力跑是很多人梦寐以求、引以为荣的事情，于是他提出了一个公开出卖参加火炬接力跑权的办法，即凡是参加美国境内奥运火炬接力跑的人，每跑1.6千米，需交纳3000美元。

此语一出，世界舆论哗然，尽管尤伯罗斯的这个做法引起了非议，他依然我行我素，最后大笔的款项还是收上来了，这一活动筹集到了3000万美元。

他还设立"赞助人计划票"，凡愿赞助2.5万美元者，可保证奥运会期间每天获得最佳看台座位两个；另外每家厂商必须赞助50万美元，才能到奥运会做生意,结果有50家厂商,从杂货店到废物处理公司,都出来赞助。

组委会还发行各种纪念品、吉祥物,高价出售。

虽然奥运会的大多数项目的开支不能减少,但有不少项目可以采取变通办法,这就会节省一大笔开支。

首先,洛杉矶1932年曾举行过奥运会,虽然当初的奥运会规模与现在不可同日而语,但上届奥运会的一些设施毕竟犹存,仍然可以用。于是他对这些场地简单地进行了修缮,这就为他节省了一大笔开支,而且大大减少了工作量。

其次,尤伯罗斯正式聘请的工作人员只有200名职员,这与前三届比相差悬殊:

慕尼黑奥运会有1600个职员;

蒙特利尔奥运会有1505个职员;

莫斯科奥运会有2000个职员。

随着奥运会的日益临近,整个洛杉矶已呈现出浓郁的气氛。由各公司赞助整修和重建的各种设施已焕然一新。

当国际奥委会主席萨马兰奇和主任贝利乌夫人视察了这些设施之后,非常满意地说:"洛杉矶奥运会的组织工作是最好的,无懈可击的。"

140多个国家和地区的7960名运动员使这届运动会的规模超过以往任何一届。整个奥运会期间,观众十分踊跃,场面热烈,门票销路大畅。田径比赛时,9万人的体育场天天爆满,以前在美国属于冷门的足球比赛,观众总人数竟然超过了田径,就连曲棍球比赛也是场场座无虚席。美国著名运动员刘易斯一人独得4枚金牌,各种门票更是被抢购一空。多杰尔体育场的棒球表演赛,观众比平时多出1倍。

同时,几乎全世界都收看了奥运会的电视转播,令人眼花缭乱的闭幕式至今还留在人们记忆中。

在奥运会结束的记者招待会上,尤伯罗斯宣称,本届奥运会将有盈利,数目大约是1500万美元左右。一个月后的详细数字表明,本届奥运会盈利2.5亿美元。

洛杉矶奥运会以其财政上前所未有的成功为后来的奥运会树立了榜样,这一结果证明了尤伯罗斯确实是一个经营天才,也验证了犹太商人"金库是从心中变出来的"观点。

小和大的辩证哲学

一美元到首富

犹太人在教育自己的子女时，总是教育他们要从平凡的小事做起，且不可看不起小事，只有小事做好，才能做大事。要既能承担大事，也能办好小事。

在一个既脏又乱的候车室里，靠门的座位上坐着一个满脸疲惫的老人，身上的尘土及鞋子上的污泥表明他走了很多的路。列车进站，开始检票了，老人不紧不慢地站起来，准备往检票口走。

忽然，候车室外走来一个胖夫人，她一手提着一只很大的箱子，另外一只手领着个孩子，显然也要赶这班列车。可箱子太重，累得她呼呼直喘。胖夫人看到了那个老头，心想他可能是个干力气活的人，于是她大声喊道："喂，老头，你给我提一下箱子，我给你小费。"那个老人下意识地回了回头，看了胖夫人一眼，然后走了过来拎起胖夫人的箱子就和胖夫人一起朝检票口走去。

这位胖夫人边走边同老者搭讪着，说什么这年头找个活不容易，您这样大的年纪了，应该在家含饴弄孙等。边说边经过检票口检了车票。

上车不久火车就开动了。胖夫人抹了一把汗，庆幸地说："还真多亏了你，不然我非误车不可。"说着，她掏出一美元递给那个老人，老人微笑地接了过来。

这时，列车长走了过来："洛克菲勒先生，您好，欢迎您乘坐本次列车，请问我能为您做点什么吗？"

"谢谢，不用了，我只是刚刚做了一个为期七天的徒步旅行，现在我要回纽约总部。"老人客气地回答。

"什么？洛克菲勒？"胖太太惊叫起来，"上帝，我竟让著名的石油大王洛克菲勒先生给我提箱子，居然还给了他一美元小费，我这是在干什么啊？"她忙向洛克菲勒道歉，并诚惶诚恐地请洛克菲勒把那一美元小费退给她。

"太太，你不必道歉，你根本没有做错什么。"洛克菲勒微笑着说道，"这一美元，是我挣的，所以我收下了。"说着，洛克菲勒把那一美元郑重地放在了口袋里。

只有把一个个小事做好，才能做成一件大事。可以说，洛克菲勒如果没有类似的无数个一美元的积累，也就没有后来的亿万财富。

小处要大计较

犹太人做事情有个特点，就是看似微小的事情也要考虑周全，他们的人生信条是微小的地方一定要大计较，这样才能从失败中找到失败的原因，才能获得最后的成功。

犹太人柯伊斯就是这样的一个人，他一生在商海搏击，屡次赢得胜利，被人称为一艘永不沉没的航船。很多人都好奇他为什么在生意场上没有失手过。有一次一个记者把这个问题摆在了他的面前。

"柯伊斯先生，您在商海中闯荡从不失手的秘诀是什么？"

"没什么秘诀，我只不过是比别人更加细心罢了。"

"那您天生就如此细心吗？"

"不是，我的细心是因为我童年的一次经历。"

"您能跟我说说吗？"

"不值一提！"

"我们很感兴趣，您还是说说吧！"

"好吧！"

柯伊斯答应了对方的请求。柯伊斯接着问记者："你犯错误吗？"

"当然犯了。"

"那您怎样对待自己的错误呢？"

"通常我自己反省自己，并且很懊恼，当然最后还是自己原谅自己。"

"一般人都这样。可是我却不会这样做。"

"那您怎样做呢？"

"我一定要找出其中的原因，而不是懊恼。"

"这没什么不同呀！"

"那可有相当大的不同了。"

"能具体解释一下吗？"

"我通常是发现自己错了以后，一定要把出错误的原因找到，例如我计算账目和实际我收到的钱有出入，那我一定要查看，到底是哪儿出错了，然后我再思考错误的直接原因。"

"那您是如何思考的呢？"

"我就会想这样的错误是偶尔为之，还是经常性的，通过反思我发现自己出错误是由于自己的一个坏习惯，我常常把$6 \times 9 = 54$，算成56，所以问题出在我的记忆模糊上，这样以后我在遇到类似的问题时我就能够多加注意。"

"我确实没您想得那样深入。"

"要知道我之所以如此细心查找问题的原因，这还与我童年的经历有关呢！"

"童年的经历？"记者很感兴趣地问道。

"对，我记得那是我小的时候，我母亲在家门口摆了一个摊位，卖些物品赚点零花钱。"

"您家不是很富有吗？"

"可是那时候我家不富裕，我母亲需要卖些东西贴补家用。"

"这就养成了您特有的习惯吗？"

"没有。"

"您能说说吗？"

"好的。"

"我记得有一次，母亲临时有事，让我替她看着摊位，而这时来了一个大人要买鸡蛋。"

"那卖给他不就行了吗？"

"我也是这样做的，可是我却没有问我妈妈鸡蛋的价格。"

"那可怎么办呢？"

"我当时做了一个愚蠢的决定，我问那个大人鸡蛋多少钱一个，那个大人故意说别人都卖2美分，如果我不便宜些的话，那他就要去别处买。要知道当时每个鸡蛋的价格至少要5美分。"

"那您卖给他了吗?"

"我非常害怕失去生意,所以就卖给他了,并且自作主张1美分一个卖给他的。"

"那你的妈妈不会很生气吗?"

"幸好,我遇到了一个好妈妈。她知道这件事后并没有过多地责怪我,而是教我找出问题的关键。"

"她怎么教您的?"

"她让我知道在不知道鸡蛋价格的时候如何才能知道鸡蛋的价格。"

"那您找到办法了吗?"

"当然找到了,她列举了几个办法,可以问邻居,可以打电话问其他人,还可以问进价,当然最有效的办法就是在妈妈出去的时候,仔细问妈妈!可是我却没有这样做。所以因为我的粗心,酿成了这样的一个错误。"

"以后您就吸取了这样的教训吗?"

"是的,以后我遇到任何不懂的地方一定细心地调查,直到弄清楚为止。"

"这也就是您没有失误的原因吗?"

"当然了,我就是靠着这份细心才终于有所成就!"

小生意大利润

在犹太人的眼中,再小的生意也可以做成大生意,他们认为当上帝给你一分钱的时候,你应该感谢上帝,这是一笔财富。问题的关键在于你怎么做。我们总是想着做一些大生意,可以让我们在短期迅速致富。丢掉那些不切实际的幻想,赶紧做好你身边的小生意吧,你一样可以成为富翁。

有一个犹太裔法国人,他的名字在法国家喻户晓,因为法国人几乎每天都要同他打交道,他就是法国快餐业大亨雅克·博雷尔。1958年他在参观意大利庞培废墟时突发灵感,认定快餐必将风行。回到巴黎后,博雷尔就开起了快餐店,他把快餐店设计得和庞培古城的奴隶餐厅一样。

吃惯了大菜的法国人很快被吸引到这个"奴隶餐厅"里来。于是博雷尔的快餐店迅速发展,连锁店猛增,生意兴隆得很。

然后,博雷尔又把他的自助餐厅推介到公司里去。他说服一家保险公司说，"贵公司雇员的午餐由我的餐厅包了"。15年过去，他的公司餐厅已多达800家。

不久，他又发现有的公司太小，连个餐厅也没有，就向他们提出售午餐券的办法。用这种餐券，公司的人可到他在邻近开的餐馆就餐。这样一来，公司的雇员花钱少吃得好，雇主的开销减少，博雷尔的生意进一步扩大，真可谓皆大欢喜。

不久他又瞄上了汉堡包。汉堡包是德国货，法国人会喜欢它吗？许多人认为他做汉堡包生意等于自杀。但是事实证明法国人不但吃了，而且吃得津津有味。20世纪60年代末，博雷尔又产生了办汽车快餐馆的想法。于是在法国、意大利和葡萄牙等国的密如蛛网的公路边上，出现了博雷尔的汽车快餐馆。

这样博雷尔以自己的勤奋，从小生意做起，最终成为一代富豪。

积攒小钱赚大钱

犹太人的经典《塔木德》中有这样的一句话一直激励着犹太人：财富像一棵大树，它是从一粒小小的种子发育而成的。金钱就是种子，你越勤奋栽培它，它就长得越快。犹太人一直相信它，并用它来指导自己的人生实践。史威特就是运用这一理念成功的人。

史威特先生在耶路撒冷长大，是商界享有盛名的人物。他父亲去世很早，母亲开了家小杂货店，赚钱供小史威特上学，直到他大学毕业。史威特是个听话的孩子，从来没有离开他的母亲，他知道母亲赚钱辛苦，所以从小就立志做富翁，好孝敬母亲。母亲后来始终未嫁，因为她害怕再婚会伤害史威特。史威特也很爱母亲，顺着母亲的心愿，发愤图强，最终走向了成功。他自己开办的公司，在欧洲、北美洲和亚洲等地区都有分公司和代理公司，拥有资产上百亿美元，是世界知名人士。

说起他的成功道路则很艰辛，在他穷困潦倒的时候，不得不省钱过日子。有一个寒冷的冬天，天上漫天飘雪，地面已覆盖了积雪，他开的一辆小货车不幸在路上抛锚了。这种情况，通常应该去找汽车修理厂，由他们来拖车，但他知道拖车是需要加收费用的，为了节省下这笔钱，他硬是冒着风雪，踏着泥泞和积雪，把车推到1千米外的修理厂。

一到修理厂，那里的人有几分不理解："你这是何苦呢，为了节省那么点拖车费，自己费这么大的力气。打电话过来说一声不就行了吗？"

史威特却说："无外乎费点自己的气力，省点本钱，积攒下来，好赚大钱。这是目前我唯一能够做到的。"这样从牙缝里挤出的钱，帮他度过了困苦的日子。史威特一直想做大买卖，辛苦省钱的同时，他观察着市场的动向。

当时不少地区常闹水灾，受灾区急需物资，而运送物资就需要船只，大船无法深入内河地区，而小船又极其缺乏。敏感的史威特意识到这是一个赚钱的机会，就用几年间省下来的钱造了一艘小型拖船，做起了物资给养生意，转眼之间就发了一笔财，净赚100万美金。

他知道小船干不了大事，要想让自己的财富增值，就需要寻找新的途径，于是他把目光投向了陆地。这时正赶上以色列汽车业的快速增长期，需求量由原来的4000辆很快增加到8000辆，比前两年翻了一番。城镇和地区的公路上，各种车辆川流不息。史威特瞅准了这个机会，开办了汽车修理厂，生意一开始就很兴隆，不久，员工便由30人增加到100人。

接着他又与别人合资，开办了一家机械制造厂，做起了汽车制造的生意。这样十年的时间，从海上到陆地，他不断寻找新的发财途径，加上百年不遇的时代背景，使他一个筋斗翻出了八万里，终于成了富豪。目前，他的总资产超越10亿美元，成为商界里的一只雄鹰。

像史威特这样的人，在犹太企业界中，可以说比比皆是。他们有魄力，敢于投资，于是，获得财富的机会就降临在他们身上了。

本钱只做本钱

《塔木德》说，可以将小麦借给佃户做种子，但做种子的小麦不可食用。

这一箴言在犹太人中间已经盛传了几千年。对它的商业解读应是：本钱是用来赚更多的钱的，它的所有者必须小心经营，不可把它挥霍掉。

犹太人对这句话的理解非常深刻。

他们认为，把小麦借给佃户做播种之用，至少还有归还的可能；把做种子的小麦磨成粉，做成面包果腹，就是纯粹的消费行为，吃完以后只好再去借，借麦者这样就会陷入越来越穷的境地，而出借者的利益也会受到损害，这种账就极可能成为呆死账。

美籍犹太人洛克菲勒从小就对此深信不疑。

1858年，约翰·洛克菲勒的父亲借了1000美元给他。那时，他刚刚中学毕业，年仅19岁，他自己手中还有800美元的积蓄。

洛克菲勒没有把这1800美元挥霍掉，而是和大自己10岁的克拉克一起，合股创办了一家经营肉类和谷物的公司，开始资本的原始积累。

1860年，美国宾夕法尼亚州发现了石油。一时间，成千上万的人如潮水般涌来，采油区井架林立，原油产量节节飞升。但洛克菲勒经过实地考察，认定原油高产必定导致油价暴跌，从而没有盲动。

疯狂地钻油果然导致油价一路暴跌。3年后，当原油由当初每桶20美元跌得不到10美分时，洛克菲勒认为"种子发芽的机会"到了，投资石油是时候了。于是，他和安德鲁斯合股开了一家炼油厂，把肉类和谷物公司的股权全部转让给克拉克，一门心思干起了石油事业。由于采用了新技术，这个公司迅速成了当地最大的一家炼油公司。

就在"小麦发芽"的时候，洛克菲勒说服了自己的弟弟威廉参加了进来，建立了第二家炼油公司，经营石油进出口贸易，以抵御石油再次价乱的风险，自己坐镇全局。他制订质量管理标准，削减成本，降低价格。为降低成本，他自制油桶，自制炼油用的硫酸，购买油船和输油管，精心管理着自己的"麦田"，终于控制了当地26家石油公司中的21家。

石油帝国的初步形成使洛克菲勒意识到庞大的帝国难以控制的危机。一天他看到一篇文章，为其中"小商人时代已经结束，大企业时代业已来临"的观点与自己不谋而合而兴奋不已。于是他高薪聘请了文章的作者作为自己的私人顾问。作者为报知遇之恩，提出了"托拉斯"这个理论，即生产同类产品的多家企业高度联合，组成集团垄断市场。这一理论的运用使洛克菲勒垄断了全国80%的炼油工业和90%的油管生意，造就了美国历史上一个崭新的时代——垄断时代。

在中国，洛克菲勒实施"点燃亚洲光明之灯"计划，向大众分送掉几百万盏廉价的油灯，使中国人购买他的煤油。

1884年，洛克菲勒的石油公司成为全世界最大的石油企业，最终定名为美孚石油公司，1000元借来的"小麦"赢来了高产。

洛克菲勒1896年退休，1937年5月23日以98岁高龄去世，他是当时美国十大超级富豪之一，其家族也是当今美国最负盛名的家族之一。

"可以将小麦借给佃户做种子，但做种子的小麦不可食用"可以有如下的诠释：

消费借贷、生产借贷都可能有因资本的流通不畅而出现无法回收借贷物的情况。正因为这样，商人们就有必要考虑好资本的运作，使从商者和消费者都拥有可供顺利运作的资本。

犹太人认为，从商者充分考虑好顺利回收资本的环境和条件，考虑好如何制定合理的价格，考虑好如何提供合乎消费者要求的商品和令消费者满意的服务，这是顺利收回成本的基础。

种子是用来换取秋收的。

种子是不可食用的。

付出与回报

犹太商人从来不缺乏积极进取的挣钱精神，他们敢于迎接各种挑战，相信只要自己付出，就会换来回报。

犹太民族在2000多年前失去了家园，流散在世界各地，但他们没有因此丧失了志气和民族的凝聚力，一代代地生存下来，不屈不挠，终于在20世纪40年代中期建立起以色列国。

犹太人对于个人的事业同样充满着积极进取精神，他们具有面对困难的勇气，敢于向厄运挑战。正是这种精神，使许多犹太人在各个领域出人头地，业绩卓著。

约瑟夫·贺希哈是一位犹太人，出生在拉脱维亚的一个贫苦家庭，1908年随父亲迁到美国纽约市的布鲁克林区汉堡特贫民区。一家人立足未稳之时，一场火吞噬了他们的家，约瑟夫·贺希哈从此沦为在垃圾桶中寻找食物的小乞丐。

在美国这个号称世界经济发达的国家，年幼的约瑟夫·贺希哈虽然在学校读书的机会不多，但他受父母的影响，人穷志不穷，时刻渴望有朝一日事业有成。

约瑟夫·贺希哈每天在街头流浪时，拾获别人废弃的报纸，就坐在街边的石椅上看个不停，晚上借助路边灯光阅读捡来的书。慢慢地他对书报上的经济信息、股市行情产生了兴趣，决心在股票方面发展自己的事业。

一般人听起来会觉得十分可笑：一个衣不蔽体、食不果腹的一无所有者竟然想发展股票事业，那简直是异想天开。但是约瑟夫·贺希哈就是凭着这股顽强的进取精神，一步一步地向着这个目标前进。

1914年第一次世界大战开始了，纽约证券交易所和美国证券交易所都因经营惨淡而关闭了，美国绝大多数证券公司也岌岌可危。就在这个时刻，约瑟夫·贺希哈到证券交易所去找工作。几位在交易所门口玩纸牌的人听到他来找工作，不禁哄然大笑起来，认为他在股市大崩溃的情况下还想做股票工作，是不是神经有问题。

小贺希哈没有灰心丧气，他转身到别的交易所去。他接连受到了讥讽，但仍不放弃自己的追求。后来他到了百老汇大街的依奎布大厦，在爱默生留声机公司找到了一份工作。那是一份办公室勤杂和午间总机接线工作，工薪很低，每周12美元，但他很高兴地接受了。

小贺希哈认识到"千里之行，始于足下"，人生的奋斗目标总是从足下开始的。他牢牢记住古希腊物理学家阿基米德的名言："只要给我一个支点，我就能撬起整个地球。"他满腔热情地开始了工作，并珍惜自己获得的每一个支点的机会，利用晚间和假日认真钻研股票业务和市场行情。

不久，贺希哈发现爱默生留声机公司发行股票和经营股票，于是他留心着公司的经营情况。一天，他发现总经理办公室里有一个股市行情指示器，凭着刻苦钻研的股票知识，他深明它的作用。于是，在一天上午，他鼓起勇气，敲开总经理办公室之门，大胆地提出："总经理先生，我可以做您的股票经纪人吗？"

总经理惊讶后稍沉默了一下，盯着这位犹太小伙子，觉得他半年来工作勤快，反应灵活，并有勇气向自己提出这个要求，心里已默认了。他对贺希哈说："胆量是股海冲浪的首要条件，你既然有这种勇气，就试试看吧！"

此后，贺希哈成为爱默生留声机公司股票行情图的绘制员，他运用自己积累的股票知识和行情资料，很快就上手了。在工作中，他对股票买卖领悟更深了，为他日后事业的发展打下了坚实基础。

贺希哈在爱默生公司工作时，节衣缩食，设法为自己积累一点本钱。他每天除了花很少的车费、餐费和零用钱外，其余全部积蓄下来。同时，他还替另一家股票交易所当跑腿，这份兼职工作是从每天下午6时到第二天凌晨2时，来回跑送有关文件，每星期赚取12美元的报酬。经过3年的艰辛努力，他积累了250美元。于是，他根据自己的预定计划，成为一名独立的股票经纪人，从此走上发迹之路。不到一年时间，他已经拥有168万美元资产了。

股海是风云突变的，有时它不为人们意志所左右。当贺希哈的财富积累到过亿美元之时，有一次股市骤然下跌，他买进的一家钢铁公司的股票所赚的上千万美元及其他多宗赢利一下亏光了。

这一次惨败没有挫掉贺希哈积极进取的精神，相反使他更坚定信心，变得更聪明了。他回忆说："这一次失败给我只留下4000美元，几年的奋斗积累几乎输光了，那是我一生最痛苦的一次错误。但是，我认为，一个人如果说不会犯错误，他就是在说谎话。我如果不犯错误，也就没有办法学到经验。"

确实，那次失误后，贺希哈经营股票顺利得多了。到1928年，他已经成为每月可以赚20万美元的股票大王了。1929年是他最辉煌的一年，当年美国股市是历史上最热闹的，几乎全民都加入了股票买卖的行列。丰富的经验已使贺希哈"春江水暖鸭先知"了，他认定暴风雨即将来临，果断地将1928年末至1929年初大量买入的各类股票一分不留地抛售，得到了相当于原来投资10多倍的回报，一下又赚了过亿美元。

犹太商人中有那么多出类拔萃的人物，诸如连锁经营先驱卢宾、金融巨头金兹堡家族、报业大亨奥克斯、好莱坞老板高德温、地产大王里治曼、石油大王洛克菲勒等，他们都有一个共同特点，就是他们练就了一种积极进取的精神。他们自幼接受了"我一定要有所作为"的积极观念。由于他们培养了成功的信心，所以能够努力学习，"不用扬鞭自奋蹄"。这种精神是他们前进道路上的"马达"，加快了他们的速度，增强了他们面对现实和排除困难的信心和力量。这是犹太人赚钱的本领。

敢于创新

　　哲人说世界上没有两片相同的树叶，同样生活中也没有两件完全相同的事情。然而身处工业社会，现代人的衣食住行都离不开工业化生产，而流水线上生产出来的产品日益相同，让人们逐渐失去了差别性。所以在现代社会中，标新立异成为时代的主题。要想在人生中取得成功，那就一定要匠心独运，才能具有别样的风采。

　　1908年，亨利·彼得森生于伦敦一个犹太人家庭，幼年父母亲带他移居纽约。14岁时母亲劳累过度病倒了，小亨利不得不结束半工半读的生活，到社会上打工赚钱。

　　16岁时，小亨利·彼得森到一家珠宝店当学徒。他刻苦学习，手艺见长，慕名来找他的人逐渐多了起来，这可让老板很生气，老板把他赶了出去。

　　彼得森面临人生的抉择，这时一个念头突然出现在自己的脑海中，人们常说赚钱的途径离不开女人和孩子，而首饰恰恰是女人的最爱，对女人来说结婚是一生的大事，那何不生产戒指呢？于是他把自己的业务定在戒指上了。

　　为了突出自己的产品与其他首饰厂家的区别，他将企业定名为"特色戒指公司"。

　　"特色戒指公司"创立了，但订婚戒指的生产由来已久，要想在经营上生意兴隆，就必须真正突出自己的经营特色。

　　怎样才能闯出自己的特色呢？经过多方面的考察，亨利·彼得森在订婚戒指图案的表现手法上动脑筋。象征着爱情的首饰大多以心形构图，这已为广大消费者所公认和接受，彼得森也不例外。可在表现手法上，彼得森就显示出了自己的独特之处：他把宝石雕成两颗心互抱状，表示一对恋人心心相连；用白金铸成两朵花将宝石托住，表示爱情的美好与纯洁，两个白金花蕊中各有一个天使般的婴孩，一个是男婴，一个是女婴，手中牵着拴在宝石上的银丝线，以此祝福新郎新娘的美满幸福……仅这一设计就能看出彼得森独具匠心了。

然而，彼得森的匠心独运之处，还不只这些。他做的戒指表面看是一样的，其实个个不同，文章就在男女婴所牵的银丝线上。那银丝线上有许多看似多股绳搓在一起的"皱纹"，是手工刻出来的，"皱纹"的数目可以随意增减，这样就为购买者预留了做记号的余地，例如男女双方的生日、订婚日期、结婚年龄或其他私人秘密，都可以通过银丝的"丝纹"多少表示出来。

这一成功的艺术设计为彼得森的事业打下了良好的基础，生意渐渐兴隆起来。1948年，亨利·彼得森又发明了镶戒指的"内锁法"，那是因一次加工引起的。一个有钱人慕名来找他，那人拿出一颗蓝宝石，求他镶一枚与众不同的戒指，准备送给一个女影星作生日礼物。

彼得森知道，光在图案上下功夫是不会有什么惊人之举的，唯有在那颗宝石上想办法。经过一个星期的研究试验，他发明了新的连接方法——内锁法。用这种方法制作出的首饰，宝石的90%暴露在外，只有底部一点面积像果实与芥蒂那样与金属相连接。

真是功夫不负有心人。这项发明很快获得了专利，珠宝商们争相购买，彼得森没花本钱就赚了大笔的技术转让费。正是这些别出心裁的设计，使得彼得森的事业取得了长足的进展，生产规模不断扩大，人员大量增加。在艰苦的奋斗中，彼得森也赢得了人们的尊重和敬仰。可以说"特色戒指公司"能在激烈的竞争中扶摇直上，不能不归功于彼得森的创新。

"特色戒指公司"的营业额虽然从未公布过，但从他为曼哈顿的制造厂年付租金4.5万美元，我们看出，"特色戒指公司"的境况一定不差。戒指王就这样一步步走向事业的顶峰。

具有预见性

大家都很羡慕吉威特的财富，其实他之所以成为巨富，完全是由于他所具有的近似天才的远见。当一件事尚未来临，他便能预见它将在何时发生，这种先见之明正是他事业成功的关键。

在20世纪30年代的时候，当时蔓延整个资本主义世界的经济危机，使人们都感觉到无可奈何，各行各业都陷入了大萧条之中，人们无所事事，于是打架、酗酒以至于各种犯罪现象激增。更主要的是在危机中失望的人非常多，看到危机中所蕴含希望的很少，甚至可以说是凤毛麟角，但吉威特就是这个凤毛麟角的人物。

20世纪30年代，在这个全球性经济危机的年代，人们连基本的生存都成问题，土木建筑方面的从业者都无事可做，但吉威特却预见到危机很快就会过去，政府将加大对公共建设的投资，挽救日益混乱的社会。政府采取这些措施将使社会经济复苏，因此伴随而来的必然是土木工程的大规模上马，因为危机的尽头必然是社会的重建，因此必然是社会大兴土木的时代。所以他就提前做好准备工作。

20世纪40年代，第二次世界大战结束，但是世界上形成了以美苏为首的两大对立的政治集团，这样对立，必然导致防御工程建设，尤其是空军基地的建筑将增多，因此土木工程将迎来大发展的时代，所以他适时地使自己的经营重心转到军事基地的建设中去。当别人还在为争得一栋楼宇而相互竞争的时候，吉威特已经赚了个钵满盆溢了。

20世纪50年代，随着两大集团之间势均力敌，对于双方来说必然要加强国内建设，这样才能支撑双方外部的冲突与抗衡，所以重点将转移到国内建设中来，要想富先修路，因此高速公路建设的进程将加快，于是他又把自己企业的重心移到高速公路以及导弹基地的建设中来。这次转向又为他的腾飞创造了条件。

20世纪60年代,由于高速公路的发展,必然导致城市的扩张,而市场的分工必然促使城市之间的交往会越来越加强,因此吉威特预见到一定会有城市群的出现,因此把公司的经营重心转移到都市交通网的建设中来,这使他的企业获得了更大的发展空间。

如此这般,吉威特准确把握到了发展的重心转移,并预先做了准备。他的这种先见之明,奠定了日后吉威特王国的基础。

第2辑 做有钱人的生意

> 名贵的商品都是给财主们准备的。
>
> ——《塔木德》

自然界中氮与氧的比例是78∶22。

人体中水与其他物质的重量之比大约是78∶22。

一个正方形里,内切圆与其剩下四个角的面积之比大约是78∶22。

犹太人也发现,整个社会富人与普通人的数量比例大约是22∶78,而富人总共拥有的财富与普通人总共拥有的财富之比正好颠倒过来,大约是78∶22,这就是犹太人的"78∶22法则"。犹太人实践了这个法则:钱在有钱人手里,所以做生意就赚那些有钱人的钱,只有这样才可以迅速赚钱、赚大钱。

22∶78法则

《塔木德》说，"78∶22"是个永恒的法则，没有互让的余地。

犹太人认为，宇宙与生活是相依生息，相容无悖的。

因此，他们把这一看法视为自己生活的法则，并把它用到做生意上，使其有了前进的方向和精神的支柱。

犹太人说，被他们视为自己生活的法则的就是"78∶22法则"，它是犹太人成功致富的根本。所谓"78∶22"法则，严格地说，应是"78.5∶21.5"，为了简便，称作"78∶22"。假设一个正方形面积是100，那么，它的内切圆面积则是78.5，剩下的面积即21.5。以整数表达，便是78∶22。

说来也巧，空气中，氮气占78%，氧气占22%；而人体也是由78%的水及22%的其他物质所构成的。这个78∶22的数据成为人类不可抗拒的自然法则，人类不能违背这个法则而生存发展。试想，如果空气中氮气占22%，氧气倒过来占78%，人类能在这样的空气中生存下去吗？又如，若把人体中水分的比例降至60%，那定然会干枯而死。因此，犹太人认定"78∶22"是个永恒的法则。

犹太人认为，做生意也要顺应这一法则。在一个国家中，富有的人远远少于一般大众，但富人所持的货币却多于大多数人。也就是说，一般大众所持有的货币为22%，而富人所持的货币是78%。因此，做生意若以拥有78%货币的22%的富人为主要对象，必会赚钱。

犹太人很快便从商业实践中找到了证明：生产和经营汽车的企业要比生产和经营自行车的企业赚钱多，这是因为买汽车的人是富人，即属于22%范围内的人；而买自行车的人是普通人，即属于78%范围内的人。

同样，珠宝首饰店的利润要比卖普通服饰的商店丰厚。环顾世界，大多数犹太商人从事他们所谓的"第一商品"——金、银、珠、宝、裘皮等的贸易。这些商品尽管昂贵，但富人需要，必能获取高额利润。

如此说来，78∶22法则的确是一个"真理"，它一直在冥冥之中左右着我们的生活。犹太人理所当然地将它作为经商的基础，依靠这个法则，获得世人皆慕的财富。

阿卡德是一位美籍犹太人。第二次世界大战初期，他的父母为了逃避德国法西斯对犹太人的迫害，到了美国。阿卡德出生在美国。也许正应了那句话，自古雄才多磨难，十分不幸，阿卡德正读初中的时候，他的父亲因劳累过度，英年早逝。由于父亲的突然死亡，使他的家中一下子丧失了生活的来源，没有了钱，他不得不中途辍学。作为长子的他退学以后就到社会上打工，维持家庭生活。

阿卡德是个不服命运安排的人，尽管生活艰难，但是他不为所动，在从事工作的同时，他依然不放弃求学，他边工作边自学，就这样最终读完了大学。并且在这期间，他通过观察加上自己的所学，逐渐认识到这样一个道理，78%的生意是来自22%的客户，这就要求企业界要认真研究和分析客户的构成，应把78%的精力放在22%的最主要客户上，而不能平均使用力量。因此，勤于思考的阿卡德以后在工作中把主要精力集中于富有的客户身上，取得了巨大的成绩，短短两年时间，就成了百万富翁。后来，阿卡德创办了一家投资公司，他注意到各国经济在不断发展，需要更多的资金，而以分散的资金放高利贷形成不了优势。于是，他想出办法，把犹太人分散的资金积聚起来，吸纳个人资金购买股票或股权，把集中起来的钱投向耗资多并且回报率高的项目。这样的做法，既满足了企业发展的需求，又解决了当地政府资金困难的难题，自己又可以从中赢利。由此，阿卡德成为华尔街上的一名风云人物。

阿卡德谈及自己的成功时说："我的成绩取得是靠22∶78法则取得的。"世界上有太多的22∶78现象存在，可见，一个商人能够遵循这种规律是很容易致富的。

美国企业家威廉·穆尔在为格利登公司销售油漆时，头一个月仅挣了160美元。此后，他仔细研究了犹太人经商的"22∶78"，分析了自己的销售图表，发现他的80%的收益的确来自20%的客户，但是他却对所有的客户花费了同样的时间——这就是他失败的主要原因。于是，他要求把他最不活跃的36个客户重新分派给其他销售员，而自己则把精力集中到最有希望的客户上。不久，他一个月就赚到了1000美元。穆尔学会了犹太人经商的22∶78，连续9年从不放弃这一法则,这使他最终成了凯利·穆尔油漆公司的主席。

再来看看"只有一位顾客的商店"是如何高价赚取富人钱财的。

在圣诞节购物达到高潮的时候,美国曼哈顿第五大街上的大多数商店都拥挤不堪,但有一家叫作毕坚的商店,却重门深锁,里面只有一位顾客。在这家商店里,一套衣服至少要卖2200美元,一瓶香水要1500美元,Chinchilla牌床罩贵达9.4万美元。所以,一次只要有一位顾客光顾就够了。

到目前为止,全世界有50多个国家和地区的富豪、王公贵人曾把他们的钱花在毕坚的服饰上。美国前总统里根、西班牙国王卡洛斯、约旦国王侯赛因和一些著名艺人都曾光顾此店。毕坚商店以极为富有的豪绅作为消费者来塑造自己的企业形象。该店对于所有顾客上门都要保密,这样就愈加提高了自己的地位和身份。

毕坚商店专门以富豪王公贵人为对象销售自己的商品就是运用了22∶78法则。

犹太人的生意经是世界上最棒的、最通用的生意经,犹太商人的点子更是世界上最值钱的、最聪慧的和最实用的点子,它能一点到位,用中国话来说就是"点石成金"。几千年来,犹太商人遍布世界各地,最擅长于投资管理,最精于股市行情,最精于商业谈判,最善于进行公关和广告宣传活动,他们总结出了一套科学合理的生意经和赚钱理论。其中,最为通行的当是22∶78之经商法则,它构成了犹太人生意经的根本。犹太商人最精于运用这一法则,并将财富装进自己的口袋。

厚利适销

名贵的商品都是给财主们准备的。

这个世界已经向财主的口袋发起了攻击。

——《塔木德》

名贵的商品都是给财主们准备的，因为一个财主聚敛了大把的钱，可以痛痛快快地享受每一种奢侈。豪宅、名车、高档的娱乐、奢华的宴席……种种迹象表明，这个世界已经开始向财主的口袋发起了冲击。

那么你如何独辟蹊径，很容易地把财主的钱掏出来呢？

根据犹太商法，穷人赚财主的钱，就不能只是慨叹命运不济，而要汲取财主致富的思想，调整自己的心态，按照财主的思维去思维。

为了从财主那里赚来大把的钱，犹太商人一般不做"薄利多销"的买卖。他们认为薄利竞争如同让脖子套上绞索，是愚蠢至极的。他们做的是"厚利适销"的生意。他们还认为，同行之间开展竞争，总希望以比竞争者更低的价格售出商品，这种心情是可以理解的。但在考虑低价销售前，为什么不考虑多获一点利润呢？如果大家都相互以低价促销，厂商怎能维持长久的经营呢？何况市场是有限的，商品占有率达到一定程度时，价格再低也很少有人要了。

所以，犹太商人对"薄利多销"的营销策略持相反的态度有其道理。他们认为：在灵活多变的营销策略中，为什么不采取上策而采用下策？卖三件商品所得的利润只等于卖出一件商品的利润，这是事倍功半的做法。上策是经营出售一件商品，就得到一件商品应得的利润，这样既可节省各种经营费用，还可保持市场的稳定性，并很快可以按适价卖出另外两件商品。而以低价一下卖了三件商品，市场已饱和了，你想多销也无人问津了，利润比高价出售者少了很多，并毁了市场后劲。

犹太商人在经营活动中除了坚持"厚利适销"的做法外，为了避免其他商人"薄利多销"的冲击，他们宁愿经营昂贵的消费品，也不经营低价的商品。因此，世界上经营珠宝钻石生意的，犹太人居多。犹太人选择这种行业。金融证券行业也是这样，美国华尔街的金融大亨，犹太人占的比例最大。

犹太商家的"厚利适销"策略，实质上是一种"逆向思维"，在商品经济的长期发展过程中，市场竞争越来越激烈和多样化，形成了许多模式和规律，被称为传统竞争术。一些有创造性思维的经营者为了取得出奇制胜的效果，往往开创出与众不同的竞争手法，犹太商人的"厚利适销"办法，是以有钱人和巨额营业为目标的。名贵的珠宝、钻石、金饰，只有富裕者才买得起。他们讲究身份，对价格就不会那么计较，而如果商品价格过低，反而会使他们产生怀疑。俗语说："价贱无好货。"这句话富有者印象最深。犹太商人就是这样抓住消费者的心理，开展"厚利适销"策略营销的。即使经营珠宝、钻石首饰，也是以"高价厚利"策略营销。如犹太人施特劳斯创办的美国最大百货公司之一的梅西百货公司，它出售的日用百货品总要比其他商店同类商品价高50%左右，但它的生意仍不错。如1993年它的销售额，在当年全美100家最大百货公司中排名第26位，但它的利润却为5.44亿美元，居第4位，与排第3位的年销售额341亿美元的凯马特百货公司的利润相差无几。

犹太商人的"高价厚利"营销策略，表面上是着眼于富有者，事实上是一种巧妙的生意经。讲究身份、崇尚富有心理的人在西方社会比比皆是，据犹太人统计分析，在富有阶层流行的商品，一般在两年左右时间就会在中下层社会流行开来。道理很简单，介于富裕阶层与下层社会之间的中等收入人士，他们总想进入富裕阶层，为了满足心理的需求总要向富裕者看齐，因此，他们也购买时髦的高贵新品。而下层社会的人士往往力不从心，价格昂贵的产品消费不起，但崇富心理会驱使一些爱慕富贵的人不惜代价而购买。这样的连锁反应使得昂贵的商品也成为社会流行品，如金银珠宝首饰现在不是成为各阶层妇女的宠爱了吗？彩电、音响等原来属昂贵的商品，现在也进入了平民百姓家庭；小轿车早已成为西方大众的必需品。可见，犹太商人的"厚利适销"策略"醉翁之意不在酒"，是盯着全社会这个大市场的。

由此可见，犹太人采用"厚利适销"的策略，是非常符合市场需求的。

关注有钱人的流行趋势

在富有阶层流行的东西，一般经过两年左右就在中下层社会流行起来。这个时间差正在日益缩短。

——摘自《犹太企业家协会2001年览》

流行一般分为两种情况，一种源于有钱人，另一种则发端于普通老百姓。源于普通老百姓的东西一般来势很凶猛，而且流行面广，但维持的时间却很短，就像我国曾流行过的"呼啦圈"热，一闪而过。而源于富人的流行趋势虽然发展较慢，但持续时间却很长。一般从富人普及到老百姓至少需两年时间，而在这两年内一旦把握住流行趋势，就可以获得商机。

俗话说："人往高处走，水往低处流。"一般人都羡慕上流社会，而且愿与上流社会的人交往，上流社会中流行的衣饰等无疑对一般人具有很大影响，使许多人竞相模仿，尤其是女性。

因此，犹太商人常常巧妙利用人们这种"向上看"的心理去操纵流行趋势。犹太大富豪罗斯柴尔德发迹时，就是促使收藏古钱币从上流社会中先流行起来，然后再逐渐普及于大众中间。此外，日本的汉堡大王藤田的发迹史也体现了这种流行观。

藤田先生不仅靠经营汉堡包发财，而且还做女人和小孩的生意，如钻石、时装、高级手提包等。

在经营过程中，他首先瞄准上流社会中有钱人的流行趋势上，无论是钻石的花样、服饰的色彩还是手提包的样式，都是按照有钱人的喜好特制的。结果，他的商品不仅畅销，而且20年来经久不衰。当然，藤田先生之所以能战胜竞争对手，还在于他善于从实际出发，灵活多变，绝不是只经营在欧美风行的服饰。因为欧美的服饰只适合那些金发碧眼、身材修长的白种女性，而日本妇女黄皮肤、黑头发、个子矮小，不适合欧美板型的服装。富人即使钱再多，也不会去买不适合自己的东西。

现代市场瞬息万变，能够把握一种流行趋势实属不易。这就要求每一个生意人在做出任何一项决策前，必须仔细研究分析市场，既要能赶上潮流，还要超前于潮流。因为，人们的需求在不断变化，市场也在不断变化，今天畅销的产品，也许明天就无人问津。就像跳舞一般，快于节奏或慢于节奏都不行。

借势大人物

在犹太人看来，真正能决定每个人能否成功的关键是那些大人物，所以在交往中一定要优先处理好与这些大人物的关系，这样你的人生才能不断获得成功。

洛斯查尔德家族的开创者麦雅，当初仅是一位犹太穷孩子，做着古币和徽章收藏的小买卖。在19世纪，犹太人在欧洲社会还很受歧视，年轻的麦雅同样是不被人瞧得起的。麦雅终于明白，做生意也必须具有一定的地位和身份。

麦雅几次三番的想打通通往宫廷的门径，但是都未能如愿。一天，机会终于来了。他获准晋见当地的领主毕汉姆公爵。恰逢公爵刚刚赢了一场棋赛的胜利，心情格外的好。麦雅趁此机会，以牺牲血本的代价向公爵推销珍贵的徽章和古钱币。

公爵正在兴头上，一股脑买下了徽章和古钱币。这位20岁的犹太商人并没有引起公爵的注意。麦雅的心事却不同，他的目标不是这一笔买卖，而是长期买卖、大买卖。他通过建立长期买卖抓住公爵这个人，他认为公爵对他有更大的用处。

他不断地以低价的方式向公爵推销古钱币和徽章。古钱币的收集和买卖终于成为公爵的一大嗜好。公爵在这嗜好中还获得了好多实际利益。而麦雅呢？损失了许多经济利益，却牢固了和公爵的关系，并深深地赢得了公爵的信任。经常替公爵兑换一些汇票，再后来，他掌握了公爵的一部分财产处理权，并在25岁的时候荣获了"宫廷御用商人"的头衔，实际上也就解除了许多套在犹太人身上的"枷锁"。

麦雅整整为公爵效力了20年。其耐性之好令人敬佩。法国大革命期间，他协助公爵进行金融和军火交易，为公爵赢利不少。他把巨额资金借给那些正缺军费的君主和贵族赚取高额利息，同时进行军火交易，很快，珠宝、借据、期票便堆满了他的金库。

麦雅当然不会忘了自己的家族，在战乱年代，他借用公爵和自己的身份，大展商业才华，为家族赢得巨大资产。为其后来建立犹太金融王国打下了坚实的基础。

在后来的岁月里，将金钱、心血和精力像押宝似的投注到某一特定人物身上的做法，已成为洛斯家族最基本的战术，不惜血本与特权强权建立牢固关系，然后回过头来再由这些人身上取得更加巨大的利益。

第3辑　赚女人和嘴巴的钱

>>>

　　让女人掏腰包的机会远比让男人掏腰包的机会多。嘴巴是消耗的无底洞。

——《塔木德》

　　这个世界的中心虽然是男人，但男人的中心却是女人。所以，金钱的实际拥有者是女人。有一种说法：一个女人和一个男人吃饭，两人都付钱，说明他们是朋友；男人付钱，说明他们还处在热恋之中；女人付钱，说明他们是夫妻。可是无论他们是什么关系，金钱总是围绕着女人花，这是人类永远通行的社会规则。

　　犹太人同时发现：凡是入嘴的东西，无论是什么，最后必被胃酸消化而排出体外。小到一个1美元的雪糕，中到一盘5美元的炸鸡腿，大到百元、千元的餐饮，无不是经过几个小时之后，变成了废物排泄而出。人们的生存总是需要连续不断吸收能量、消耗能量才可以支撑，能提供人体所需能量的只有食品。人要继续活下去，食品就要不断地被消费。

掏女人的腰包

犹太人认为，在这个世界上："挣钱的是男人，用男人的钱养家的是女人；钱是男人挣的，开销权却在女人手里；让女人掏腰包的机会远比让男人掏腰包的机会多；从男人身上赚钱，其难度要比以女人为对象大10倍；做女人的盯梢者，打动女人的心，我们的生意才容易成功。"

一个有经济头脑的商人，如果瞄准了女人，就一定能够赚取很多的钱，反之，如果经商者拼命"瞄准男人"，想席卷男人的钱，这笔生意则注定难以成功。因为男人是赚钱的人，能赚钱并不意味着持有钱、拥有钱，消费金钱的权限还在于"女人"。

因此，犹太人告诉我们，做"女人"的生意才是正确的选择。

看看满大街经营的各种商品吧，漂亮的戒指、钻石、各式各样的女式服装，女人的别针、项链、耳环……多半是和女人有关的，而这些东西的价格一般都比较高。所以，商人只要运用聪明的头脑，让女人为你心甘情愿地解囊，那么，大沓大沓的钞票就会自动流进你的口袋。

故事一

犹太商人施特劳斯是一个运用"女性生意经"的好手，他靠这种独特的经商法则使他的"梅西"公司成了世界最有名的高级百货公司。

施特劳斯从当童工开始，后来当了小商店的店员，他在打工生涯中注意到，女性顾客占绝大多数，即使有男士陪着女性来购物，决定购买权也都在女性。

施特劳斯根据自己的观察和分析，认为做生意盯着女性市场前景更光明。当他积累了一点资本的时候，就开了一家以经营女性时装、手袋、化妆品为主的小商店"梅西"。经过几年经营后，果然获得了丰厚的利润。他继续沿着这个方向，加大力度，扩大规模，使公司的营业额迅速增长。施特劳斯总结了自己的经营经验，接着开展钻石、金银首饰等名贵产品的经营。他在纽约的"梅西"百货公司，总共6层展销铺面，展卖钻石、金银首饰的占一层，展卖化妆品的占一层，展卖时装的占两层，其他两层是展卖综合的各类商品。可见，女性商品在"梅西"公司占了绝大多数。经过30多年的经营，施特劳斯把"梅西"公司办成了世界最有名的高级百货公司，这与他选择女性市场是分不开的。

故事二

人们都知道，世界最主要的钻石原料产地是南非，而世界最大的钻石产品加工市场却是以色列。以色列并不盛产钻石，却成为世界最大的钻石加工地，这不能不引起人们的深思。道理出在以色列的犹太商人慧眼独到，他们知道，经过加工的钻石就会变得更加漂亮、更加名贵，能博取世界女性的欢心与仰慕。而当今世界大多数国家的民族和地区，虽然是男性掌权掌家，但为了讨得妻子和女友的欢心，他们甘愿让女人随意花钱。正是看准了这一点，以色列的犹太商人才会不惜投资大办钻石加工工业，从南非等地进口原料。

以色列钻石交易有限公司经过40多年的经营，不断发展壮大，从国内经营到跨国经营，今天已成为世界最大、最著名的钻石加工企业，年经营额40多亿美元。

故事三

美国犹太商人基廷也是一个运用"女性生意经"的好手。

基廷在繁华的纽约54街开了一家百货商店，应该说这里的位置是比较好的，每天来往的人也很多，可是基廷的生意刚开始时却不好做，开业的前两三年，生意冷冷清清，这让基廷大惑不解。善于动脑筋的他决定到那些生意好的地方去考察。

通过很长时间的观察，基廷得出这样的结论：平时光顾百货公司的人女性要占到80%，即使有男人来商店，也大多是陪妻子购物，很少单独来买东西。在这些女顾客中，白天来的大多是家庭妇女，晚上五点半以后来的是下班后的年轻的职业女性。

认识到这一点后，基廷决定将自己的百货商店的营业对象限定在女性身上。

为了尽可能地吸引女性，他将自己的营业面积全部用上，分别针对家庭主妇和年轻的女性，把正常的营业时间一分为二，白天他摆设家庭主妇感兴趣的衣料、内裤、实用衣着、手工艺品、厨房用品等实用类商品。晚上则改变成一家时髦用品商店，将朝气蓬勃的气息带到商店，以便迎合那些年轻的女性。光是袜子就陈列许多种，内衣、迷你裙、迷你用品、香水等，陈列的都是年轻人喜欢的样式和花样。凡是年轻女性喜欢的、需要的、能够引起她们购买欲望的商品，他都尽量满足，把它们摆在柜台上。在这里，年轻女孩子喜欢的东西可以说是应有尽有。

基廷的新式经营方法果然取得了很好的效果，来他商店的人越来越多。而基廷不久就遇到了这样的问题：他的营业面积太小，如果完全模仿大的百货公司，做到各种花色品种都有的话，恐怕是不可能的。基廷面临了一次选择，要么是还维持现状，要么向专业化方向发展，只经营一类商品。他经过思索，决定将其他商品换下来，只经营袜子和内衣。

开始的时候，常来的顾客对这种经营方式不理解，但基廷相信自己的选择是对的，不久这间专门经营袜子和内衣的商店的名声就传开了。许多购买袜子和内衣的女性都不约而同地到基廷的商店来。别的商店要卖4美元一双的袜子，基廷尽量廉价进货，然后用每双3美元的价格卖出，同时将袜子的种类大量增加。基廷的专业经营法果然获得了成功，2个月后，袜子的销售额增加了5倍，顾客也越来越多。

袜子的销路获得了成功，基廷如法炮制又打起了内衣的主意，他从法国进口了最流行的样式，进行巧妙的宣传。当时没有过多的内衣样式提供选择，一旦出现新款式，马上就能引起流行。没过多久，基廷商店有世界上最流行的内衣的消息不胫而走，许多女性立即赶来先购为快。其实这种内衣同其他内衣相比，只是更加性感而已，但却正好适应了女性吸引丈夫和男朋友的需要，一下子销路大开。

基廷完全站在女性的角度上，使他的商店成为女性常来光顾的地方。不久之后基廷就赚了大钱，现在仅仅他的分销点就已经有100多家。

故事四

提到香烟，人们的印象一直是男性的专利，女性是被烟草拒绝的对象。犹太烟草商迪尼斯夫开始的时候也有这样的想法，后来他发现这样做烟草生意，似乎有些单调，因为烟草不只是男性的专利，女性也可以成为烟草消费的对象，这个问题之所以长期被忽视，原因在于人们千百年来的性别偏见。于是他请来专业的广告制作人员，精心设计了一个广告，内容是一个绅士气质的男士在一个非常庄重的场合下，为一位时髦的女士点燃了一根雪茄烟，并在画外配上了"一根雪茄烟，更显高雅！"的画外音。

当这个广告拍好后，迪尼斯夫征询了很多人的意见，很多人看了以后都对广告表示质疑。在他们看来雪茄烟代表着男性，体现的是男性的粗犷、潇洒，女性本来就对烟草反感，而该广告却让温柔的女士吸雪茄烟，与世俗不符。他们私下认为迪尼斯夫一定会惨遭败绩。

迪尼斯夫觉得自己还是应该试一试，他把自己的片子安排在黄金时段播出。该广告片播出后很快就得到了市场的回应。很多销售点不仅销售量增大，而且纷纷打电话来要求进货，到月底结账时，迪尼斯夫的销售额猛增。此前，销售群体一向是男性居多，这回女性的购买率增加了21%。从此以后男人对雪茄的硬汉形象淡化了，迪尼斯夫也从此发现女性的钱确实好赚。此后，他又把目光转向酒类上。

一天，他派人收集了一些相关的资料，整理后，他发现把酒作为馈赠礼品，是女性喜欢做的事情，他意识到这是一个潜在的市场，便根据女性的特点，制订出相应的对策，将焦点放在酒瓶和包装盒上。没多久，精美的酒瓶和精致的包装盒制造出来了。他马上向销售部门布置了任务，从城市市场上撤回老酒，取而代之的是把新式的酒投放到市场上去。然后把撤回的老酒拿到边远的镇子上去卖。结果，在年底的报表上人们看到销售额明显攀升，创造了年销售额150万美元的纪录。

瞄准女人市场，一次次的成功，使迪尼斯夫更加自信要坚守这一方略，一直往前走。与此同时，他的房产生意也在时时刻刻地关注着男女的差异。迪尼斯夫在以往销售房子的过程中，发现了一个现象：一般情况下，男人购房子的要求是宽敞、明亮，并有舒适感，因为男人在一天的紧张工作之后，需要有一个能够使自己放松、舒心休息的地方，像投入母亲的怀抱一样使人得到安慰。而女性购买房子的要求则是房子富有个性，可以使自己感觉到自由，因为她把家想象成自己的化身及人格的延伸，在这里可以找到自我，能够塑造自我，同时能够拥有更多的空间来展示自己，让家与自己一起成长。

迪尼斯夫从这些经验中得到了启发，想要做一次广告宣传。两三天后，在他的脑海里已经形成了一个方案，于是，他把广告专业人员请来，说了自己的想法，并一起进行切磋，共同研究，最后确立了一个方案，就是针对男性和女性购房意识的不同，用不同的手法来表现。又过了不到一个星期，专业人员把广告的设计方案交给迪尼斯夫。广告方案有两种，针对男人的广告画面：一幢小屋，窗户里伸出一双女性的手臂，像在欢迎疲倦归来的孩儿，重回自己的怀抱；针对女人的广告画面：一个妙龄女郎躺在地板上，突出她与房子浑然一体。迪尼斯夫经过考虑后，接受了这个方案，并安排人去制作这部片子。片子很快在国家电视台的黄金时间播出，迪尼斯夫的房产公司也很快有了名气，公司现存的房子，在短短几个月中就销售一空，为公司创造了佳绩，赢利上千万美元。接着他又把这种男女有别、各个击破的方法应用到他的汽车生意上，结果也大获成功。

迪尼斯夫经过数十年的奔波与奋斗，擅长于利用男女的差别来抓住市场，成为他的特色，他的经商风格也被广为流传。

挖嘴巴的钱

犹太商人发迹的另一财源就是人类的嘴巴。他们认为，嘴巴是消耗的无底洞，地球上如今有60多亿个"无底洞"，市场潜力非常非常的大。为此，凡是能够被吃的商品犹太商人都设法经营，如粮店、食品店、鱼店、肉店、水果店、蔬菜店、餐厅、咖啡馆、酒吧、俱乐部等等，举不胜举。一个犹太食品公司的广告词甚至是，"只要能吃，我们都卖，毒药例外"。

犹太人认为，入口的东西必然要消化和排泄，1美元一只的冰淇淋，10美元一份的牛排，进入人的口几小时后，都会化作废物排泄掉。如此不断地循环消耗，新的需求不断产生，商人可以从经营中不断赚到钱。因为经营食品不如经营女性用品见利快。所以犹太生意经中女性商品经营被列为"第一商品"，而食品被列为"第二商品"。但是，妇女用品虽然容易赚钱，但是仍需要某种程度的经商才能来运用它，由商品的选择到推销，都需要较高的智慧。然而"嘴巴"的生意，是智力平凡的人依然可以做的生意。

日本汉堡包店的创始人在20世纪70年代初期，与美国麦当劳快餐公司合作，向日本人提供物美价廉的汉堡包。开始经营的时候，许多日本商人都认为，在习惯于吃大米的日本推销汉堡包，不可能有市场。但犹太商人经过研究指出，日本人体质孱弱、身材矮小，这很可能与偏吃大米有关，同时他又看到，美国汉堡包店的效应正席卷全球，未来将是快餐时代。基于这两点，犹太商人认为，同样是用"嘴巴"的商品，在美国能畅销，在日本为什么不能走红？再说，根据犹太人"嘴巴"生意经的观点来看，也绝对是赚钱的。

在这种情况下，这个犹太商人的汉堡包店开业了。第一天，果不出所料，顾客盈门，利润还大大超过这个犹太商人事先想象的程度。以后，利润有如芝麻开花节节高，一连用坏了几台世界上最先进的面包机器，还是无法满足顾客的消费要求。这个犹太商人就是利用"嘴巴"生意发了大财！

还有一位犹太大企业家辛普洛特，他在发迹之前被问道：

"靠土豆能致富吗？"

"能。"辛普洛特说，"肯定能。"

如今，辛普洛特是世界最有钱的百位富豪之一。

辛普洛特涉足食品加工业的背景是二战中美军作战部队需要大量的脱水蔬菜。买下美国最大的一家蔬菜加工厂以后，他专门加工脱水土豆供应前线，工厂规模迅速扩大。

20世纪50年代初，冻炸土豆条被某家公司研制出来。当时人们认为，土豆中水分与其他物质的比例高达78：22，冷冻会让它的味道变糟，根本不看好这一新技术。辛普洛特却认为商业应瞄准"嘴巴"，而"嘴巴"瞄准的是新鲜的味道。于是，他冒险上马了"冻炸土豆条"生产线。

对瞄准"嘴巴"的深入理解并长期坚持瞄准"嘴巴"的商业理念，使辛普洛特跻身了富豪行列。

瞄准"嘴巴"具有丰富的内涵：在加工土豆的过程中，每个土豆只有一半得到利用，有一半在分类、去皮、切条和光传感器去斑的过程中被当作垃圾扔掉，辛普洛特觉得这很浪费，因此他思考着如何充分发掘土豆的价值，于是已成富豪的他又瞄准了牲口的嘴巴。

他把土豆中人不可食用的部分掺入谷物制成牲口饲料，结果这些原来被扔掉的土豆条又饲养了15万头牛。

与此同时，辛普洛特还用土豆来制造燃料添加剂，缓和了石油危机中油品的短缺；用土豆加工过程中产生的富含糖分的废水灌溉农田，提高了土地的肥沃度；把牛粪卖给沼气发电厂……

一个庞大的土豆帝国就这样被构建起来。自此，辛普洛特每年销售大约6.8亿千克加工过后的土豆，其中一半做了麦当劳快餐店里的炸土豆条。辛普洛特每年因土豆而获利润都在12亿美元以上。

在以色列，在欧洲，在世界各地，犹太人的饭店、酒吧和夜总会比比皆是，他们赚了多少钱实在是难以统计。

只要有人的地方就有饮食业的市场，饮食业是永远不会衰落的黄金产业，是永不枯竭的财富源泉。从上面的例子可以看出，犹太人善于做的"嘴巴生意"，是非常务实的赢钱方式。数不清的钞票就这样一窝蜂地挤进了他们的口袋。

第4辑　生意从微笑开始

>>>

坑蒙顾客就是播种仇恨，微笑带来的则是滚滚财源。

——《塔木德》

与犹太商人打交道，你会发现他们总是呈现一副笑脸。不管生意是否做成，或者因为合约而发生争执时，他们也总会面带笑容，保持友好的态度；有时即使对方发脾气双方不欢而散，犹太人依然会跟对方说声"再见"，如果第二天再遇上你，他会仿佛没有过什么不高兴的事，仍以微笑的面孔问候你"早上好"。

微笑是无价之宝

《塔木德》上说:"微笑是无价之宝。"的确,微笑能增进人与人之间的友谊。一个以微笑面对他人的人,别人也会喜欢与他交往,愿意同他做朋友。

很多人认为,微笑着面对每一个人是件很困难的事,实际并非如此。只要你平时多对自己说:"我想做一个快乐的人,我喜欢微笑。"你肯定能做到这一点。每天睡觉前,你不妨学一学旅馆大王希尔顿,问自己:"你今天微笑了吗?"

英国最有名的一家百货公司名为"马克斯—斯宾塞百货公司",这家公司是犹太人列·斯宾塞和他的姻亲兄弟西蒙·马克斯共同创建的。

他们的公司一直"微笑"着做生意,真正做到了价廉物美,可以让人们花钱不多就穿得更绅士、更淑女。他们不仅以优质低价引领着英国业界的一股浪潮,它还以周到的服务成为英国业界的一个范例。

他们一丝不苟地选择信誉度高的供货厂家,一丝不苟地选择高素质的职员。与此同时,他们为职员提供了业内最高的待遇,甚至允许职员把工作岗位传给子女。"一个私立的福利国家!"——这是人们对它的赞誉。

希尔斯·罗巴克百货公司是美国的一家企业。1932年,这家公司年收益为5亿美元。

"不满意就退货",就是这家公司的总裁罗森沃尔德最先提出的。

这一"微笑"的提法令顾客欢欣鼓舞,令其他公司大为震惊。

当同行业公司的老板们打听到罗森沃尔德具有犹太血统后,马上释然了,并做出了同样的承诺。紧接着,这一商业理念很快风靡全球。

作为一个资本家,罗森沃尔德设立了员工疾病和死亡救济抚恤金,开办了免费的员工保健所和疗养中心,甚至给长期服务于公司的员工以利润分成。

为解决芝加哥黑人的住房问题,罗森沃尔德捐赠了270万美元;为芝加哥大学、芝加哥科学和工业博物馆的建设，罗森沃尔德分别捐赠了500万美元；他创立了拥有3000万美元基金的"朱利叶斯·罗森沃尔德基金会"，规定基金的本利必须在他去世之后的25年内用完；他为苏联的犹太农庄捐赠了600万美元；为巴勒斯坦的犹太移民提供了大约1200万美元的援助。

"犹太人生活在哪里，就应该在哪里生根，和哪里的人和谐相处。"罗森沃尔德如是说。

和气生财

与犹太商人打交道，你会发现他们总是呈现一副笑脸。当为合约而发生不同意见时，他们也总会以笑脸说出其否定的态度；有时对方发脾气双方不欢而散，犹太人依然会跟对方说声"再见"；要是第二天再遇上你，他会仿佛没有过不高兴的事，仍以微笑的面孔问候你"早上好"。

犹太人这种强忍和气的态度，也许与他们长期流散异乡和受尽迫害有关。暂且不探索这种关系，但这种和气的仪表在人际交往之间却是一种有效的融合剂，很容易被对方接受。实践也证明，在商务活动中，这是一种促销手段。为什么这样说呢？因为人是群体动物，人与人的关系是否和睦相处，对事业影响很大。企业家因其制造出来的商品或服务得人喜爱乐用而赚钱发财；歌唱家因其演唱得到观众赞赏和乐队的伴奏而受到观众的捧场……一切离不开人。犹太人领会这一道理，把人与人的关系处理好，成为他们事业成功和发财致富的一种技巧。

犹太人认为，在一个人的一生中，每天都在做着推销的工作。这种推销是指推销自己的创意、计划、精力、服务、智慧和时间，如能妥善地把握"推销自己"，一定可以出人头地，实现奋斗目标。相反，那些人生事业失败者，十有八九是本人不善于"推销自己"，而不是本身的能力问题。

所谓善于"推销自己"，是指与人和谐相处的能力。

心理学家的研究认为，人类的内心都有被人注目、受人重视、被人容纳的愿望。不管是欧洲人、美洲人、亚洲人、大洋洲或非洲人，只要是人类，都有这种愿望。

犹太人根据这一共同规律，在生活中，包括做生意的过程中，注意关切周围的各种人，让他们看得出自己关心着他们，容纳他们，从这个梯阶开始，走向成功的目标。

犹太人总结过别人的经验：有人有一个很好的创意建议，他得意扬扬地向上司提出来，结果受到上司的冷淡反应；有人向同事直截了当地做过有益的规劝，结果对方反觉不悦。为什么会好事好心得不到好的结果呢？

因为人类都有自尊、有独立的基本愿望，这些愿望在支配着那上司和同事，你直截了当地对他讲，他会认为你有比别人高明的想法，更有甚者他（她）会感觉自尊受到伤害。

假若你的创意或好建议能改用别的和顺办法表达，那么对方的自尊得到尊重，好的效果自然可以达到了。犹太人明白这个道理，对此运用了三条法则：

第一条法则：把自己的创意或建议变成对方的，这被称为钓鱼法。即把你的创意或建议变成钓饵，对方会自然而然地上钩。比如说，你想让对方接受你的意见时，以"你这样想过吗"的说法，要比"我是这样想的"更能打动对方；"试一试看看如何"的说法比"我们非这样做不可"更能获得对方赞同。这就是让对方觉得你的意思就是他的本意，这样他的自尊得到维护，那么你的创意或建议就容易被采纳。

第二条法则：让对方说出你的意见。"面子"不单是东方人的问题，西方人也很讲究，所以提意见要注意这个问题。如果你的意见毫不讲究地向对方提出，出于"面子"问题，对方往往会本能地反应而不予接纳。相反，你若采用和顺婉转的方式提出，对方的"面子"堤围可能就会自然开闸。如果你以冷静而温和的方式提出你的意思，然后说"虽作如是想，但可能有许多不当之处，不知你对这方面的意见怎样"。这么一说，对方可能会完全接纳你的意思，并可能会说"我也这样考虑的，请你不必有多余的顾虑"。

第三条法则：以征求意见代替主张。根据心理学家的研究结果，一个人向对方表达同样的意见，如果以正面而断然的方法说出，较容易激起对方的逆反情感，如果以询问的方式向对方提供主张的话，对方会以为是自己的意思，便不自觉地欣然接受了。可见，方式方法的不同，同样的事情会产生截然不同的效果。

和气生财的说法，道出了犹太人经商制胜的一个秘诀。它的核心是给人好感，用善意温和的态度与人交往，这样别人也会以此相报，那么生意就容易达成了。

下面这个故事讲了一个到南非的中国人与犹太人打交道的经历，也许能对我们理解犹太人"和气生财"的商法有所帮助：

在南非，车行林立，为招揽生意，在商场的周围，许多车行纷纷挂上五彩缤纷的彩旗，上面写着各种车辆的型号。

我们来到离约堡机场只有几分钟车程的布鲁玛区"HITE"车行。因为地理之便，这个区的市场非常繁荣。

我们一进门，一位漂亮的黑肤色小姐便迎上前来。得知我们的来意，小姐请我们稍坐，将经理请了出来。

经理是一位高个子的中年白人，深蓝色的眼睛、鹰鼻，深褐色头发梳向脑后，给人以精明干练的印象。互递名片后，我认真地看了一下：总经理杰夫博士。

杰夫说："我出生在耶路撒冷，是一个犹太人，在英国读完大学并取得学位，到南非已有10年了。"犹太人！我不由得想起一句俗话：犹太人的脑、阿拉伯人的嘴、中国人的手。

杰夫，杰出的男人，我顺口把这突发灵感想到的中文名字送给了这位犹太朋友。他听后高兴得哈哈大笑起来，让我把这两个字写在他精美的工作手册上。他说，从今以后，他有了一个闪光的中文名字，他会把它印在自己的名片上。

在这种愉快和融洽的气氛中，我们开始了接触。杰夫说，作为一个合格的经营者，要善于发现每一个商机，并因势利导地处理好，这也正是赚钱的开始。

听说我们来自中国，又是公派的，杰夫幽默地说："我目光短浅，只去过香港、台湾。不过，我知道，那里都是中国。听说中国有以貌取人之说，我亲眼看过，有的香港人十个手指戴满了金戒指。"我们听后都笑了。

笑过之后，杰夫却说出了一句惊人的话："如果中国人以貌取人，南非人则是以车看人。"

好一个犹太商人！谈笑之中绕来绕去，绕这么大弯子，还是归到了买车上。

"在南非，奔驰、劳斯莱斯、卡迪拉克等车，是名商巨贾或有身份有地位的人的象征，是他们耀眼的名片。南非人常常是依车断定一个人的社会地位或资产能力的。"他指着展厅中一台新型奔驰车，说："这种车是有钱有地位的人的首选车，也是外国公司或办事机构的公车。"他把后一句话加重，拉长了语调。

我看到一台奔驰新型E600型车，驻足观看并询问了这种车的情况。没想到，我的随意之谈立即引发出新一轮的"商务公关"行动。

杰夫先是介绍这种型号车的概况，请我们上车。我想，他可能是让我们切身体会一下舒适感吧，便也上了车。没想到，他竟坐到驾驶员的座位上。原来，车行里的"样车"都是"整装待发"的，他将车开了出去。杰夫边开车边说："你只有亲自坐一坐，才能体会到这种车的无穷魅力。"

这瞬间发生的一切，简直令我不可思议。我只是一个普通的顾客或买家，只是对一种车稍稍表示了好感，竟会立刻迎来一系列的"微笑服务"，甚至要上街试车。我体会到一种无法抗拒的推销力度。

回到车行，我还是直言这种型号的车价格太高。杰夫将我们带到宝马车前。他说："与奔驰相比，'宝马'更增加了个人化的色彩和驾车人的乐趣，时速照样能达到200千米以上。"

看到我们没有买的意思，他又向我们介绍德国产的奥迪、欧宝、大众车，以及通用、福特等美国车。他说："这些车分自动和手动挡。自动挡开起来省事，用不着换挡，特别是遇到堵车时，优点十分明显。装上车载电话，可以一手把方向盘，一手打电话。"

我想起他刚才的"示范动作"，那正是一台自动挡车。

一晃两个小时过去了。我提出回去商量一下，杰夫却非要留我们共进午餐。这怎么行？车还没买，而且在不在这儿买还不一定，怎能无功受禄！我们执意要走。

杰夫诚恳又实在地说："买不买都没什么，你们中国人讲缘分，大家相识就是缘分。交个朋友嘛！"话说得实实在在，盛情难却，我们只好客随主便，跟着杰夫来到附近一家西餐厅。

在席间，杰夫告诉我们，他的海泰车行在南非共有6家连锁店，分布在约翰内斯堡、开普敦、德班等城市。

"作为一名博士，您为什么经营汽车生意？"我不经意地提出这样一个问题。

"赚钱。"杰夫立刻爽快地说,"选择汽车生意,就是选择与富人做生意。只有与富人做生意,我才有可能赚大钱。"

我瞪大眼睛,目不转睛地看着他,体味着这精辟的论述。

"现在生意场上广泛流传着所谓'犹太商法',其实无所谓什么法,它只是经商的一些诀窍和规矩。"杰夫一板一眼地说,"所谓'犹太商法',简单地说,就是把商界的活动归结到一组普通数字上,即22∶78法则。"

"犹太人最先发现了这一神奇数字,并把它运用到了生意上。我们发现,在人类社会中,富人与除了富人以外的普通人,数量之比大约是22∶78;而普通人与富人财富之比也是22∶78。据此,犹太人总结出,要想赚大钱并事半功倍,就要首先考虑与富人做生意。"

我们最后没有在杰夫的车行买车,并不是我们不想买,实在是囊中羞涩。最后,我们买了一辆"二手车",这车也是在杰夫帮助下买的。精明的商人当然不会放过每一个商机。不过,我们"心甘情愿"。商界有这样一句话,精明的商人不是盯着别人的钱口袋,而是算计自己的。钱让谁赚,不都是赚嘛。

在我们讲明实情后,杰夫带我们去看了几家旧车行。因为是同行,他们之间很熟。我们只花了1.5万兰特(相当于人民币3万元)买了一辆相当不错的宝马车。

我们从旧车行出来的时候,杰夫硬是塞给我们100兰特,我们不要。他说:"这车的价格虽不高,但按照游戏规则,他们还会给我一份佣金。这是干我们这行的规矩。"

生意也要幽默

犹太人处事和说话非常幽默,是一个幽默的民族。譬如犹太俗语中有一句话:"小偷头上的帽子烧起来了。"只有了解了这句话的背景,才能知晓犹太人的机智和幽默。

话说在东欧一个城镇里，有位犹太人的帽子被偷了，而且这帽子到处有卖的，举目一望，许多人都戴着那种帽子，根本无法区别哪个人是小偷。这位犹太人灵机一动，突然大叫一声："小偷，你的帽子烧着了。"当然，第一个摸帽子的人就是小偷。

幽默因机警而生，幽默具有无法替代的力量。

许多东方人不了解"幽默"的含义，甚至认为幽默是一种有失谨慎、不体面的事。我们常常看到西方人在会议席上妙语连珠；但是，东方人却认为在会议席上耍幽默有失尊严。

西方人常说："笑是百药中最佳的良药之一。"因为笑能在痛苦时安慰我们的心，能使快乐的我们更加充满活力。幽默的笑可以使人脱离常态，放松心情。幽默还可以扩大心的范围，使人产生更大的力量。

高度的幽默感出于理性。只有经过知识磨炼的人才能发出脱俗、有深度，并且合于时宜的幽默，也只有智商高的人才能真正理解幽默的精髓。

幽默是独创的、原始的、新鲜的，第二次重复用一种幽默，幽默就失去了意义。幽默必须出人意料，才能产生效果。

真正有幽默感的人，都能幽自己之默。但大多数人面临困境、进退维谷时，总是焦急万分，哪里有心情幽默？只有强者才能在危机之中瞬间离开自己所处的境地，站在客观的立场上来观察自己、幽默自己。所以幽默代表强者的韧性，也代表强者的胆量。

一个人如果能在面临危机之时，站在客观的立场上观察一下自己的处境，必定能想出许多办法来脱离危险，而不是惊慌失措地固守一个据点，最后走向灭亡。人生常常需要作局外观，退一步海阔天空。

诚实

犹太先知曾经预言未来世界的审判首先要问5个问题，其中第一个问题就是："你在做生意的时候诚实吗？"

其他4个问题依次是：

"你腾出时间学习了吗？"

"你尽力工作了吗？"

"你渴望得到神的救赎吗？"

"你参与过智慧的争论吗？"

把做生意的诚实摆在学习、工作、信仰和智慧之前，可见犹太先知对诚信经商的重视程度。

这个民族的先知还训示他们的后人说：

"你们不可行不义。要用公道天平、公道砝码、公道升斗、公道秤。"

他们的要求是具体的：不可有一大一小两样的砝码和量器；批发商每个月清洗一次量器，小生产商一年清洗一次；小生产商要经常清洗砝码，以其不发黏为度；店主每周要清洗一次量器，每天清洗一次砝码，每称完一样东西都擦拭一次天平。

诚信是犹太商法的灵魂，是商业活动的最高技巧。犹太商法不仅要求商人"把坏豆子从谷桶里清除出去，而不是放在消费者看不到的谷桶最下面"，还禁止在买卖中用颜料涂描衰老的奴隶以及病弱的牛羊、陈旧的器具。

这样做的目的就是把这些"商品"的缺点给顾客暴露出来。

他们既要把商品的缺陷说给顾客听，也要大声宣布"我的货是最好的"。

在犹太民族流传的一个故事里，他们甚至认为不说出商品的优点也是一种不诚信的表现。

有一个贫穷的妇人到集市上去卖苹果。

她的苹果在这个集市上是最上乘的，但她就是没有向顾客宣布这一点。从上午到傍晚，她的苹果一个也没卖出去。

这时，一个拉比来到她的摊位前。

"充满智慧的拉比啊，我没有钱买安息日所需要的东西了。"妇人向拉比抱怨。

拉比没有回答她，而是弯下身子把苹果观察了一番，然后跨到附近的一个大石头上高声叫喊：

"谁想买这最好的苹果？"

"谁想买这最好的苹果？"

"谁想买这最好的苹果？"

……

几声过后，穷妇人的苹果摊位就被人们包围了。他们连看也不看就纷纷掏钱抢购，以致价格被自动抬高到了市场价的三倍。

苹果被卖得一个不剩了，还有顾客向这边赶来。

拉比这时在高处向众人说：

"善人们，你们如果从商，必得坚守诚信。如果你们的商品有缺陷，你们要高声宣布出来；如果你们的商品是市场上最好的，也要大声宣布'它是最好的'。"

"它是最好的就是最好的，为什么还要宣布呢？"一个年轻人问。

"善人啊，你如果不宣布出来，顾客就会去选购不好的商品，把市场上最差的商品带回家。你不宣布出来，就是帮助奸诈的商人欺骗顾客啊！"

犹太商法对顾客的要求更简单：如果没有买的意图，就不要问"这个东西要多少钱"；如果没有钱，就不要装作有兴趣买东西。

他们认为顾客欠债不还是商人的过错。

现代犹太人对诚信的阐述当然贴近现代的社会。

他们的说法是：诚信是商人步入市场的通行证，失信于市场即是商人的自杀；诚信就是财路，就是商业活动中最高的技巧。

无论在西方世界还是在东方世界，无论是对大商人而言还是对小商人而言，这条犹太商法无时无地不在得到证明。

诚信，是真正成功的商人的不败之秘。

他们明明白白地告诉顾客"我要赚钱"，他们让世界清清楚楚地看着他们怎样赚钱。

真正成功的商人绝不奸诈。

在现代商业世界，恪守信用已经构成了许多企业的市场竞争手段。而在世界商业史上第一个提出"不满意可以退货"的，不也还是犹太商人吗？

刚刚开始的时候必须如实宣布"我的货是最好的"，不宣布就是帮助奸诈的商人，以劣质品欺骗市场。

一颗谦卑的心

与犹太商人打交道，你会发现，他们的谈判通常都是以微笑开始的。

在谈判中，犹太人会十分准时地到达谈判地点，绝不让你等候，哪怕是一分钟。双方见面后，犹太人非常的谦卑，客气地向你问候。特别是他们一直保持着微笑与你交流，那甜蜜的笑容让你觉得整个世界都是美好的。然而一旦进入谈判，他们会把谈判的条件提得很高，距离双方的协议差距很远，而且为了合同上一个细小的地方会和你讨价还价。双方于是开始不停地争论，最后变成激烈的争吵。第一天谈判，双方不欢而散。

但是，第二天，犹太人又会和你约定谈判的时间和地点，他们说话的神情十分的热情和真诚，态度是那样的温和与客气，仿佛昨天的种种不愉快没有发生过一样。犹太人的态度变化如此之快，简直让人觉得不可思议，询问犹太人态度发生如此大幅度变化的原因，犹太人哈哈一笑："人的细胞代谢得很快，昨天吵架的细胞已经被今天的温和细胞代替，所以今天没有必要再记恨嘛！"

犹太文化强调人与人之间要有健康而友善的关系。犹太历史上最著名的拉比之一——希拉尔，他曾对犹太文化的精髓做过界定，他有名的主张是"己所不欲，勿施于人"。希拉尔出身贫寒，他靠自己的勤奋掌握了渊博的知识，成为犹太教首席拉比，他是犹太教徒最尊重的人，他的言论一直被人们广泛引用。据说，后来耶稣基督向其信徒训诲的言论，有许多是希拉尔的。可见，他的思想对犹太人影响颇深。

犹太教典籍《塔木德》对犹太伦理讲得更具体了。该书讲述了一个事例：

一次，有位拉比要召集6个人开会商量一件事，邀请他们第二天来。可是，到了第二天却来了7个人，其中肯定有一个人是不邀自来的。但是拉比又不知道这第7个人究竟是哪一位。于是，拉比只好对大家说："如果有不请而来的人，请赶快回去吧！"

结果，7个人中最有名望、大家都知道一定会受到邀请的那人却站了起来，然后快步走了出去。

大家都很明白，这位有名望并已被邀请的人为他人背了黑锅。但这个人也明白，这7个人中必定有一个人未受邀请，而这个人既已到这里了，却要他承认不够资格而退回去，是件令人难堪之事。因此，这位有资格的人挺身而出，宁愿自己名义上受点影响，保护那个不请自来的人的自尊心，让他混迹其中。

那位有名望的人用心良苦，他能设身处地为他人着想并采取巧妙的行动，正体现了"己所不欲，勿施于人"那种仁慈道德。

但是，《塔木德》编选这个故事除了褒扬那种帮助别人的精神外，更深一层的意思是，这个有名望的人的举动表面上看来令他"背黑锅"，但实际上这个举动使他的声望更高了。《塔木德》编选这个故事，意在讲明帮助别人、注重和气是人人得益的道理。

卡耐基的侄女约瑟芬曾经担任过他的秘书。年仅19岁的她由于没有办事经验，经常在工作中出错。这个时候，卡耐基并不是对她采取言语上的取笑或是讽刺，对其严厉地批评，而是采用一种温和得体的方式，让她改正错误，并在以后不要再犯。

一天，约瑟芬再次犯了错误，卡耐基正想开始批评她，但马上又对自己说："等一等，戴尔·卡耐基。你的年纪比约瑟芬大了一倍，你的生活经验几乎是她的一万倍。你怎么可能希望她有与你一样的观点、你的判断力、你的冲劲？虽然这些都是很平凡的。但是，你19岁时又在干什么呢？还记得你那些愚蠢的错误和举动吗？"

于是，在面对约瑟芬时，他这样说道："约瑟芬，你犯了一个错误，但上帝知道，我所犯的许多错误比你更糟糕。你当然不能天生就万事精通。成功只有从经验中才能获得，而且你比我年轻时强多了。我自己曾做过那么多的愚蠢傻事，所以根本不想批评你或任何人。但难道你不认为，如果你不这样做的话，不是比较聪明一点吗？"

初时，约瑟芬办事经验几乎等于零。但是后来她成为西半球最完美的秘书之一。其中的变化之大真是让人觉得不可思议。

可见对于员工，一定要以"谦卑"为主。这种做法是在对方做错事后给予正确的心理安慰，它的作用是深远的、持久的！

犹太人在其民族文化的影响下，再加上其长久的流离失所的状况，普遍形成一种"谦和"的耐性。犹太商人就善于利用自己的这一耐性，在经商的一切活动过程中充分发挥"和气"的作用。这种和气的仪表，在人际交往之间确有融合剂的作用，它很容易把对方吸引住。在商务活动中，实践证明它是一种促销手段。为什么这样说呢？因为人是群体动物，人与人之间能否和睦相处，对事业影响很大。企业家制造出来的商品或服务，因得人喜爱而赚钱发财；政治家开展政治工作，因得人而昌；歌唱家演唱得到观众赞赏，因得乐队的伴奏和观众的捧场而被接受……一切离不开人。犹太人领会这一道理，把人与人的关系处理好，成为他们事业成功和发财致富的一种技巧。

第5辑　随时捕捉机会

>>>

当机会来临时，不敢冒险的人永远是平庸之辈。

——《塔木德》

　　生意场上到处都有机遇，当列瓦伊·施特劳斯用那斜纹布做裤子的时候，谁会料想到：这种用斜纹布做成的裤子就是后来风靡全世界的"牛仔裤"？这种牛仔裤几乎催生了服装的一次革命，以致在20世纪60年代大行其道，成为最能体现那个时代精神潮流的服装。

信息里找钱

《塔木德》说,信息是有价的。商业舞台越大,商情就越重要,一向以世界为舞台的犹太商人对信息的理解和重视自然甚于常人。人类社会从事信息产业的第一人是犹太人,世界最早的通讯社也是犹太人开办的。

犹太商人重视商业情报,为之花费巨大的财力精力亦在所不惜。19世纪初,尼桑·罗斯柴尔德个人的情报网,甚至比当时英国政府的还要厉害。情报网让尼桑比英国政府更早地了解到了滑铁卢战役的战况,帮助尼桑在交易所内大发横财。经营大陆谷物公司的福里布尔几乎把自己的公司变成了专业的信息公司,他购置一流的信息设备,聘请一流的信息专家,包括各国情报局的退休人员。准确的信息使他的每笔交易都获成功。

成功的商业活动无不源于某一种奇思妙想。不夸张地说所有的商业活动,都是我们某一刻的某种设想的演绎。而这些想法无论奇妙与否,都是由某一种信息触动的。

犹太民族自古以来就异常地关注信息,只是他们当初重视信息的收集、整理和运用与金钱无关。

古时的犹太人称信息为"兆头",专指与胜败、生存有关的消息。

后来,西姆思拉比在《塔木德》中说出了"信息是有价的",宣告和预言了信息时代的必然来临。

希伯来语中的"语言"一词,包含着"产品""经营活动"和"信息"三个词的意思。犹太人敏感于信息,也许是在不知不觉中受到这一词汇的暗示。

有充分的证据表明,人类社会从事信息行业的第一人是犹太人,他就是公元前1300年左右的约书亚。

约书亚开始为摩西从事间谍活动,在摩西去世后继承了摩西未竟的事业,统率以色列的12个部族征服了约地迦南。

也许是受约书亚的影响，犹太人中涉足信息业的特别多，而且这些人在犹太社会内部的地位都比较高。

他们在信息的搜索、整理和运用活动中，逐步形成了如下理念：经济活动能不能顺利开展，与商业活动信息和产品信息皆息息相关；信息、产品、经营三位一体，构成完整的经济活动；商品离开了信息，便不能产生价值。通过信息（语言）描述商品，表达商业活动的构想，说明商品的价值，商品才有流通的可能；能够说明商品功能和表达服务内涵的信息（语言）是最大的商品，是创造价值的资源；不断积累零零散散的信息，再对其进行系统整理，也可作为可用的情报。

基于对信息重要性的清楚认识，罗斯柴尔德财团的创始人——犹太裔的罗斯柴尔德在创业之初，就十分重视信息工作。他们一家在世界范围内建立了一张巨大而又高效的情报网。快速而又准确的信息以及对整理、运用信息的擅长，是罗斯柴尔德财团长盛不衰、傲视世界的秘诀之一。

伯纳德·巴鲁克是美国著名的犹太裔实业家、政治家和哲人，20多岁就因拥有一双明亮而锐利的眼睛而成为百万富翁。

在许多人看来是风马牛不相及的事情，巴鲁克都能发现它们之间的内在联系，并在这种联系中抓住属于自己的生意机会。

1899年7月初的一个礼拜天的深夜，不到30岁的巴鲁克仍然通过广播关注着美西战争的进展，忽然听到美国海军在圣地亚哥打败西班牙舰队的新闻。

"美西战争将告一段落，这时吃进股票准能发大财。"巴鲁克马上做出了这样的判断。虽然美国的证券交易所礼拜一一般不营业，但第二天一早，巴鲁克还是包下了一趟火车，以19世纪末最快的速度从家里赶到自己的公司，在私人证券交易所轻轻松松地吃进了大量股票，真的创造了一夜暴富的奇迹。

深谙《塔木德》之义的犹太人查理·亚巴斯于1832年在巴黎创立了亚巴斯通讯社，直接靠卖信息赚起了钱。

亚巴斯通讯社是世界最早的通讯社，如今的法新社即由它发展而来。

犹太人朱利什斯·罗伊特在亚巴斯通讯社干了一段时间，便在英国创立了路透社，单独干起了新闻配送业务。

这两大西方新闻社每年都要在信息流通中掘取一桶又一桶的黄金。

在美国，《纽约时报》和《华盛顿邮报》都是由犹太家族创办的。现任美联社董事会主席唐纳德·纽豪斯也是犹太人。

犹太人靠信息发财的例子俯拾皆是，不胜枚举。

如今在世界信息流通领域，到处都有犹太人和犹太裔的身影。

在如今的信息时代，犹太人个个都是信息库，个个都是在信息中找钱的高手。

凭借着几乎是与生俱来的对信息的敏感，犹太人终于以操纵世界经济的形式，成了这个世界重要的主宰者。

对机会果断出击

犹太人的比喻往往是非常幽默的，他们说，有三种东西不能使用过多。

那就是：做面包的酵母，盐，犹豫。

道理很容易理解，犹太人总结得也很形象。

酵母放多了面包是酸的，盐放多了是苦的，犹豫多了则会丧失稍纵即逝的战机。

犹豫是因为害怕失败。对失败的担心让人变得谨小慎微。犹豫的表现是以各式各样的借口延缓行动。结果当然是错失良机。

富翁家的狗在散步时跑丢了，于是在电视台发了一则启事："有狗丢失，归还者，付酬金1万元。"并有小狗的一张彩照充满大半个屏幕。启事发出后，送狗者络绎不绝，但都不是富翁家的。富翁太太说，肯定是真正捡狗的人嫌给的钱少，那可是一只纯正的爱尔兰名犬啊！于是富翁把酬金加到2万元。

原来，一位乞丐在公园的躺椅上打盹时捡到了那只狗。乞丐没有及时地看到第一则启事，当他知道送回这只小狗可以拿到2万元时，真是兴奋极了，他这辈子也没交过这种好运。

乞丐第二天一大早就抱着狗准备去领那2万酬金。当他经过一家大百货公司的墙体屏幕时，又看到了那则启事，不过赏金已变成了3万元。乞丐驻足想：这赏金增长的速度倒挺快，这狗到底能值多少钱呢？他改变了主意，又折回他的破窑洞，把狗重新拴在那儿。第四天，悬赏额果然又涨了。

在接下来的几天时间里，乞丐没有离开过大屏幕，当酬金涨到使全城的市民都感到惊讶时，乞丐返回他的窑洞。可是那只狗已经死了，因为这只狗在富翁家吃惯了牛奶和鲜肉，根本不吃乞丐从垃圾筒里捡来的食物。

乞丐不渴望财富吗？当然渴望。但是因为他太贪婪，所以没有抓住唾手可得的机遇，只有看着机会溜走了。

犹太商人拥有了高财商，他们的商海经验是：不仅懂得如何创造财富，同时还知道当财富的机遇出现在面前时应该如何去抓住它，把运气变成财气。

我们可以发现，辛勤者中间有着贫富之分，而在成功的辛勤者中间，成就亦有高低之别，但有一些表面上并不辛勤的人，却能成功致富。正是这些差异的出现，社会面貌才呈现出多姿多彩的变化，而促成社会面貌变化的其中一个重要因素就是机会。因此，有人曾说过这样一句话："机会是上帝的别名。"在特定的时间里，各方面因素配合恰当，就会产生有利的条件，谁最先利用这些有利条件，运用手上的人力、物力从事投资，谁就能更快、更容易获得更大的成功，赚取更多的财富。这些有利条件便是机会，一个高财商的人懂得掌握这些得到财富的机会。

要拿到红利，必须先拿钱投资。同样，想获得机会，则必须先有所付出——付出自己的时间、金钱、安逸和享受等等，随时全神贯注地做好准备，一有机会出现，便跳起来将它抓住。但是有的人创业致富常常是靠运气。而运气不是机会，不要把两者混淆，否则就会做出错误判断，招致损失。

运气带有偶然、意外的性质。有个人去买彩票，结果中了1000美金，这是运气。提炼青霉素的弗莱明原意是要培养葡萄球菌，霉菌的出现出乎他意料，对他来说，霉菌是个不速之客。中奖与发现青霉素有显著的区别，中奖纯属意外，那是运气，没有夹杂机会在里面；而发现青霉素的事，则在运气之外蕴藏着机会。

弗莱明发现霉菌之后，他可能有两个反应：一是觉得霉菌的出现阻挠了他对葡萄球菌的研究，把它当作麻烦事，不予重视；二是觉得好奇，进行研究。如果弗莱明采取前一种态度，发明青霉素的就不会是他，而是别人了。弗莱明能够及时把握机会，结果他成就了大发现。

在致富的过程中，也要分清机会和运气，我们不排除运气，但是更重要的还是要用自己的财商，挖掘蕴藏在生活中的机会，也只有这样，你才能得到财富。

犹太商人善于抓住机会，并且敢想敢做，这一点直接关系到生意的成败。

1981年6月，韦尔做了一件令人费解、出乎人们意料的大事情，他居然把辛辛苦苦花费了20年时间创建的希尔森公司出售给拥有80亿美元销售额的美国捷运公司。虽然美国捷运公司是一家经营赊账卡、旅游支票和银行等业务的大公司，但韦尔的希尔森公司虽说规模较其小，然而却是很有发展前景的，而且韦尔初入美国捷运公司时并不被重用。因此，许多人认为韦尔吃亏不小。然而一段时间后，人们不得不对韦尔的决策而叹服。现在韦尔在捷运公司的职位仅次于董事长和总裁，他的股份总额有2700万美元，个人年收入高达190万美元。

当然，韦尔为发展捷运公司也是兢兢业业，在他的一手策划下，捷运公司用5.5亿美元买进了南美贸易发展银行所属的外国银行机构，这家银行机构经营外汇、通货市场、珠宝贸易、银行业务等。因此这桩大生意的成交不仅是韦尔津津乐道的一件值得自豪的事，而且使韦尔在捷运公司身价百倍，成为华尔街的热门人物。

韦尔的成功之处有许多条，例如好胜心强烈，非常自信等，然而最重要的一条却是：他知道在什么时候该做什么事，能够抓住机会，敢想敢做。创业之初，对于合并与否，他果断地拍板；后来，他吃小亏获大利，与捷运公司合并，一跃成为该公司第二号人物。

犹太商人的精明家喻户晓，他们善于从长远考虑买卖问题，盯住时机，大胆出手，因此成就了一大批成功的犹太商人。

敢于冒险

《塔木德》说，当机会来临时，不敢冒险的人永远都将是平庸之辈。

要想做成任何一件事都有成功和失败两种可能。当失败的可能性大时，却偏要去做，那自然就成了冒险，事实上，许多事很难分清成败可能性的大小，那么这时候也是冒险。而商战的规律是冒险越大，赚钱越多。当机会来临时，不敢冒险的人，永远是平庸之人。而犹太商人大多具有乐观的风险意识，并常能发大财。

犹太人相信"风险越大，回报越大""财富是风险的尾巴"，他们勇于跟着风险走，而搏出了财富。

如果年轻时不敢冒险，一辈子将一事无成。不采取行动，因循守旧，不会有一点进步和成就。

阿曼德·哈默是犹太后裔，于1898年5月21日出生于美国，在上大学时，就开始经营父亲留给他的药厂，获得很大成功，成为当时美国唯一的大学生百万富翁。

经常有人向哈默请教致富的"魔法"。他们坚持认为：哈默发大财靠的不仅是勤奋、精明、机智、谨慎之类应有的才能，准还有"秘密武器"。

在一次晚会上，有个人凑到哈默跟前请教"发家的秘诀"，哈默皱皱眉说："实际上，这没什么。你只要等待俄国爆发革命就行了。到时候打点好你的棉衣尽管去，一到了那儿，你就到政府各贸易部门转一圈，又买又卖，这些部门大概不少于二三百呢！……"听到这里，请教者气愤地嘟哝了几句，转身走了。

其实，这正是20世纪20年代时哈默在俄国13次做生意的精辟概括，其中包含着他的生意的兴隆与衰落、成功与失败的种种经历。

1921年的苏联，经历了内战与灾荒，急需救援物资，特别是粮食。哈默本来可以拿着听诊器坐在清洁的医院里，不愁吃穿地安稳度过一生。但他厌恶这种生活。在他眼里，似乎那些未被人们认识的地方，正是值得自己去冒险、去大干一番事业的战场。他做出一般人认为是发了疯的抉择，踏上了被西方描绘成地狱似的可怕的苏联。当时，苏联被内战、外国军事干涉和封锁弄得经济崩溃，人民生活十分困难；霍乱、斑疹伤寒等传染病和饥荒严重地威胁着人们的生命。列宁领导的苏维埃政权采取了重大的决策——新经济政策，鼓励吸引外资，重建苏联经济。但很多西方人士对苏联充满偏见和仇视，把苏维埃政权看作是可怕的怪物。到苏联经商、投资办企业，被称作是"到月球去探险"。

哈默心里当然也知道这一点，但风险大，利润必然也大，值得去冒险。于是哈默在饱尝大西洋中航行晕船之苦和英国秘密警察纠缠的烦恼之后，终于乘火车进入苏联。沿途景象惨不忍睹：霍乱、伤寒等传染病流行，城市和乡村到处有无人收殓的尸体，专吃腐尸烂肉的飞禽在人们头顶上盘旋。哈默痛苦地闭上眼睛，但商人的精明让他意识到：被灾荒困扰着的苏联目前最急需的是粮食。他又想到这时美国粮食大丰收，价格早已惨跌到每蒲式耳（计量单位：1蒲式耳=35.238升）一美元。农民宁肯把粮食烧掉，也不愿以这样的低价送到市场出售。而苏联这里有的是美国需要的、可以交换粮食的毛皮、白金、绿宝石。如果让双方能够交换，岂不两全其美？从一次苏维埃紧急会议上哈默获悉，苏联需要大约100万蒲式耳的小麦才能使乌拉尔山区的饥民度过灾荒。机不可失，哈默立刻向苏联官员建议，从美国运来粮食换取苏联的货物。双方很快达成协议，初战告捷。

没隔多久，哈默成了第一个在苏联经营租让企业的美国人。此后，列宁给了他更大的特权，让他负责苏联对美贸易的代理商，哈默成为美国福特汽车公司、美国橡胶公司、艾利斯—查尔斯机械设备公司等30几家公司在苏联的总代表。生意越做越大，他的收益也越来越多。他存在莫斯科银行里的卢布数额大得惊人。

第一次冒险使哈默尝到了巨大的甜头。于是，"只要值得，不惜血本也要冒险"，成了哈默做生意的最大特色。

1956年，哈默已经58岁了，他感到自己干实业已经干够了，便移居洛杉矶，准备用游泳、日光浴、捐赠珍藏等活动来消磨自己的余年。

没料到财神又一次把他拖回来，把他投入他一生最赚钱的生涯——冒险性很大的石油行业中去。

朋友告诉他：20世纪20年代初期创立的西方石油公司正处在风雨飘摇的困境之中。这家公司请求哈默给予帮助。对石油行业还是外行的哈默，同意借出5万美元作为尝试，让该公司钻两口油井，将来得到的利润各占一半。哈默的打算是：如果这两口井是干井，这笔钱可以根据当时的规定，作为亏损从应缴纳的税款当中扣除。

出乎哈默意料的是：两口井都出了油。西方石油公司的股票一下子上涨了。初次尝试的成功，引起哈默在石油行业进行冒险的极大兴趣。1957年，他干脆把借给该公司的贷款转为股票，成为西方石油公司最大的股东，当上该公司的总经理。

石油钻探毕竟是一个冒险性很大的行业。1961年，西方石油公司几乎用完了1000万美元勘探基金，但仍无所建树。哈默计划集中余力攻克难点。这计划吸引了一个名叫鲍勃的青年地质学家。他向哈默建议：旧金山以东有一片被德士古石油公司放弃了的地区，这地区可能有天然气田，西方石油公司应该把它租下来。

哈默接受了意见，汇集了一大笔钱，投入这一冒险活动。这个地质学家将挖井定位为离那几口废井大约183米的一块空地上。当钻到约2.62千米的深度时，终于钻出了加利福尼亚的第二大天然气田，价值2亿元。几个月以后，又在附近钻出了一个蕴藏量丰富的天然气田。

1966年，西方石油公司来到盛产石油的利比亚。正值利比亚政府准备进行第二轮出让租借地的谈判。来自9个国家的许多家公司参加了这次投标。哈默要同这些实力雄厚的大公司争夺，似乎有点不自量力，这些石油巨头一举手就可以把他打倒。但哈默依然乘坐一架由轰炸机改造的飞机赶来了。他采取了独特的投标方式。他独出心裁，用红、黄、绿三色彩绸做成投标书，正好和当时利比亚的国旗颜色一样。并且，他还在投标书中特别注明：如果西方石油公司中标，公司将为国王先祖所在地的绿洲造一个漂亮的大花园。这样，哈默成功地创造了开发利比亚石油的机会。他一举得到了两块租借地，使那些颇有名望的竞争对手大吃一惊。

但是，这两块地很快成了哈默烦恼的源泉，钻出的头三口井都是滴油不见的干井。而每打一口井就要花费300万美元，另外还得花费200万美元用于地震探测和向利比亚政府的官员交纳不可告人的贿赂金。董事会里有些人开始把这项计划叫作"哈默的蠢事"，连公司里的第二大股东里德也主张应该撤退。哈默是九头牛也拉不回的脾气，他大力支持公司的地质专家采用电子计算机探测新技术，终于打出了9口油井，其中一口井年产油7.3万桶，是利比亚最大的一口井。

利润开始像石油一样源源不断地流进西方石油公司的账户，冒险又一次取得成功。

西方石油公司海外石油事业的另一个具有冒险性而获得成功的投资是对英国北海油田的开发。1972年，该公司在北海连钻三口井都是干井，每口井的代价为2.5万美元。幸运的是最后成功钻出了石油，获得了成功。1974年哈默的西方石油公司年收入高达60亿美元。哈默一生与东西方政界领导人建立了密切的联系，在全世界享有盛誉。

逆境中求财

《塔木德》说，请主降下磨难，考验我对主的信仰；请主降下苦痛，把我和普通人区分；请主给我以逆境，让我成功。

《塔木德》中有这样一则寓言故事：

有三只青蛙一同掉进一只装满鲜奶的桶中。第一只青蛙说："这是神的旨意。"于是，它缩起后腿，一动也不动。

第二只青蛙说："这只木桶太深了，我实在没有办法跳出去。"说完，也同样一动也不动了。不久，这两只青蛙都被淹死了。

只有第三只青蛙没有放弃努力。它想："只要我的后腿还有些力气，我就一定要把头伸到鲜奶上面。"它就这样慢慢地游啊，游啊。忽然，它觉得它的腿碰到了一些硬硬的东西，试试，居然能够站在上面。原来，它不停地游来游去，把鲜奶搅成了奶油。第三只青蛙站在奶油上面，一跃跳到了桶外。

我们每个人降生到这个世界之时，就注定了要经历命运的各种困难和考验。做生意顺利的时候，财源滚滚而来，取之不尽，用之不竭；一旦遇上风险逆境时，也要学会节衣缩食，迎难而上。不够坚强的人在逆境来临时，就会匆匆结束这次旅行，提前承认自己的失败；而足够坚强的人却深深懂得，我们就是为经历这些困境而来的。

灰心丧气、失望抱怨是最常见的一种态度，这也是人们正常的一种反应，一蹶不振、就此撒手、沉沦颓废也是常有的事，很多人就这样从我们的视野里消失了；忍耐、等待又是一种态度，他们坚信事物是变化的，三十年河东，三十年河西，说不准哪一天时来运转，就可以东山再起了。只要把逆境视若寻常事，任凭你风吹浪打，我依然如闲庭信步，不为所动，这种人已经彻悟了人生，拥有了大智慧。

面对逆境，能坦然面对的当推犹太商人。他们能在危险来临时，仍泰然自若地做生意，甚至把逆境看成是做生意的最好时机。

在两千多年的漂泊流离生活中，犹太人一直处在逆境之中。在这漫长的日子里，他们学会了忍耐和等待，学会了低调处事做人，学会了如何在逆境中生存发展的智慧。

把这种智慧运用到商业操作中，就形成了犹太商人在逆境中发财的生意经。

犹太实业家路德维希·蒙德学生时代曾在海德堡大学发现了一种从废碱中提炼硫黄的方法。后来他移居英国，将这一方法带到英国，几经周折，才找到一家愿意同他合作开发的公司。结果证明他的这个专利是有经济价值的。蒙德由此萌发了自己开办化工企业的念头。

随后他买下了一种利用氨水的作用使盐转化为碳酸氢钠的方法，这种方法是他参与发明的，当时还不很成熟。蒙德在柴郡的温宁顿买下一块地，建造厂房。同时，他继续实验，以完善这种方法。实验失败之后，蒙德干脆住进了实验室，昼夜不停地工作。经过反复而复杂的实验，他终于解决了技术上的难题。

1874年厂房建成，起初生产情况并不理想，成本居高不下，连续几年企业完全亏损。

犹太人在逆境中的坚韧性格帮助了蒙德，他不气馁，终于在建厂6年后的1880年取得了重大突破，产量增加了3倍，成本也降了下来，产品由原先每吨亏损5英镑，变为获利1英镑。

后来，蒙德建立的这家企业成了全世界最大的生产碱的化工企业。

没有在逆境中坚持不懈、默默奋斗的品格，蒙德也就不会取得后来的非凡成就。

另一位美国犹太人巨富，盖尔·博登也是一个善于在逆境中发财的人，正是这一点，使他有了辉煌的成功。

早年，博登埋头于发明创造。他先是发明了脱水肉饼干，但却未给他带来多少好处，相反，却使他在经济上陷入窘境。

有了第一次失败的教训，博登未被击倒。又经过两年反反复复的试验，他终于又制成了一种新产品——炼乳，并决定把它推向市场。

博登的第一步是要寻找专利保护。博登发明的炼乳，是一种纯净、新鲜的牛奶，牛奶中的大部分水分在低温中利用真空抽掉。但是，博登为他的制造方式寻求专利权时，得到的答复是产品缺乏新意，并且，专利局官员告诉他，在已批准的专利申请存档中已经有数十种"脱水乳"的专利权，其中包括一种"以任何已知方法脱水"。博登并不甘心，又一次提出申请。但他的第二次申请又再度被驳回，因为专利官员判定"真空脱水"并非必要的过程。第三次申请仍被拒绝的理由是，博登的"从母牛身上挤出的新鲜牛奶在露天地方脱水"与该制作方式的目的是不一致的。

三次申请，三次被驳回，并未把博登击倒。他继续申请专利权，因为他坚信他的创造。他的第四次申请终于被批准了。

但是推销新产品也不是一帆风顺的。尽管博登每天花费18个小时在厂里教导炼乳的生产方法，监督生产程序，检查卫生清洁情况；尽管他的工厂由一家车店改造，租金便宜，附近又有纯正、营养丰富的牛奶供应，炼乳的成本较低；尽管他小心地挑选一位社区领袖做他的第一位顾客，因为这位社区领袖对炼乳的意见会有助于巩固这家新公司及其新产品在该地区的地位，而且这位社区领袖对产品也表示了赞赏，但当时当地的顾客仍习惯把掺有水分的牛奶放入一些发酵品，进行蒸馏。他们觉得炼乳稀奇古怪，对它有疑心，所以，很少有人问津。

出师屡屡不利，甚至到了山穷水尽的地步——博登的两位合伙人都失去了信心。第一家炼乳厂被迫关闭了。

博登破釜沉舟，又建起了新工厂。也许是他的努力感动了上帝，他的第二次尝试终于获得了成功。他的公司在他逝世时，已成为美国具有领导地位的炼乳公司。而博登的创业奋斗奠定了现代牛奶工业生产的基石。

在博登的墓碑上，有这样一段墓志铭："我尝试过，但失败了。我一再尝试，终于成功。"这正是对他一生的总结。

杰出的人物之所以能成功，另一个重要的原因就是他们均能自强不息，并且具有必胜的信念。即使面对种种逆境重重困难时，他们也从未放弃过。生活中总有许多人抱怨自己没本事而消极平庸，实际上他们并不知道每个人都有成功的潜质，正如拿破仑所言："世上没有废物，只是放错了地方。"只要选准一条适合自己的路，坚持下去，自强不息，积极进取，就一定能成功。

富翁就是这样"炼"成的，无商不"艰"。世界上没有任何一个富豪是一帆风顺，不经失败和挫折的，正如美国成功学宗师拿破仑·希尔所说："幸运之神要赠给你成功的冠冕之前,往往会严峻地考验你,看看你的耐力与勇气是否足够。"

比尔·盖茨在接受世界八大财经媒体之一的《金融时报》采访时谈道:"我有过颓丧和虚怯。微软公司在起飞过程中遇到的困难和阻力一次比一次大,从技术难关、竞争对手的围攻到政府的指控,如果我不是最终以勇气和毅力战胜颓丧和虚怯,恐怕早就被市场竞争的浪潮淹没了。"逆境中企业家的生存本能及危机感对事业的成长至关重要,企业家是在逆境中成长起来的。

身边的机遇

在19世纪50年代,加利福尼亚州发现了金矿,引发了一场世界性的淘金热潮,很多人不远万里来到这里淘金。年轻的犹太人列瓦伊·施特劳斯听说淘金的事情后,也急匆匆赶往加州。

可是当他到达的时候,为时已晚,从沙里淘金的活动已到了尾声,先期到达的人已经把地方全部占满了,后来的人已经无法再染指其间了。很多像列瓦伊·施特劳斯的人都悻悻地打道回府了。

可是列瓦伊·施特劳斯并没有气馁,他想既然淘金不成,不如把淘金人作为自己的金矿。为他们服务,自己一样可以赚钱,一样可以成功。经过观察,他发现那些矿工们由于整天要与石头、机器为伍,衣服很容易破损,所以他们最需要衣服,恰好他自己随身带有一大卷斜纹布。

本来他想把布卖给制作帐篷的商人,现在看到这些,他有了主意,何不把斜纹布加工成衣服,卖给那些矿工呢!说干就干,他很快就把布匹改造成了裤子,于是,世界上第一批牛仔裤诞生了。工人看到他生产的裤子后,纷纷解囊。很快列瓦伊·施特劳斯的裤子就被抢购一空,没有买到的纷纷向他预订。这样列瓦伊·施特劳斯开始了自己的事业。

后来,列瓦伊·施特劳斯又在裤子的口袋边安上铜纽扣,以增强裤子口袋的强度。再往后，列瓦伊·施特劳斯开始大批量生产这种新颖的裤子，销路极好，使得其他服装商竞相模仿。但是列瓦伊·施特劳斯的企业一直独占鳌头，每年大约能售出100万条这样的裤子，营业额达5000万美元。

看来，生意场上随处都有机遇存在，列瓦伊·施特劳斯用那斜纹布做裤子的时候，不会想到这种用斜纹布做成的裤子会被人叫作"牛仔裤"，也不会想到这种牛仔裤将促成服装的一次革命，更不会想到它竟在20世纪60年代大行其道，成为最能体现那个反叛时代精神潮流的标志性服装。

找准人生的位置

犹太人相信，如果我们每个人都能够找准自己的人生位置，那么我们的生命就能够发出灿烂的光芒；而如果我们选错了人生，那么我们的生命就将因窒息而暗淡无光。

在两次世界大战期间，几乎没有人比阿伯特·戴利姆的谋生方式更奇异了。这话得从他拒绝向乞丐施舍一个硬币说起。

"赏个小钱吧，先生。"一天，一个流浪汉向他乞讨。

当时的戴利姆是个演员，由于战争使人们的关注点都集中在战事上，所以很少有人有闲暇看电影，他也好长一段时间没有接到片子了，经济也很紧张，他在家处于失业状态已经有一段时间了。

"走开，我还没有解决自己的温饱呢，怎么可能给你钱呢！"戴利姆没好气地说。那个乞丐什么都没说，转身离开了……在乞丐转身时，戴利姆发现他失去了左臂，但是脸色红润，衣着一点也不破烂。

"等一等，"戴利姆把他叫住，问，"你想知道我为什么一个子儿都不给你的原因吗？"

"因为你一点也不像个乞丐，瞧，你的面色红润，衣着干净得体。"乞丐茫然地看着这个人，还是没有说什么。

"乞丐就应该有乞丐的样，否则人们怎么会给你钱呢！"戴利姆说着，"这样吧，你跟我来。"

乞丐的脸上浮现出了一丝感激的光芒，急匆匆地跟上了戴利姆。但让他没有想到的是，戴利姆并没有拿出钱财，而是拿出了化妆盒。乞丐感到很纳闷，不知道这个人要干些什么。"来，我给你化化妆，让你更像一个乞丐，否则谁会向一个不像乞丐的人施舍呢！"

他一边说着一边朝那人的脸上涂抹油彩，一会儿工夫，那人就有了一副苍白的面容，脸上呈现出憔悴的皱纹，头发也被几剪子剪得乱蓬蓬的。

"你昨天挣了几个钱？"戴利姆问。

"4美元。"

"那好，去试试今天能否多挣几个。"

两天后，这个乞丐来到戴利姆的住所，交给他5美元。化妆后的第一天，他挣了30美元，这个数目近乎他从前最高所得的七倍。

没过多久，其他乞丐也向他求助。这个演员就向每个人收两美元。他把他们装扮成一副孤独凄苦和绝望无助的样子，提示他们恰当掌握哀诉的嗓音。

在头一个月里，他每天给18个乞丐常客化妆。一年工夫，他搬进了一所条件良好的住宅，有了一部小汽车和一大笔银行存款。一连16年，他忘记了自己当演员的生涯，接触了成千上万的纽约乞丐。戴利姆曾经承认，他从未梦想过这种指点乞丐行乞的行当会像滚雪球似的越滚越大。这样干了几个月后，他发现自己再难独自支撑下去，因此不得不去请几位演员同伴来做帮手。就这样他用自己独特的、适合自己的方式，在经济和名声上都获得了成功。

后来有一天，纽约市政厅向他们颁布了一项禁令。这是一个不明智之举，因为这些人全是选民。

一次，2万名乞丐在布朗克斯举行集会。这些人中，有17000人是（或曾经是）戴利姆的顾客。他们的首席发言人在会上宣布："我们需要的是能为我们说话的受过教育的人。"有人提议阿伯特·戴利姆，得到了一致通过。

戴利姆就这样成了纽约市乞丐协会的秘书长。

瞬间成就人生

如果你仔细观察犹太人，那些成功的人当中，很多人善于玩空手道，抓住每个细小的机遇，很快就获得了成功。

马克·奥·哈德林就是这样的一个犹太人。

马克·奥·哈德林创业之初，仅有500美元。但是他却在以后的几年中由一名穷困潦倒的失业青年变成了一个小有名气的百万富翁。是什么使他如此神速地获得了成功？主要在于他善于把握时机。

哈德林先生描述说：在他25岁以前的时候，他尽可能地了解有关投资和不动产的知识，一有机会便和从事房地产的朋友、亲戚聊天，暗暗为自己定下目标：在30岁时一定要成为百万富翁。

有一天，一个房地产中间商激动地告诉他一个投资少、收益惊人的买卖：一所坐落在中产阶级住宅区的现代式房子，维护良好，房况极佳，属一流建筑。房主出价1.45万美元，由于某些原因，她必须在一个月之内把房子卖掉，哈德林听后很是动心。

经过还价，买卖双方定为1万美元，尽管哈德林当时银行存款不足500美元，但他觉得这是一个不容错过的机会，即使万一筹不到这笔钱，也不过要付给中间商100美元酬金而已。他毫不迟疑地和房主签了约，返身直奔城里最大的银行，以借款的形式得到了1万美元，付给了房主。

他又来到另一家银行，以新购的房产做抵押，贷款1万美元还清了第一家银行的借款。没几年，他的住户又帮他还清了第二家银行的贷款。以后他又用同样的手法，成功地实现了人生财富的增值，他个人最终成为名副其实的富翁。

第6辑 犹太人的理财智慧

我见日光之下，快跑的未必能赢，力战的未必得胜，智慧的未必得粮食，明哲的未必得资历财，灵巧的未必喜悦，所临到众人的，是在乎当时的机会。合理的投资也要选择恰当的时间。

——《塔木德》

犹太人的观念里面，就是"有钱不置半年闲"，与其把钱放在银行里面睡觉，靠利息来补贴生活费，养成一种依赖性而失去了冒险奋斗的精神，不如活用这些钱，将其拿出来投资更具利益的项目。

能花钱才能挣钱

《塔木德》说："上帝把钱作为礼物送给我们，目的在于让我们购买这世间的快乐，而不是让我们攒起来还给他。"

一个70多岁的穷人领到100美元的失业救济金，按惯例到银行存了20美元。出银行大门的时候，他看到一位年纪相仿的绅士在抽雪茄。

"您的雪茄很香，"戒烟已有50年的穷人主动搭讪问，"这样的雪茄不便宜吧？"

"20美元一支。"

"嘀，您一天抽多少呀？"

"15支。"

"唷，您抽多久了？"

"50年了。"

"一天300美元，一年10万多美元，50年，哎呀，您算算，您抽雪茄的钱不算利息已有500多万，这大概可以买下这家银行了吧？"

"……哦！您好像不抽雪茄吧？"

"是的，我不抽。"

"那你能买下这家银行吗？"

"老实说，不能。"

"告诉您，这样的银行我有10家！"

这个穷人其实很精明。因为第一，他账算得很快，一下子就计算出每支20美元，每天15支，50年的雪茄烟钱可以买一家银行；第二，他很懂勤俭持家、由小发大的道理，并身体力行，好久都没有抽过一支20美元的雪茄。然而，谁也不能说他有"活智慧"，因为他雪茄没抽上而银行也没攒下，不得不对绅士表示恭敬。

那位穷人的智慧是死智慧，而那位绅士的智慧才是活智慧：钱是靠钱生出来的，不是靠克扣自己攒下来的！

为了迅速地成为富翁，犹太人的常规做法是投资金融行业和其他资金回收较快的行当，把78%的注意力和精力集中倾注到"钱生钱上"。努力攒小钱的人冒险气质的缺乏，决定了他们不能通过其他途径快捷致富。

话又说回来，不赞成攒小钱，并不代表在商务活动中不精打细算。

在这方面，犹太商人的"吝啬"气质暴露无遗：成本能省半分就省半分，价格能高半分就高半分。

也许你要问，不至于世界富翁们都这样吧？

犹太商人有白手起家的传统，至今世界上有名的犹太富豪中有不少人发家充其量不过两三代人的历史；但犹太商人没有靠攒小钱积累资本的传统。

一方面，犹太商人在文化背景上就没有受到禁欲主义束缚。犹太教在总体上从来没有这方面的要求，犹太人的生活也从未分化成宗教与世俗两大部分。犹太人在宗教节期间有苦修的功课，但功课完毕之后便是丰盛的宴席，虽然无法同中国人相比。所以，那种形同苦行僧般的不抽雪茄的生活方式，不是犹太商人的典型生活方式。

另一方面，从犹太商人集中于金融行业和投资回收较快的行业来看，他们本来就把注意力集中在"钱生钱"而不是"人省钱"上面。靠辛辛苦苦攒小钱的人是不可能有犹太商人身上常见的那种冒险气质的。

这两个因素的结合使犹太商人的经营方式和生活方式形成了鲜明对照。在业务方面，犹太商人精打细算到了无以复加的地步，成本能省一分就省一分，价格能高一点就高一点，利润一定要算税后利润，以免去为税务署做贡献。但在生活上，类似于每天吸20美元一支的雪茄15支，并不是什么罕见的现象。

犹太商人的这种生活方式令同为当今世界著名商人的日本商人叹为观止。其他不说，仅犹太商人不管工作如何忙，对一日三餐从不马虎，总留出时间，还要吃得像模像样，而且进餐时忌讳谈工作，就让日本商人感慨万分，并对自己的人生格言"早睡早起，快吃快拉，得利三分"大觉羞愧。

其实，岂止吃饭这点时间不谈工作，虔诚的犹太商人每周同样要过那整整24小时不谈工作甚至不想工作的安息日！因为犹太人是世界上最谙熟"平常心即智慧心"的道理的民族：犹太教靠尊重信徒的自然生理心理要求而保持住了他们的虔诚，犹太商人也同样靠"尊重"自身内在的自然要求而保持住了自己经商时的心理平衡。

而一个在利润问题上拿得起放得下的商人，其智力才不会衰竭昏聩。对于一个商人来说，还有什么比淡定自信更为重要的呢？

它能使你自己发挥原有的能力和才智，能使同伴增加信任，能使对手感到压力。一个气定神闲、心平气和的商人，才最容易成为真正成功的商人。

用钱难于赚钱

《塔木德》如是说：如果店主算不清账，他的账就会找他算账。

在犹太商人看来，一个人怎样使用钱——包括赚钱、存钱和花钱——或许是检测他的才智高低的最好的方法之一。虽然金钱绝不能作为一个人生活的主要目的，但是，它也不是无关痛痒的东西，不能从观念上加以蔑视。在犹太商人看来，在很大程度上，金钱是获得感官快乐和社会地位的手段。

事实上，人性中的一些最优秀的品质是与正确使用金钱密切相关的，例如，慷慨、诚实、公平和自我牺牲精神，也包括节俭的美德。另一方面，是它们的对立面如贪婪、欺诈、不公平和自私，就像一个爱财如命的人所表现出来的一样。一部分人滥用和误用了金钱这种手段，产生了浪费、铺张、挥霍、奢侈等罪恶。

犹太人弗兰西斯·霍拉的父亲在他开始进入社会的时候，对他提出忠告说："我衷心地希望你事事开心如意，但我不得不三番五次地劝导你要节俭。节俭对任何人来说都是一个必不可少的德行。然而，浅薄的人可能会轻视它。其实，节俭是通向独立的大道，而独立则是每个精神高尚的人所追求的崇高目标。"

犹太人亨利·泰勒在他经过深思熟虑写成的《生活备忘录》一书中指出："在赚钱、储蓄、花销、送礼、收礼、借进、借出和遗赠等方面，正确的行为原则和方法几乎为一个人的完美无缺做出了论证。"

一个人如果展望未来，他会发现等待他的主要有三种不幸：失业、疾病和死亡。前二者他或许还可以逃避，但是最后一个却是在劫难逃的。然而，无论哪一种可能性，他都应该把生活的压力减轻到尽可能小的程度，这样做不仅是为了自己，而且是为了那些把安逸和生存都依附于自己的人们。这样来看，诚实挣钱和节俭使用都是极为重要的。

正当赚钱，是吃苦耐劳、不懈努力、不受诱惑和得到回报的希望的表现；而合理使用，是精明能干、富有远见和自我克制的体现。金钱可以代表许多有很大价值的东西：不仅是食物、衣服和感官的满足，而且是个人的自尊和独立。

在这个世界上，努力去获得一个较为牢固的地位，这其中包含了人的尊严，它使得一个人更为强壮，生活得更为美好。从长远来说，它赋予了他更大的行动自由，能使他有更多的力量为将来而努力。为了获得独立，生活简朴是必不可少的条件。节俭既不需要超人的勇气，也不需要卓越的美德，而只需要一般的力量和普通人的能力。实际上，节俭只不过是秩序原则在家庭事务管理中的运用：它意味着统筹安排、合乎规则、精打细算和避免浪费，耶稣也表达了这种节俭原则，他要求"把剩下的零碎收拾起来，免得有糟蹋的。"

节俭也意味着将来的利益能够得到保障，因此人要有抵御眼前的满足诱惑的能力，这也是人超越于动物本能的高贵之处。节俭完全不同于吝啬，因为正是由于节俭才使一个人能够时时表现得慷慨大方。人也不能把金钱作为崇拜的偶像，而只能把它当作一个有用之物。正如迪安·斯威夫特所说的："我们脑子里必须有金钱概念，但是，不能一心想的都是金钱。"我们可以称"节俭"为"精明"的女儿、"克制"的姊妹和"自由"的母亲。显而易见，适度节俭是自助的最好展现。

每个人都应该量入为出，按照自己的收入过日子。要做到这一点，最重要的是诚实。因为，如果一个人不是诚实地按照他自己的收入过日子，那么他必定是虚伪地按照他人的收入过日子。如果一个人对自己的消费缺乏长远考虑，只顾眼前的享乐，那么等到他发现钱的真正用途时，就已经太迟了。

培根有句名言："与其去赚些小钱，不如去存些小钱。"许多人不屑一顾随手扔掉的零钱和其他一些不当回事的支出，往往是人生中财富和独立人格的基础。这些浪费者往往是属于这个世界中权利受到分割的阶层，其实，他们自己才是自己的最大敌人。如果一个人自己跟自己过不去，自己不能成为自己的朋友，他还怎么能指望别人成为自己的朋友呢？

一个生活节制适度的人，他的口袋里才会有钱去帮助别人；而一个铺张浪费、缺乏远见和挥霍一空的人，是不会有机会去帮助别人的。当然，节俭绝不是做一个一毛不拔的铁公鸡，否则就是一个可怜的守财奴。在生活和交往中心胸狭窄、斤斤计较，是极端短视的人，只会导致失败。

有句谚语，叫作"只有一分钱的胸怀，绝不可能得到二分钱的收获"。日常生活中的无数事例都说明，人生的辉煌成就源于慷慨大方和诚实守信的生活准则。

100％发挥一块钱的功用

在犹太人的用钱观念中，都普遍坚持钱不能随便用，一定要把钱用到最需要的地方。犹太人之所以坚持这种观念，是因为他们懂得"支出"和"欲望"的关系。提到这个问题，看来有一点深奥，先看下面一段文字，你可能就会明白——会用钱的人是一个能控制自己欲望的人。

犹太人认为，不要把支出和各种欲望混为一谈。每个人的家庭都有不同的欲望，可是这些欲望是其收入所不能满足的，因此，切不可把自己的收入花在不能满足的欲望上面，因为许多欲望是永远不能满足的。

人常为不能满足的欲望所愁苦。别以为亿万富翁有那么多的金钱，一定可以满足每个欲望，这种想法是不正确的。作为亿万富翁，他的时间有限，精力有限，能到达的路程有限，能吃进胃里的食物有限，而且享乐的范围也有限。

犹太人认为欲望好像野草，农田里只要留有空地它就生根滋长，繁殖下去。欲望就是如此，只要你心里留有欲望，它也会生根繁殖。欲望是无穷无尽的，但是你能满足的却微乎其微。人们只要仔细研讨现在的生活习惯，就会发现原来认为是必要的支出，经过明智思考之后便会觉得可以把支出减少，甚至会觉得可以把它取消。我们可以把这句话当作格言：花一块钱，就要发挥一块钱100%的功效。

在企业经营或是家庭开支上，犹太人注重做预算，并且根据预算的90%支出、10%储蓄的原则，慎重使用支出费用及购买必需物品，把不必要的东西全部删除，因为它是无穷欲望的一部分，不可容纳和反悔。他们牢记不要动用储蓄的10%收入，因为那是致富的本源。

世界上流行这样的说法："犹太人是吝啬鬼。"此说法有一定依据，但也是一种误解。因为犹太人中有很多是经商的，而且是经商高手。作为商人，对物品斤斤两两计较和对金钱分分毫毫核算是其职业本能的反映。商人如不精打细算，不爱惜钱财，怎能获得经营的利润呢？

犹太人的社会背景和所处的职业地位，使他们形成了如下的金钱观念：

"赚钱不难，用钱不易；

金钱可能是不慈悲的主人，同时也是能干的用人；

金钱虽非尽善尽美，但也不致使事物腐败；

并不一定贫穷人什么都对，富有人什么都不对；

金钱对人所做的和衣服对人所做的相同；

赞美富有的人并不是赞美人，是赞美钱。"

这些犹太人格言反映出犹太人对金钱的观念。说到底，犹太人把金钱视为工具。因此，他们不管别人怎么评论与误解，两耳不闻是非事，一心埋头把钱赚。

确实，对钱财必须具有爱惜之情，它才会聚集到你身边，你越尊重它、珍惜它，它越心甘情愿地跑进你的口袋。对金钱除了爱之外，还要惜，也就是说，除了想发财外，还要想办法保护已有的钱财。用现代的流行语说就是要"开源节流"。犹太人这些金钱观念是很有哲理的，这是犹太人经营致富的一个奥秘。犹太富商亚凯德说："犹太人普遍遵守的发财原则，那就是不要让自己的支出超过自己的收入，如果支出超过收入便是不正常的现象，更谈不上发财致富了。"

犹太商人用钱时珍惜钱财的事例有许许多多，有不少成为美谈趣话。据说，美国当今最大的财团之一洛克菲勒财团的创始人曾经有过两段有趣的故事：

洛克菲勒刚开始步入商界之时，经营步履维艰，他朝思暮想发财却苦于无方。有一天晚上，他从报纸上看到一则广告，是推销一本发财秘诀的书。他为此高兴极了，第二天急急忙忙到书店去买了一本。他迫不及待地把买来的书打开一看，只见书内仅印有"勤俭"二字，其余再没有任何内容了，这使他大为失望和生气。洛克菲勒因此思想十分混乱，几天寝不成眠。他反复考虑该"秘诀"的"秘"在哪里？起初，他认为书店和作者在欺骗他，于是想疾书指控他们。后来，他越想越觉得此书言之有理。确实，要发财致富，除了勤俭之外，别无其他办法。这时他才恍然大悟。此后，他将每天应用的钱加以节省储蓄，同时加倍努力工作，千方百计地增加一些收入。这样坚持了5年，积存下800美元，然后将这笔钱用于经营煤油。在经营中他精打细算，千方百计地将开支节省，把盈利中的大部分储存起来，到一定时间把它投入石油开发。照此循环发展，如滚雪球一般使其资本愈来愈多，生意愈做愈大。经过30年左右的"勤俭"经营，洛克菲勒成为美国最大的三个财团的首领，到1996年，其财团属下的石油公司，年营业额达到1100多亿美元。

美国连锁商店大王克里奇，他的商店遍及美国50个州和世界许多地方，他的资产数以亿计，但他的午餐从来都是1美元左右。美国克德石油公司老板波尔·克德是一位节俭出名的大富豪。有一天他去参观狗展，在购票处看到一块牌子写着："5时以后入场半价收费。"克德一看手表是4时40分，于是他在入口处等了20分钟后才购半价票入场，节省下0.25美元。要知道，克德公司每年收支超1亿美元，他所以节省0.25美元，完全是受他节俭习惯和精神所支配，而这也是他成为富豪的原因之一。

看来，犹太人经商致富的秘诀不单是会做生意，还与他们善于节俭、不挥霍钱财有关。犹太人的用钱观念可归结为：努力挣钱是开源的行动，设法省钱是节流的反映。巨大的财富需要努力才能追求得到，同时也需要杜绝漏洞才能积聚。正如古人所说的"泰山不让土壤，故能成其大；河海不择细流，故能就其深"那样，世界上有许多犹太人成为大富豪，正是因为他们具有那种可贵的用钱精神。

节俭，绝不奢侈！充分利用手中的一分钱，帮助一代又一代犹太人踏上财富之路，登顶财富之巅。

有钱不置半年闲

犹太人有一个故事：一个财主有一天将他的财产托付给三位仆人保管与运用。他把钱分成8份，给了第一位仆人5份，第二位仆人2份，第三个仆人1份。犹太财主告诉他们，要好好珍惜并妥善管理自己的财富，等到1年后再看他们是如何处理钱财的。

第一位仆人拿到这笔钱后进行了各种投资；第二位仆人则买下原料，制造商品出售；第三位仆人为了安全起见，将他的钱埋在树下。1年后，财主召回三位仆人检查成果。第一位及第二位仆人所管理的财富皆增加了1倍，财主甚感欣慰。唯有第三位仆人的金钱丝毫没有增加，他向主人解释说："唯恐运用失当而遭到损失，所以将钱存在安全的地方，今天将它原封不动奉还。"

犹太财主听了大怒，并说道："你这愚蠢的仆人，竟不好好利用你的财富。"

犹太人的观念里面，就是"有钱不置半年闲"，与其把钱放在银行里面睡觉，靠利息来补贴生活费，养成一种依赖性而失去了冒险奋斗的精神，不如活用这些钱，将其拿出来投资更具利益的项目。

这也是这个故事告诉我们的道理：要想捕捉金钱，收获财富，使钱生钱，就得学会让死钱变活钱。千万不可把钱闲置起来，当作古董一样收藏，而要让死钱变活，就得学会用积蓄去投资，使钱像羊群一样，不断地繁殖和增多。

在犹太人眼里，衡量一个人是否具有经商智慧，关键看其能否靠不断滚动周转的有限资金把营业额做大。

犹太人普利策出生于匈牙利，17岁时到美国谋生。开始时，他在美国军队服役，退伍后开始探索创业路子。经过反复观察和考虑后，他决定从报业着手。

为了搞到资本，他靠自己打工积累的资金赚钱。为了从实践中摸索经验，他到圣路易斯的一家报社，向该老板求一份记者工作。开始老板对他不屑一顾，拒绝了他的请求。但经过普利策反复自我介绍和请求，老板勉强答应留下他当记者，但有个条件，半薪试用一年后再商定去留。

普利策为了实现自己的目标，忍耐老板的剥削，并全身心地投入工作之中。他勤于采访，认真学习和了解报馆的各环节工作，晚间不断地学习写作及法律知识。他写的文章和报道不但生动、真实，而且法律性强，吸引了广大读者。面对普利策创造的巨大利润，老板高兴地吸收他为正式工，第二年还提升他为编辑。普利策也开始有点积蓄。

通过几年的打工，普利策对报社的运营情况了如指掌。于是他用自己仅有的积蓄买下一间濒临歇业的报馆，开始创办自己的报纸——《圣路易斯邮报快讯报》。

普利策自办报纸后，资本严重不足，但他很快就渡过了难关。19世纪末，美国经济开始迅速发展，很多企业为了加强竞争，不惜投入巨资搞宣传广告。普利策盯着这个焦点，把自己的报纸办成以经济信息为主的报纸，加强广告部，承接多种多样的广告。就这样，他利用客户预交的广告费使自己有资金正常出版发行报纸。他的报纸发行量越多广告也越多，他的资金进入良性循环。即使在最初几年，他每年的利润也超过15万美元。没过几年，他成为美国报业的巨头。

普利策初时分文没有，靠打工挣的半薪，然后以节衣缩食省下极有限的钱，一刻不闲置地滚动起来，发挥更大作用，是一位做无本生意而成功的典型。这就是犹太人"有钱不置半年闲"的体现，是成功经商的诀窍。

商业是不断增值的过程，所以要让钱不停地滚动起来，犹太人的经营原则是：没有的时候就借，等你有钱了就可以还了，不敢借钱是永远不会发财的。攒钱只会让人变得越来越贫穷，因为连他的思维也贫穷了；赚钱会让人富有起来，因为这是一个富人的思维。

第 7 辑　解放商业天赋

>>>

时间是商品，知识是商品，那么国籍当然也可以成为商品，而且是一种特殊的商品。

——《塔木德》

犹太人认为，任何东西都可以成为商品。最大限度地做大生意是犹太人推崇的挣钱术之一，因此犹太人认为，"冲破国界打天下"才能去挣大钱。在犹太人看来，在当今商品世界里，时间是商品，知识是商品，那么国籍当然也可以成为商品，而且是一种特殊的商品。在犹太人的眼中，一切都可以交易。他们的天赋也在这些交易中发挥得淋漓尽致。

诚信第一

犹太人认为，人最大的痛苦不是被人欺骗，而是不被人相信。因此，如何取信于人是人一生当中最重要的课题。那么，怎样才能做到取信于人呢？

诚信第一，这是取信于人的起码要求。在犹太人的商旅生涯中，他们遭到过无端的打击和歧视，也遇到过无数精心安排的谎言或圈套，但他们始终笃信上帝的教诲：遵守约定，诚实为人，死后方能升上天堂。在商业领域，他们更深刻地体会到：取得别人的信任是交易顺利完成的基础。犹太人遵守约定，哪怕只是口头上的承诺，非正式、非书面的协议，只要他们承认了约定，他们就会不折不扣地按照约定去行动，犹太人这种重信守约的美德为他们赢得了极高的声誉。

在具体的商业贸易领域中，《塔木德》规定了许多规则，严格禁止带有欺骗性的宣传或推销手段。比如：不能刻意把奴隶装扮起来，使其看起来更年轻、健壮，更不能把家畜涂上颜色来蒙骗顾客；并且货主有向顾客全面客观地介绍所卖商品的质量的义务，如果顾客发现商品有问题而事先未得到说明，则有权要求退货；而在定价方面，尽管当时没有标准统一的价格，这需要双方自行商定一个合理的价格，但一般来说商品多少还保持在一定的价位上，因此，如果卖主欺骗买主不知行情，使商定价格高出一般水平的10%以上，则规定此交易无效。这些规定在现在看来也许是再平常不过了，但是，《塔木德》形成于世界大多数民族还处在农耕社会的时期，它能预见将来社会以商业和贸易为主，并阐述这些诚信经商的道理，是极富先见之明的。

犹太商人从不做"一锤子买卖"，那种"只要每个人上我一次当，我就可以发财了"的想法在他们看来无疑是自取灭亡。按理说，犹太人没有自己的家园，被人到处驱来赶去，很容易在生意上甚至在与人交往中形成"打一枪换一个地方"的短期策略和流寇战术。但实际上犹太人绝少有这种劣迹，而且是信誉卓著，其经营的商品或服务也很有保证，从不以次充好。为什么？除了犹太商人的文化背景，如以"上帝的选民"自居，有重信守约的传统外，更因为其民族在流动不定的生存状态与商业活动的规律之结合中，悟出了什么是真正的经商之道。

希尔斯·罗巴克公司总裁朱利叶斯·罗森沃尔德是一个德国移民的儿子，曾在叔叔的百货公司工作。后来希尔斯·罗巴克公司融资的时候，他以37500美元的投资"约占融资总额的1/4"进入公司董事会，1910年原公司总裁"公司的创立人理查德·希尔斯"退休后任新总裁。现希尔斯·罗巴克百货公司已成为美国最大的企业之一，每年收益为5亿美元。罗森沃尔德也以价廉物美为其经营宗旨。公司销售的商品有许多都是企业集团自行生产的，因此成本可以降低，而质量也得到了保证。但希尔斯·罗巴克百货公司的真正本钱还是罗森沃尔德制定的一条规定："不满意，可以退货。"这条商业最高道德的最实在的体现，现在已经被许多商店所标榜，但在当时是闻所未闻的。罗森沃尔德很可能是第一个将商业信誉提到了这样高度的人。

希尔斯·罗巴克百货公司以其商品质量、价格、信誉还有对市场的精确预测，得到了消费者的广泛欢迎，公司的商品目录在罗森沃尔德逝世前已发行了4000万册，几乎每个美国家庭都可以见到。观察家认为，这一连续出版的商品目录几乎构成了美国的一部社会史，从中可以探视到美国人审美趣味和愿望的发展，而这种发展中有相当一部分是由希尔斯·罗巴克公司预测到，甚至造就的。

希尔斯·罗巴克百货公司经营良好，赢利丰厚。罗森沃尔德最初投资37500美元，30年后其资产达到了1.5亿美元。在这样的财力支持下，罗森沃尔德广泛从事慈善活动。他曾为28个城市"基督教青年联合会"和美国南方的一些贫困地区建立乡村学校提供资助，为解决芝加哥黑人的住房出资270万美元。另外，他还分别为芝加哥大学、芝加哥科学和工业博物馆捐赠500万美元。

犹太商人笃信一个信条：犹太人生活在哪里，就应该在哪里生根。他们不但诚信经商，更与非犹太人和谐相处，甚至用自己的财富和实业去帮助和庇护犹太同胞或非犹太人，他们相信，只有以诚相待，取信于人，犹太人才会拥有朋友而不树敌。

一双干净的手

《塔木德》说，一双手干净的程度，与这双手能够拥有的财富数量成正比。

有个犹太妇人让6岁的儿子到百货公司去买东西。小男孩回到家里，从布袋里取出东西，让人想不到的是一枚钻石戒指也滚到地上。

小男孩没有买这样贵重的东西。

妇人领着儿子赶往百货店，一边走一边对儿子说起一个在犹太民族已流传了几千年的故事：

拉比西蒙·本·舍塔靠砍柴为生，每天都要把柴火从山里背到城里去卖。他为了有时间研究犹太法典《塔木德》，决定买一头驴子代步。

拉比来到集市上，从一位窦玛利人那里买了头驴子骑回来了。拉比的学生们见驴子很累，就把它牵到河里去洗澡。半路上，驴脖子上掉下来一颗足足有10克拉重的钻石。

学生们欢呼雀跃，认为拉比从此可以摆脱贫穷、专心致志地研读《塔木德》，同学们也能更好地聆听这部圣典了。

出乎学生们意料的是，当学生们把钻石交到拉比手上并说明来历之后，拉比连到河边牵驴都来不及，立即捧着钻石向集市跑去。

找到那位卖驴子的人，拉比把钻石交还到了他的手上。

看着卖驴人大惑不解的样子，拉比说：

"我买的是驴子，而没有买钻石。我只拥有那头驴子的所有权，驴脖子上的这颗钻石必须还给你。"

卖驴人恍然大悟，继而又露出惊奇的神色，恭恭敬敬地问道：

"你买了那头驴子，钻石是在驴子身上的，你不拿来还我我也不知道，你为什么还要这样做呢？"

拉比平静地回答说：

"这是我们犹太人的传统。我们的神训示过我们,我们的手是洁净的,只能拿走付过足够的金钱的东西,所以钻石必须还给你。"

从百货公司回家的路上,这位犹太妇人又对儿子讲了和故事类似却真实发生的事:

有一次,拉比撒弗拉正在做早祷,一个人来买他的驴子。买驴人出了一个价格,因为不能中断祈祷,所以拉比撒弗拉没有回答。买驴子的人把拉比的沉默当作了嫌出价低,于是报出了一个高一点的价钱。看到拉比仍没有回答,这位买驴人报出了一个更高的价钱。

做完祈祷,拉比对买主说:

"你第一次报价时,我就决定把驴子卖给你了,但我不能中断祈祷来答复你。你可以用第一次出的价格买走我的驴子。"

故事说完了,这个妇人没再说什么,只是说了一句意味深长的话:

"我们的手是干净的,拿错了财物,它就会变脏。"

不仅这个妇人这么说,犹太圣典《塔木德》中也有这样的话:

真正的清白和真正的诚实是可以从一个人对待金钱的态度上看出来的。只有在金钱问题上可靠的人,才可以被看作是清白、诚实的。

在《塔木德》说这话之前,耶和华和犹太先祖就有这样的契约:

"你们不可偷盗,不可欺骗,也不可彼此说谎。不可欺压你的邻居,不可抢夺他人的财物。不可向着我起假誓,亵渎我的名声。"

双赢或多赢

《塔木德》说,即使撤销合同,也要确保双赢。

摩根说:"竞争是浪费时间,联合与合作才是繁荣稳定之道。"正是他,组织了世界上第一个金融"辛迪加"。洛克菲勒更胜一筹,他兼并近百家石油企业成立的"托拉斯",曾经一度彻底垄断了美国的石油工业。

犹太本民族的商人合作早已有了传统,因为有共同的文化基础,这种合作也较易进行。但是,犹太商人的合作范围远不止于此,只要合作能带来多于单干的利益,他们就愿与任何民族的商人合作,甚至曾经咬牙切齿的敌人,他们也会坐下来谈合作。比如洛克菲勒的合作伙伴很多曾是你死我活的劲敌。在合作与垄断上犹太商人表现突出,除了在这方面意识强烈之外,手法也堪一提,他们以己度人,极善用利益说动对方。

在合作中,犹太人认为找一个旗鼓相当的合作伙伴就成功了一半,合作不仅可以扬长避短,共同承担风险,而且可以增大双方的力量。那么怎样才是满意的合作伙伴呢?

犹太人的回答是明确的,他们愿意和知识渊博、精明能干、有雄厚实力的犹太人合作。总之,合作宛如找对象一般,各自有不同的标准和不同的需要,不能一概而论。但他们坚持:不学无术、无特长的不可合作;对人持怀疑态度、不以诚相待者不可合作;善于巴结逢迎、见风使舵者不能合作;思想僵化保守,不能跟上时代节拍且一意孤行的人不能合作。当然,与有实力的伙伴合作,看似可以背靠大树做文章,但大公司往往以强欺弱,容易造成大鱼吃小鱼的结果。不过,既然是双方合作,就有其合作的必要性,双方是各取所需,实力弱的一方没必要对另一方一味迁就,一味迁就的结果是姑息养奸,对方一旦掌握了你的特长,你就会被一脚踢开。

犹太人以理智的头脑选择合作伙伴,他们的合作往往是成功的。

犹太人的双赢还有另一层意思，即"一笔生意，两头赢利"。大多数犹太商人在商务往来时，能够通过巧妙的调整而取得双赢的效果。

雷曼兄弟的故事就能说明双赢这一技巧所创造的效益。

雷曼兄弟公司是一家有将近150年历史的美国著名的犹太老字号银行，20世纪70年代末期，其一年利润就可达3500万美元，而它的创业也颇富传奇性。

1844年，德国维尔茨堡的一个名叫亨利·雷曼的人移民到了美国，他在南方待了一段时间后，就同随后移居美国的两个弟弟——伊曼纽尔和迈耶一起在亚拉巴马定居，同时做起了杂货生意。

亚拉巴马是美国一个产棉区，农民手里只有棉花，所以，雷曼兄弟积极鼓励农民以棉花代货币来交换日用杂货。这样做是不是与犹太商人一贯的"现金第一"的经营原则不符合呢？但雷曼兄弟的账却算得很清楚，他们认为：以商品和棉花相交换的买卖方式，不但能吸引那些一时没有现钱的顾客，而且能扩大销售量；同时在以物换物并处于主动地位的情况下，能操纵棉花的交易价格；经营日用杂货本来需要进货运输，现在乘空车进货之际，顺路把棉花捎去，还能节省一笔较大的运输费。这种经营方式可称作"一笔生意，两头赢利"，买卖双方都有得赚，何乐而不为？

在买卖中把握双赢的技巧，这不仅是雷曼兄弟的经商手段，也是大多数犹太商人采用的手段，从而使得他们的生意越做越大。犹太人这种"一笔生意，两头赢利"的赢钱术是符合现代经商原则的。

崇尚变通

《塔木德》说，活用一切有利条件，充分发挥自己的潜能。

以色列的住房很紧张，几个德裔犹太商人只好将一个报废的火车车厢用作临时住舍。有一天晚上，那几个犹太商人穿着睡衣，在寒风中颤抖不已地来回推动车厢。一个本地犹太人不解地问："你们到底在干什么？""因为有人要上厕所，"推车人耐心地说明，"车厢里写着：停车时禁止使用厕所。所以，我们才不停地推动车厢。"

凡有过乘火车经历的人都很清楚"停车时禁止使用厕所"的含意。初看起来，那几个犹太人不知变通，死守规定，弄得两头不讨好：人冻得要命，环境卫生仍未搞好。

其实真实的犹太人并不是人们表面所看到的那样，从这个故事我们可以看到犹太人的另一面：从形式上遵守规定，同时又不真正改变自己原有的活动方式。这几个寄居在火车车厢之中的犹太人，就像长期寄居在其他民族社会中的犹太人一样。这条规定是铁路部门定的，这几个犹太人没有立法的权力，自然也没有废除某项法律的权力。说实在的，犹太人在各自的所在国家中，经常也要面临这类原该自然废弃但偏偏还实际起着"作用"的法律或约定俗成的规矩，要是他们也经常越俎代庖地宣布予以废除或犯规不已，带来的恐怕远不只是"环境卫生"问题了。因此规定不能废除，用厕所又在情理之中，聪明的犹太商人就想出了让列车"动起来"的点子。

犹太人的成功者有一个共同的突出之处，就是善于活用一切。他们由于历史的原因，所处的环境和条件千差万别，但不管在欧洲、美洲，或者在亚洲乃至非洲，不管从事商业、科学技术事业或是文化艺术乃至农业，都涌现出大批事业有成的佼佼者。究其原因，其中很重要的一条就是他们能适应环境，活用一切有利条件，充分发挥自己的潜能。

犹太人认为，人生的过程中离不开自己所处的客观环境，也离不开自身的主观条件。改变整个客观环境，是整个社会的事，作为个人或企业，只能适应客观环境，利用好客观条件。至于主观条件，有些可以改变，有些则不能改变，这得靠自身的努力和善于活用主观条件了。

每个人都有一些无法改变的条件，比如眼睛的颜色、身材的高低、出身背景等等。每个人也有一些可改变的条件，如文化水平、工作能力、身体的强弱等等，只要自己奋发学习，注意方法，适当地锻炼保养，是可以提高文化水平、增强工作能力、强健身体的。有些人的通病在于漠视本身的条件，没有灵活运用和充分发挥自有的潜能，却祈求或奢望自己所没有的东西，那是难以事业有成的。

爱因斯坦在读小学和中学时成绩平平，没有出众的表现。但爱因斯坦有自知之明，知道自己对物理学研究颇深，因此他读大学时选读了物理学。由于他发挥了自身的优势条件，在物理学方面取得了前所未有的伟大成就。但当以色列邀请他去当总统时，他却婉言拒绝了，他自知不具备当总统的条件。

在好莱坞，世界上最大制片中心老板高德温是位出生在波兰的犹太人，成就他传奇一生的是他充分活用了一切有利条件。他1882年出生于华沙，11岁丧父，家庭生活十分困难。为了生活，流浪到英国伦敦，曾在铁匠店当童工，他不怕苦和累，练就了一个强健的体魄。他没有进学校的机会，就利用业余自学文化。他到美国生活后，从打工到自己经营手套工厂，最后发展成为好莱坞制片中心的老板，富甲一方。

犹太人坚信，在这个世界上，只要你留心，可以活用的条件到处都在。他们还认为，人生的机会，大量存在于自己的周围和本身所潜在的条件中，关键在于你是否练就出了开发这些条件的意志和眼光。自叹找不到脚下金矿的人，是既可怜又可悲的"睁眼瞎"。以色列建国于20世纪40年代中期，选址在一个既缺资源，气候条件又恶劣的沙漠为主的地区，但他们充分利用犹太人拥有的科技及人才条件，改造沙漠，创造滴水灌溉法，把一个不毛之地，改造为农业发达的国家，出产的粮食、蔬菜、水果不仅可自给，还成为其出口创汇的重要来源。

犹太人在任何投资和买卖活动中，事前必定做周密的可行性研究。一旦决定做某项买卖或投资，必定制订短期、中期和长期的三套计划，以便灵活应对不同情况的发生。

短期计划制订投入后，即使发现实际情况与事前预测有相当的出入，他们也会毫不吃惊或动摇，仍积极按原计划投入资金实施下去。经过短期计划的实施后，尽管效果不及预料中好，他们仍会推出第二套计划，继续追加投入，设法完成各项策略的实施。如第二套计划深入进行后仍未达到预测的效果，而又没有确切的事实和依据证明未来会发生好转，那么犹太人则会毅然放弃这宗买卖或投资。一般人认为，放弃了已实施了两套计划的事业，岂不是前功尽弃，亏掉了不少投入？但犹太人却泰然自若，无怨无悔。他们认为，生意虽然未尽如人意，但没有为后来留下隐患，不会为一堆烂摊子而困扰未来的工作，长痛不如短痛。

这就是犹太人的临机应变的生意经。

犹太商人在经营中能依据外部环境的变化，特别是竞争对手的变化而相机改变自己的战略战术，这确是高明的。当今市场变化多端，竞争激烈，企业能否顺应这种变化而动，成为企业能否生存和发展的关键所在。

英国一个犹太人占姆士原来满身恶习，是个标准的花花公子，到处寻花问柳，沉溺赌博。当他把父亲给他的一笔财产花光以后，生活也难以为继时，才觉醒要努力奋斗。"浪子回头金不换"，占姆士决心从头做起。他从哥哥那里借来一点钱，自己开办了一间小药厂。他亲自在厂里组织生产和销售，从早到晚每天工作18个小时。他把工厂赚到的一点钱积蓄下来扩大再生产。几年后，他的药厂办得有点规模了，每年有几十万美元盈利。但灵敏的占姆士经过市场调查和分析研究后，觉得当时药物市场发展前景不大，而食品市场前途光明，因为世界有几十亿人口，每天要消耗大量的各式各样的食物。

经过深思熟虑后，他于1965年毅然出让了自己的药厂，再向银行贷得一些钱，买下"加云食品公司"控股权。这家公司是专门制造糖果、饼干及各种零食的，同时经营烟草，它的规模不大，但经营类别不少。占姆士掌控该公司后，在经营管理和行销策略上进行了一番改革。他首先将产品规格和式样进行扩展延伸，如把糖果延伸到巧克力、香口胶等多品种；饼干除了增加品种，细分儿童、成人、老人饼干外，还向蛋糕、蛋卷等发展，使公司的销售额迅速增长。接着，占姆士在市场领域上下功夫，他除了在法国巴黎经营外，还在其他城市设分店，以后还在欧洲众多国家开设分店，形成广阔的连锁销售网。随着业务的增多，资金变得雄厚，占姆士又相机应变，收购了英国、荷兰的一些食品公司，使其形成大集团，声名鹊起。到1972年，他的食品连锁店已达2500家，成为英国最大的食品公司了。

占姆士时刻注视着市场风云的变化，临机应变，逐步由食品行业经营开拓到地产业、石油业、金融业、出版业。经过几十年的经营，他已成为世界20位超级富豪之一了。

机智是取胜的筹码

有个犹太富翁病入膏肓，死期已近，便口述遗书，让人笔记：

"我将悉数财产留予送达此遗书至你处的忠实奴仆；我儿尤第雅，你可由我之所有物中选择一项。"

犹太富翁不久死去，奴隶得了财产，兴冲冲将遗书拿去给拉比看，然后同拉比一起去见富翁的儿子。拉比对富翁的儿子尤第雅说：

"你父亲已将财产送予奴隶，你只能取其中一件东西，你自己选择吧。"

尤第雅毫不犹豫地说：

"我选择这个奴隶。"

尤第雅既拥有了奴隶，又拥有财产继承权。

这个富翁非常聪明，他临死时儿子不在身边，于是他便想出这条计策，防止奴隶侵吞财产而不通知他的儿子。当然，聪明的儿子也早已洞悉了父亲的用意。

那个临死的富翁是最机智的人，他不但能保证奴隶将遗书送给儿子，而且还能把自己的财产全部留给儿子而不被奴隶吞掉。同样，拉比是机智的，他并没有直接说出遗嘱中暗含的玄机，从而为富翁保守了秘密。当然，犹太富翁的儿子更是机智无比，聪明绝顶。

回到我们的商业经营当中来，机智更是渡过难关、反败为胜、绝处逢生的利器。

售货员费尔南多是一个犹太人，一次礼拜五他去了一个小镇，但由于身无分文而无法食宿，他便找犹太教堂的执事，执事对他说："礼拜五到这里的穷人特别多，每家都住满了，唯有金银店老板西梅尔家例外，可是他从不接纳客人。"

费尔南多肯定地说："他肯定会接纳我的。"

之后，他就去了西梅尔家，等敲开门后，他神秘兮兮地把西梅尔拉到一旁，从大衣兜里取了一个砖头大小的沉甸甸的小包，小声说：

"请问您一下，砖头大小的黄金值多少钱？"

金银店老板眼睛一亮，可是这时已到了安息日，不能继续谈生意了，为了能做成这笔生意，他便连忙挽留费尔南多在自家住宿，到明天日落后再谈。

于是，在整个安息日，费尔南多都受到热情款待。当周六晚上可以做生意时，西梅尔满面笑容地催促费尔南多把"货"拿出来看看。费尔南多故作惊讶地说：

"我哪有什么金子，只不过是想问一下砖头大小的黄金值多少钱而已。"

费尔南多的机智在于巧妙地利用了西梅尔求财心切的心理，而且以错误的暗示让他上当。

还有，在商业活动中，总有被偷或被骗、被别人赖账的时候，那么让我们来看看犹太人如何机智地应对这种情况。

有个犹太商人来到一个市场里做生意，当他得知几天后这里的所有商品要大甩卖时，就决定留下来等待，可是，他身上带了不少金币，当时又没有银行，放在旅店也不安全。

经过反复思忖，他独自来到一个无人的地方，就在地里挖了一个洞，把钱埋藏起来，可是当他次日回到藏钱的地方时，发现钱已经丢了。他呆呆地愣在那里，反复回想藏钱的情景，当时附近没有一个人啊，他怎么也想不出钱是怎样丢的。正当他纳闷之际，无意中一抬头，发现远处有间屋子，可能是这家屋子的主人正好从墙洞里看到他埋钱了，然后，将钱挖走。那么，怎样才能把钱要回来呢？经过认真考虑，他去找那屋子的主人，客气地说道："您住在城市，头脑一定很聪明，现在我有一件事想请教您，不知是否可以？"那人热情地回答说："当然可以。"

犹太商人接着说道："我是来这里做生意的外地人，身上带了两个钱袋，一个装了800金币，一个装了500金币，我已把小钱袋悄悄埋在没人的地方。但不知道这个大钱袋是交给能够信任的人保管呢，还是继续埋起来比较安全呢？"

屋子的主人答道：

"因为你是初来乍到，什么人都不该相信，还是将大钱包一块儿埋在藏小钱包的地方吧。"

等犹太商人一走，这个贪心不足的人马上取出偷来的钱袋，立刻放在原来的地方。这可把躲藏在附近的犹太商人高兴坏了，等那人一走，马上将钱袋挖了出来，一溜烟跑了。这个犹太商人能够将落入别人口袋的东西又拿回来，手段确实高明。因为他知道，每个人都有贪心，且贪欲无限膨胀，要让小偷把钱交出来，只能激起其更大的贪心，这个犹太人的机智就在于巧妙地利用了人的这种心理。

犹太人认为，商业场上鲜有一帆风顺，如何从容应付困境，如何面对危险机智化解，这都是成功商人所必需的素质，更何况你不是机灵鬼，而别人是机灵鬼呢？你就更惨了！

生意无禁区

《塔木德》说，时间是商品，知识是商品，那么国籍当然也可以成为商品，而且是一种特殊的商品。

最大限度地做大生意是犹太人推崇的挣钱术之一，因此犹太人认为，"冲破国界打天下"才能去挣大钱。在犹太人的眼中，时间可以用钱买，国籍更容易，只要有钱，便可以买到别国的国籍。他们买国籍的目的是为了赚钱方便，为经商扫除障碍。

犹太商人罗恩斯坦就是一个典型的靠国籍致富的人。

罗恩斯坦的国籍是列支敦士登，但他并非生来就是列支敦士登的国民，他的列支敦士登国籍是用钱买来的。他为什么要买此国籍呢？

列支敦士登是处于奥地利和瑞士交界处的一个极小的国家，人口只有1.9万，面积157平方千米。这个小国与众不同的特点，就是税金特别低。这一特征对外国商人有极大的吸引力，于是，引起各国商人们的注意。为了赚钱，该国出售国籍，定价700万美元。获取该国国籍后，无论有多少收入，只要每年缴纳9万美元税款就行了。

因而，列支敦士登国便成为世界各国有钱人向往的理想国家，他们极想购买该国的国籍，然而，原来只有19000人的小国容纳不下太多的人，所以想买到该国国籍也并非易事。

但是，这难不倒机灵的犹太商人。罗恩斯坦买到了列支敦士登国的国籍。

他把总公司设在列支敦士登国，办公室却设在纽约。在美国赚钱，却不用交纳美国的各种名目繁杂的税款。只要一年向列支敦士登国交纳9万美元就足够了。他是个合法的逃税者，减少税金，获取更大利润。

罗恩斯坦经营的是"收据公司"，靠收据的买卖可赚取10%的利润。在他的办公室里，只有他和他的女打字员两人，打字员每天的工作，是打好发给世界各地服饰用具厂商的申请书和收据。他的公司实质上是斯瓦罗斯基公司的代销公司，他本人也可以说是一个代销商。

提及斯瓦罗斯基公司，就不得不说说罗恩斯坦致富的本钱——美国国籍。

斯瓦罗斯基公司实力雄厚。达尼尔·斯瓦罗斯基家是奥地利的名门，他的祖先世世代代都生产玻璃制假钻石的服饰用品。精明的罗恩斯坦最初便看准了这家公司，只是时机未到，他只好静静地耐心等候。

时机终于来了。第二次世界大战后，斯瓦罗斯基公司，因为在大战期间，曾奉德国纳粹党的命令，制造军用的望远镜等军需品，所以将被法军接收。当时是美国人的罗恩斯坦，悉知上情后，立即与达尼尔·斯瓦罗斯基家进行交涉：

"我可以和法军交涉，不接收你的公司。不过条件是：交涉成功后，请将贵公司的代销权让给我，收取卖项10%的好处，直到我死为止，阁下意思如何？"

斯瓦罗斯基家对于犹太人如此精明的条件十分反感，他大发雷霆。但经冷静考虑后，为了自身的利益，只好委曲求全，以保住公司的大利益而接受了他提出的全部条件。

在斯瓦罗斯基家接受他的条件后，他马上前往法军司令部，郑重提出申请：

"我是美国人罗恩斯坦，从今天起斯瓦罗斯基的公司已变成我的财产，请法军不要予以接收。"

法军哑然，因为罗恩斯坦已经是斯瓦罗斯基的公司主人，即此公司的财产属于美国人。法军无可奈何，不得不接受罗恩斯坦的申请，放弃了接收的念头。接收美国人的公司是毫无正当理由的，况且美国对于法国来说，是惹不起的。对法国军方，罗恩斯坦就这样充分利用美国是个强国的威力，震住了他们。

以后，罗恩斯坦未花一分钱，便设立了斯瓦罗斯基公司的"代销公司"，轻松自在地赚取销售额的10%的利润。

罗恩斯坦的致富，是国籍帮了他的大忙，以美国国籍为发家的本钱，再靠列支敦士登国的国籍逃避大量税收，赚取大钱！

这就是犹太人。

国籍也成了他们赚大钱的工具。

顺便提一下，生意无禁区不仅指交易内容上无禁区，还指交易对象上也无禁区。

犹太人是一个世界民族，不管世界划分为多少个意识形态势力范围，犹太人只有一种意识形态——耶和华上帝及其律法。所以，尽管当年东西方两大阵营冷战热火朝天，美国犹太人与苏联犹太人相互之间照样做生意，充其量再请上一个国籍在瑞士的同胞。难道各国政府还打算干预家庭内部的交易活动吗？

所以，生意无禁区体现了犹太人在做生意时，尽可能地不受种种非理性的先入之见或纯粹意识形态因素的影响和干扰，从而使自己获得尽可能大的自由度，这样一种生意经是世界上每个商人都应该学习和应用的！

长期规划增值

犹太人喜欢赚钱，善于赚钱。但是犹太人可不是为了赚钱而赚钱，他们是把赚钱当作自己的终生目标和人生事业，在他们看来高招、奇招只能一时发财致富，而要想保有财富，就必须有一个长期的人生规划，否则只能是一个过路的财神，钱来得快，去得也快。

美国当今最大的财团之一——洛克菲勒财团的创始人老洛克菲勒就是这样的一个犹太人。他刚开始步入商界时，基本上属于不名一文的人，和许多年轻人一样，他也有着一番雄心壮志，渴望干一番大事业。

与一般年轻人不同，他不是幻想一夜暴富，而是要脚踏实地地做人生规划。他知道要想创立自己的事业，那就必须有一个长期的发展规划。由于没有创业的最基本的资金，他将每天的零用钱节省下来，同时加倍努力工作，千方百计地增加一些收入。这样坚持了5年，积存下800美元，然后将这笔钱用于经营煤油。在经营中他精打细算，千方百计地将开支节省，把赢利中的大部分储存起来，这样过了一定时间他的积蓄多了，他把它投入石油开发上。

照此循环发展，他的事业如滚雪球一般发达起来，他的资本愈来愈多，生意愈做愈大。经过30多年的勤俭经营，洛克菲勒成为美国最大的三个财团之一的首领，甚至到1996年，其财团下属的石油公司，年营业额竟高达1100多亿美元，这远比那些小国家的财政收入高出许多。

其实像洛克菲勒这样的人很多，他们成功的关键在于能有一个长期的人生规划，把赚钱当作自己的人生事业，几年上一个台阶，最后就实现了功成名就。

第 8 辑 契约的精神

遵守契约，尊重契约，你获得的将不只是尊重。给对方以仁慈让步，就是对自己的残忍！

——《塔木德》

《圣经》上记载了上帝耶和华和犹太人之间的契约：上帝要犹太人作为自己的"特选之民"，犹太男人出生的第八天就要在父母的带领下做"割礼"（将男子的包皮割去）作为上帝和犹太人之间契约的证明。耶和华要求"犹太人历尽流浪之苦最后等待救世主弥撒亚的到来。到时候，所有的人都必将得到救赎。他将降下彩虹作为和犹太人签约的见证"。因此，犹太人极为注重契约，认为契约是和耶和华签订的，是无比神圣的事情。

合同是与神的契约

《创世记》里有一则美丽的故事：上帝为了惩罚罪恶的世人，决定降大雨毁灭人类，只有诺亚及其一家被作为人类新的始祖，被上帝赦免。于是，上帝命诺亚造了一艘长约150米、宽约25米、高约15米的3层方舟，诺亚一家携鸟类和兽类避在里面。大雨一连下了40个昼夜，淹没了所有的陆地，只有诺亚一家劫后余生。洪水退后，诺亚建起祭坛，献上供品，感谢上帝的庇护。

上帝接受了供品，并和诺亚约定，以后不再毁灭世上的生物，而且还在天地之间画了彩虹来作为凭证。这就是所谓的"彩虹之约"。

从此，犹太人便认为上帝和人类之间具有一层契约关系。

上帝要犹太人作为自己的"特选之民"，犹太男人出生的第八天就要在父母的带领下做"割礼"（将男子的包皮割去），作为上帝和犹太人之间契约的证明。耶和华要求犹太人历尽流浪之苦最后等待救世主弥撒亚的到来，到时候，所有的人都必将得到救赎。因此犹太人深信："我们的存在，就是履行和神签订的契约。"契约就是人存在的理由。由于犹太人极为注重契约，认为契约是和耶和华签订的，是无比神圣的事情。

犹太人的经商史，可以说是一部有关契约的签订和履行的历史。犹太人一旦签订了契约就一定执行，即使有再大的困难与风险也要自己承担。他们相信对方也一定会严格执行契约的规定，因为他们深信我们的存在，不过是因为我们和上帝签订了契约，如果不履行契约，就意味着打破了神与人之间的约定，就会给人带来灾难。签订契约前可以谈判，可以讨价还价，也可以妥协退让，甚至可以不签约，这些都是我们的权利，但是一旦签订了就要承担自己的责任，而且要不折不扣地执行。

犹太人在经商中最注重"契约"。在全世界商界中，犹太人的重信守约是有口皆碑的。

第8辑 契约的精神

犹太人认为"契约"是上帝的约定。他们说:"我们人与人之间的契约,也和神所定的契约相同,绝不可以毁约。"既然"契约"是和上帝的约定,那么若毁约,就是亵渎了上帝的神圣。

犹太人由于普遍重信守约,相互之间做生意时经常连合同也不需要。口头的允诺也有足够的约束力,因为"神听得见"。

犹太人信守合约几乎达到令人吃惊的地步。在做生意时,犹太人从来都是丝毫不让,分厘必赚,但若是在契约面前,他们纵使吃大亏也要绝对遵守。这对他们而言,是非常自然的事情。

故事一

有一个犹太商人和雇工定了契约,规定雇工为商人工作,每周发一次工资,但工资不是现金,而是雇工从附近的一家商店里领取的与工资等价的物品,然后由商店老板和犹太商人结账。

过了一周,雇工气呼呼地跑到商人跟前说:"商店老板说,不给现款就不能拿东西。所以,还是请你付给我们现款吧。"

过了一会,商店老板又跑来结账了,说:"你的雇工已经取走了这些东西,请付钱吧。"

犹太商人一听,给弄糊涂了,经过反复调查,确认是雇工从中做了手脚。但是犹太商人还是付了商店老板的钱。因为唯有他同时向双方做了许诺,而商店老板和该雇工并没有雇佣关系。既然有了约定,就要遵守。虽然吃了亏,也只能怪自己当时疏忽轻信了雇工。

犹太人绝不毁约,但他们在谈判中非常讲究谈判艺术,千方百计地讨价还价。因为不签订合同是你的权利,但一旦签订就要承担自己的责任,契约是神圣的,神的旨意绝不可更改。对于违约者,犹太人自然深恶痛绝,一定要严格追究责任,毫不客气地要求赔偿损失。

故事二

有一位出口商与犹太商人签订了1万箱蘑菇罐头合同,合同规定为:"每箱20罐,每罐100克。"但出口商在出货时,却装运了1万箱150克的蘑菇罐头。货物的重量虽然比合同多了50%，但犹太商人拒绝收货。出口商甚至同意超出合同重量不收钱，而犹太商人仍不同意，并要求索赔。出口商无可奈何，赔了犹太商人的全部损失，还要把货物另作处理。

犹太商人看似不通情理，但事实并不那么简单。首先因为犹太人极为注重合同，犹太人可以说是"契约之民"。犹太人生意经的精髓在于合同。他们一旦签订合同，不管发生任何困难，也绝不毁约。当然他们也要求签约对方严格履行合同，不容许对合同有任何的不严谨和宽容。

故事三

1940年，奥斯曼以优异的成绩毕业于开罗大学并获得了工学院学士学位。之后重新回到了伊斯梅利亚城。贫穷的大学毕业生想自谋出路，当一名建筑承包商。这在商人看来简直是白日做梦。奥斯曼也陷入窘境："我身无分文，但我立志于从事建筑业。为了这种目的，我可以委曲求全，从零开始。"

奥斯曼的舅父是一名建筑承包商，他曾经开导奥斯曼："要有自己的思想，不要人云亦云。"

奥斯曼为了筹集资金，学习承包业务，巩固大学所学的知识，便到了舅父的承包行当帮手。

在工作中，奥斯曼注意积累工作经验，了解施工所需要的一切程序，了解提高工效、节省材料的方法。一年多的实践后，奥斯曼收获不小，但也有不少感慨："舅父是一个缺乏资金的建筑承包商。设备陈旧，技术落后，无力与欧洲承包公司竞争。我必须拥有自己的公司，成为一名有知识、有技术、能同欧洲人竞争的承包商。"

1942年，奥斯曼离开舅父，开始实现自己的成为建筑承包商的梦。他手里仅有1000埃及镑，却筹办了自己的建筑承包行。

奥斯曼相信事在人为，人能改变环境，不能成为环境的奴隶。根据在舅父承包行所获得的工作经验，他确立了自己的经营原则："谋事以诚，平等相待，信誉为重。"创业初期，奥斯曼不管业务大小、盈利多少，都积极争取。他第一次承包的是一个极小的项目——为一个杂货店老板设计一个铺面，合同金只有3埃及镑。但他没有拒绝这笔微不足道的买卖，仍是颇费苦心，毫不马虎。他设计的铺面满足了杂货店老板的心意，杂货店老板逢人便称赞奥斯曼，于是奥斯曼的信誉日益上升。奥斯曼的经营原则获得了顾客的信任，他的承包业务日渐发展。

1952年，英国殖民者为了镇压埃及人民的抗英斗争，出动飞机轰炸苏伊士运河沿岸村庄，村民流离失所。奥斯曼承包公司开始了为村民重建家园的工作，用两个月时间，为160多户村民重建了房屋，他的公司获利5.4万美金。

20世纪50年代后，海湾地区大量发现和开发石油，各国统治者相继加快本国建设步伐。他们需要扩建皇宫、建造兵营、修筑公路。这给了奥斯曼一个历史机遇，他以创业者的远见，率领自己的公司开进了海湾地区。他面见沙特阿拉伯国王并向他陈述自己的意图，同时向国王保证：他将以低投标、高质量、讲信誉来承包工程。沙特阿拉伯国王答应了奥斯曼的请求。后来工程完工，奥斯曼请来沙特国王主持仪式时，沙特国王对此表示极为满意。

"人先信而后求能。"奥斯曼讲究信誉、保证质量的为人处世方法和经营原则，使他的影响不断扩大。随后几年，奥斯曼在科威特、约旦、苏丹、利比亚等国建立了自己的分公司，成为享誉中东地区的大建筑承包商。

奥斯曼讲究信誉的做法，在一定情况下会使自己吃亏。但这种吃亏只是暂时的，所谓有亏必有盈，某次吃亏或经济利益受损却会给自己长远的事业带来积极的影响甚至长远的影响。

和奥斯曼一样，精明的犹太人相信，千金一诺是非常有意义的原则，它可以在你受挫折的时候给你必要的支持，保证你有足以东山再起的人际关系，它可以给你带来可靠的机遇，因为你已经赢得了别人的信赖和承诺。

常识是契约

A将B连同B的牛都雇用来从事农作业。在作业中，牛因为事故死掉了。这种情况下，责任是A的还是B的呢？

《塔木德》认为应该是B的责任。A是把B和他的牛一起雇用来的，所以应该理解成B在受雇的时候还充当牛的管理者，A不负有责任。

还有一种情况就是A最初先从B那里租借来牛，然后再雇用了B本人。如果牛在以后的作业中死了，A必须就牛的死亡对B做出赔偿。为什么呢？租借牛和雇用B是分别独立的两种契约关系。

工人（或雇工）对在生产过程中产生的损失和不良产品的出现有向雇佣方赔偿的义务，因为原材料是由雇佣方出钱买的。但是，如果是在雇佣方验货、收货，支付了工人工资之后才发现有分量不足或是有不良产品的情况，就不是受雇方的责任了，因为那时契约关系已经结束了。

这些做法明确了受雇方的责任范围，而现在的人们可能已经把这些作为常识来看待了。即使是常识范围内的惯例，也要将之纳入法律体系。纳入还是没有纳入，这个差别是巨大的。如果没有把商业惯例以立法形式确立起来，你请的工人就会不负责任地造出很多不良产品，并且认为："难道经营者不应该认识到生产中的损失是不可避免的吗？"或者，雇佣方在收货、付款之后，不小心损坏了产品，就会把责任推到受雇方的头上，说："不对啊，你交的货里面有次品！"从而要求对方做出补偿。即使是非常明确的事情，当事者双方都要使之明确，这就是契约，可以保护双方的利益。

对于物品的买卖，《塔木德》展现了独特的思维方式。

A卖给B谷物。如A在正确地计量谷物以前，B就把谷物接收过来，那B对谷物的所有权（和货款的支付无关）在这个时间点上就确定了。反过来说，A虽然已经完成了对谷物的计量，只要B没有把谷物拿到手（即使他已经支付了货款），那B就没有对谷物的所有权。

买卖行为的目的，从本质上讲是商品的所有权的转让，是从卖主有没有将商品转到买主手上来判断买卖的有效性。这也是《塔木德》的着眼点。所以，如果买主在没有付款的情况下就拿到了商品，之后，即使商品全部损坏，也认为是交易已经完成，而买主也不能让卖主全额赔付货款。

如果是在只有通过货款支付才能保证商品让渡的情况下，该怎么办呢？如果是买卖不能简单搬运的大宗商品、石材或田里还没有收割的庄稼，又应该怎么处理呢？

对于这个问题，《塔木德》的解答十分简明：

在买卖契约签订之后，买主权当借卖主的地方存放契约下的商品。这样，根据对场所的占有，事实上就把商品转到了买主的手中。如果是农作物，买主只要象征性地收割一点，就将拥有农作物的所有权。

钻法律的空子

犹太商人重视规则和法律，但又总是在规则和法律的范围之内的边缘上活动。人无完人，法无完法，所以由人制定的法律和契约也不会是完美的。他们既遵守了规则，又最大限度地利用这些规则。换一句说，犹太商人善于利用法律的空子。

"鸡蛋再硬也打得碎。"原因是无论如何，再密的鸡蛋壳总是有缝隙的。世上并没有十全十美的事。

犹太人衡量事物的标准是100分为满分，60分就算及格。而实际上得满分的事物是不存在的，够及格的事物倒是不少。对于法律，也是如此。全国各地的法规或世界各国的法律，几乎没有能达到100分的最高水平。就连法律最为健全的法治国家，法律漏洞也不少。满100分的法律没有，仅达60分的要求一定不少。想经商赚钱的人，不可能不去熟读有关的法律。在本国经商的人，必须熟知自己国家的法律；在外国经商的人，必须熟读所驻国的商业法规及有关的法律，一定能在人为的法规中找出漏洞，找出赚钱的方便之门。

犹太人认为：只要能灵活运用法律上的那些不是很完善的条文，足以赚取到享用一生的巨额利润。

犹太人认为，没有熟读法律的商人不是个成功的商人。犹太人认为与其破网而出，不如堂而皇之地钻法律之网的漏洞更为划算。这样，神不知鬼不觉，既不引人注目，也不会于心不安，还可以让漏洞长存，以便后人进出。

故事一

洛克菲勒石油家族钻法律的空子抢铺油管：

洛克菲勒想独占全美石油资源，泰特华德油管公司自然就成了他的眼中钉。尤其是泰特华德油管公司从石油产地铺了一条输油管直达安大略湖畔的威汤油库，这给洛克菲勒带来了很大威胁。

洛克菲勒想铺设一条与之平行的油管，可是油管必须通过巴容县境，而巴容县是泰特华德公司的势力范围，而且泰特华德公司早就促使议会通过一个议案，声明除了已经铺设好的油管，不许其他油管路经该县县境。

洛克菲勒苦思了许久，才得一妙计。在一个没有月亮的夜晚。巴容县的东北角突然来了一群大汉。他们手拿铁铲只顾挖土掘沟，很快掘出一条沟，接着又一个劲地把油管埋入沟内，并迅速填平。天还没亮，他们已经全部完工。

第二天，人们发现美孚石油公司已在巴容县安置了一条油管，当局政府准备控告洛克菲勒。洛克菲勒召开了记者招待会，在会上他说："县议会的议案规定，除了已经铺设好的油管外，不准其他油管过境，希望大家到现场参观一下，以判定美孚石油公司的油管是否铺好。"

县议会自知议案不严密，被钻了空子，无可奈何，官司也不了了之。

故事二

找到法律缺口，并能合理运用，这样的人一定聪明异常而且一定会变得十分富有。

曾经有一个时期，美国海关规定，进口法国手套需交纳高额税金，以此来抵挡法国手套对本国市场的冲击。这样一来，谁能逃过美国海关的高额税金，谁做法国手套的买卖就会挣大钱。

犹太推销商泰勒绞尽脑汁，终于想出一个逃税的办法。但是，这个办法一旦被揭穿，不仅会前功尽弃，还要被处以重罚。在高额利润和投机心理的驱使下，泰勒决定铤而走险。

泰勒在法国选购了一万套做工精致、质地优良的皮手套，然后将手套一分为二，把其中的一万只左手套集中装箱，发往美国。这一万只左手套到美国海关后，泰勒却不去提货。按海关的惯例，逾期货物在无人认领的情况下，海关有权进行拍卖。于是，海关商办斯托尔主持了这次拍卖活动。最后这批手套被一个商人以很低的价格买走。而这个商人正是泰勒。

斯托尔觉得此事很蹊跷，便通知海关人员严格审查来自法国的手套，特别是大宗的法国右手套。同时，海关对泰勒的一举一动加以严密监视。可是此后泰勒从法国收到的手套都是成双成对的，先后共有5000副。海关没有发现泰勒收到过右手套。这是怎么回事呢？

原来，泰勒后来收到的5000副成盒手套都是右手的。当人们看到两只手套摆在一起时，会习惯地认为它们是左右手各一只。如果海关有一位细心人亲自试戴的话，就会当场揭穿泰勒的这个把戏。由于海关人员的麻痹大意，使得泰勒合理合法地偷漏了海关税。

不能不佩服美国人泰勒的这种合理逃税手段，他明知逃脱税款是不合法的，但是他巧妙地运用自己的头脑，在合法的情况下偷漏了海关税。

故事三

1868年，土耳其人准备建造一条从维也纳路经保加利亚到君士坦丁堡的铁路，共计2500多千米。沿途地形复杂，政府预算的平地造价为4万美元每千米，山区造价为5万美元每千米。

犹太金融巨擘赫希男爵决定投标修建这条铁路，并同土耳其政府签订了合作协议，协议规定：该铁路由赫希男爵出资修建，铁路沿线的矿产森林资源由赫希开采，该铁路竣工后，由土耳其政府租用，租期为99年，年支付租金2800美元每千米，铁路劳动者又另交纳年营运费为1600美元每千米，合计每年可收回投资11%。铁路营运后，每千米铁路收入超过4400元租金部分，将由三家分成：经营者得50%，政府得30%，赫希得20%。

铁路修建前，赫希先说服土耳其政府发行债券，由他经营，赫希以26美元的价格买进一批面值80美元的债券，转手以36美元的价格抛售给公众，先大大赚了一笔。

工程开工后，两年内完成了500千米的干线。正在此时，由于铁路伸入俄国的势力范围，遭到了俄国政府的强烈反对，土耳其被迫取消了整个线路中耗资最多、风险最大的1200千米铁路。而原来土耳其政府同赫希的协议中之所以给予他如此优惠的条件，这段铁路是很重要的因素。现在协议依旧，而最难建造的地段却取消了，岂不明摆着让赫希发财吗？据说俄国的反对，首先是赫希的挑唆，而土耳其政府之所以就范，也是赫希暗中疏通关系的结果。

1888年，维也纳到君士坦丁堡的铁路终于竣工。同年，土耳其政府向赫希买下这条铁路。据估算，赫希在这笔大生意中共获得3200万美元。

赫希的成功和"雅各的树枝"一脉相承。钻规则的漏洞，从而使自己有机可乘，终于大发横财。

故事四

1968年前后，日本政府仍开放外汇市场，拼命买进美元，其原因是日本采取了严格的外汇管制，使外汇市场没有投机的余地。

然而，实际上却存在着在外汇管理制度下所不应该有的美元投机买卖，大量的美元流入了日本，这正是犹太人越过严格的外汇管制把美元带进来的，因为他们发现了法律的"软肋"——日本奉行的"外汇预付制度"。

"外汇预付制度"，是日本政府在战后特别需要外汇的时期颁布的，对于已签订出口合同的厂商，政府奖励出口商提前交付外汇。但是，该制度有一个严重的缺口，即允许解除合同。利用外汇预缴预付和解除合约这一手段，即可堂而皇之地把美元卖进实行封锁的日本市场。

犹太商人先与日本出口商签订合约，充分地利用外汇预付款，将美元卖给日本。如要买回美元，就只需和日本出口商解除合同就行了。签约时预付数，按1美元折合360日元的比价。解除合同时，则按1美元折合308日元的比价买进美元，可以从中赚取差额52日元。

日本政府注意到这一问题时，已经是尼克松声明发表后的第10天——1971年8月27日。到该月的31日，才停止"外汇预付"，而且还不是全面停止，还允许一天成交1万美元。超过1万美元则需日本银行的批准。

这时，犹太人已经全部卖出手中的美元。等日本银行宣布检查时，已没有犹太人再对日元感兴趣。

从这则"日本人蚀本"的实例中，我们不难看出，犹太商人的成功恰恰在于"活用"了日本的法律，将日本政府为促进贸易而允许预付款和解除合同的规定，倒转为争取预付外汇和解除合同来做一笔纯属虚假的生意。缺乏逆向意识的日本政府，只能眼睁睁地看着犹太商人客观上也就是形式上绝对合法地赚取了大把日元。

许多成功的犹太商人，都以"活用法律"这种逆向思维为指导，"钻空子"赢利。

故事五

利昂·赫斯是美国犹太人中新出现的一个石油富豪，他控制着阿美拉达—赫斯石油公司将近22%的有表决权的股份，拥有的财产在2亿至3亿美元。

1981年之前，阿美拉达—赫斯石油公司一直使用国外进口的高价石油，同时享受着政府每年2亿美元的补贴。但从1981年起，美国政府取消了国内石油价格管制，国内石油与进口石油的巨大差价不复存在，价格补贴也就同时取消了。这么一来，赫斯也开始为自己进口的石油价格犯愁了。解决问题最简便的办法，就是向有关的国家官员行贿，争取优惠价。

这种做法是石油行业中司空见惯的，一些大石油公司也都走这条捷径，只是大都采用各种财会手法来掩盖诸如此类的付款。

赫斯比他们更技高一筹，他选择了一种较为直接的方法，他在给股东们的信中告诉他们："这一笔笔数额可观的款项，就从我个人的基金中支付吧。"而且这笔基金本身也不作为业务开支在他个人应纳税款中扣除。

这就是说，赫斯是以个人的钱在为公司业务铺路。不单如此，他还得为这笔铺路费交纳个人所得税。美国政府对行贿的有关规定，是在企业法人行为层面上的规定，对于个人之间的馈赠是完全不适用的，更何况馈赠金本身的税额已经完全付清。这样，赫斯就干干净净地避免了涉嫌有争议的法人行为。只要贿赂还在进行，优惠价的原油就会流进来，公司就能挣大钱，赫斯个人的腰包就会随之鼓起来，他的个人基金也不会枯竭。最后，美国政府也可以一方面禁止行贿，一方面又分享行贿带来的利益，而股东也乐得让赫斯用他自己的钱为他们谋利益。

赫斯没有宣布政府有关规定无效，但却以自己的方式使法律对自己不产生作用。

第9辑 谈判中获胜

诱使对方产生错误的"想象"。

——《塔木德》

成功的谈判：心理战术一般都是很具体并且很微妙的，它不是来自书本，也不是来自约定俗成的东西，而是被运用起来的智慧和策略，是最贴近对方心理又最能打败对方的手段。赢得谈判，最好还是先认清自己的目标，再弄懂对方的意图，才能避之而非趋之。

不带情绪

生活中，一定要用理智来控制感情。谈判直接和你的经济利益挂钩，不要因为贪图一时的痛快而使自己的经济利益受到损失。

1809年1月，拿破仑从西班牙战事中抽出身来匆忙赶回巴黎。他的间谍证实外交大臣塔里兰密谋反对他。一抵达巴黎，他就立刻召集所有大臣开会。他坐立不安，含沙射影地点明塔里兰的密谋，但塔里兰却没有丝毫反应。

这时候，拿破仑无法控制自己的情绪，忽然逼近塔里兰说："有些大臣希望我死掉！"但塔里兰依然不动声色，只是满脸疑惑地看着他，拿破仑终于忍无可忍了。

他对着塔里兰喊道："我赏赐你无数的财富，你竟然如此伤害我。你这个忘恩负义的东西，你什么都不是，只不过是穿着丝袜的一团狗屎。"说完他转身离去。

其他大臣面面相觑，他们从来没有见过拿破仑如此失态。

塔里兰依然一副泰然自若的样子，他慢慢地站起来，转过身对其他大臣说："真遗憾，各位绅士，如此伟大的人物竟然这样没礼貌。"

皇帝的失态和塔里兰的镇静形成鲜明对比，这一件事在人群中迅速传播开来，拿破仑想挽救时，他的威望不可避免地降低了。

伟大的皇帝在压力下失去了冷静，人们感觉到他开始走下坡路了。如同塔里兰事后预言的那样："这是结束的开端。"

拿破仑因为失态而失信于民，也失去了谈话的主动权，最终使他失去了法兰西帝国。

商业谈判时更是如此，易感情用事者不宜谈判。一是情绪混乱会延缓谈判的进行；二是会导致谈判失败。这样的谈判结果是任何人都不想要的。

犹太人认为，一旦把情绪带到谈判桌上，人就会表现出愤怒，一愤怒人就会把事情搞砸。把情绪带到谈判桌上是非常愚蠢的行为。

得理不饶人

《塔木德》说：要真理在手，就坚决地用真理来保护自己的利益。犹太人在劣势中与上帝谈判，与敌人谈判，与商场上的对手谈判，谈判的武器是"得理不饶人"。只要真理在手，就坚决地用真理来保护自己的利益，这就是犹太商法中谈判术的核心。

这条法则源于传说中犹太的先祖亚伯拉罕与上帝的一次谈判。

上帝得知所多玛城和俄摩拉城的民众违反了教谕，便宣称以毁灭这两个城市来作为惩罚。

亚伯拉罕于是代表两城的民众来和上帝谈判。

"如果两座城有50名遵守教谕的人，你能不能宽恕所有的人和这两座城呢？"亚伯拉罕问。

"如果有，我就饶恕他们。"上帝表了态。

"如果只有45人呢？"亚伯拉罕穷追不舍。

"这样的话，也饶恕他们。"上帝又做了让步。

亚伯拉罕得理不饶人，机锋突现：

"把拥有谨遵教谕之人的城毁灭掉，这难道合乎正义吗？"

上帝当然不想干不合正义的事情，于是干脆地做出了一个大大的让步，宣布说"只要有10位从来没有违反过教谕的人，我就不毁灭这两座城"。

所多玛城和俄摩拉城的风险已经化为最小。于是，已尽最大努力的亚伯拉罕和上帝敲定了这份口头契约，结束了这场谈判。

但是，这两座城市加起来，居然不到10个人从来没违反过教谕。

亚伯拉罕只好悲伤地看着上帝降下硫黄，毁灭双城，看着所多玛和俄摩拉城陷为死海。

手握真理，即使和上帝谈判也可以据理力争。下面教给你一些逼迫对方做最大让步的技巧。

（1）只在非谈不可之时谈判。如果你是卖主，那么就在买主迫切需要时与他讨价还价，尽量表明绝不二价的态度；

如果你是买主，那么就要让卖主知道自己可买可不买，问题的关键在于价格是否最公道。无论你是买方还是卖方，切记"核心问题不可让步，枝节问题可以交涉"。

（2）没有充分准备就不上谈判桌。要事先了解对方的境况如何、问题在哪、决定者是谁，等等。

（3）有所求有所不求，实现双赢仅仅考虑自己，只会使谈判陷入僵局，甚至逼迫对方撤退，使自己一无所获。因此，即使赔钱，也要在某一方面有所获益。

（4）保守自己的秘密，渐露锋芒。保守住自己的秘密，可以使对方不至于考虑周全对付自己的策略；渐露锋芒则易使对方接受自己的观念。

（5）做谈判桌上的理性人。对于自己喜欢的东西，只要表明喜欢即可，不可流露出非获取不可的倾向，否则你将为此付出代价。

（6）把握向对方施压的分寸。第一，保持竞争的势头，可替代方案越多越好；第二，视对方为合伙人而不视为敌人，在温和中使对方和自己趋同；第三，使对方感觉到（而不是由自己说出）如果不依你的条件，问题将十分严重。

（7）以战取胜，打败对方。使对方的可期利益为"零"，使己方的可期利益达到最大值，这种"以战取胜"式的谈判适用于两种情况：第一，双方不会再相遇；第二，买卖一方比另一方实力强大得多。

其可能的危害性有：失去友谊和未来的合作机会；因对方的奋力反击而受损；对方因屈从而不积极履约。

（8）最好让对方打破僵局。僵局需要打破，但率先打破僵局的一方一般都要以牺牲自己的利益为代价。

（9）提前确立谈判截止时间。谈判中单方面宣布截止时间，这常常被看作是一种威胁；双方共商截止时间，会使谈判的气氛和谐。这一时间得到确定可以加快谈判节奏，振作参与人员的精神。

（10）让副手与对方纠缠，摸清对方底牌。费了九牛二虎之力，最后亮出底牌，以为大功告成，却发现对手空有头衔，并没有实权来做决定，这令人火冒三丈的游戏其实符合游戏规则。

犹太人几乎人人都是谈判高手。他们信奉攻心为上，尽可能和有决策权的人坐在谈判桌的两边；冷静地激怒对方，以打探对方的底细；站在对方的角度想问题，给足对方面子；注重谈判时的衣着，勤记笔记，形成了一套独特的谈判法则。

他们在2000年的岁月里四处流浪，在劣势中与上帝谈判，与敌人谈判，与商场上的对手谈判。谈判的结果是他们成功走出了劫难，并生存了下来。秘诀就是他们拥有高超的谈判智慧，得理不饶人。

把握时机

不要不合时宜地谈判，而要选择最好的谈判时机。这对犹太人来说是最讲究的。有很多生意谈判之所以没成功，并不是因为它们不好，也不是因为执行未到位，而是执行的人没有选择适当时机。

有一次，一位美国商人前往以色列谈判，他带了一大堆分析犹太人精神及心理的书上路了。

飞机在以色列着陆，他马上受到两位专程前来的犹太职员彬彬有礼的接待。他们替他办好一切手续，把他送上一辆豪华的轿车，让他一个人坐在宽大的后座。美国人问："为什么不一起坐？"

"您是重要人物，我们不应妨碍您休息。"犹太人毕恭毕敬地回答。

"先生，您会说阿拉伯语吗？"犹太人问。

"哦，不会，但我带了本字典，希望学学。"

"您是否非得准时乘机回国？我们可以安排专车送您到机场。"

"真周到！"美国人乐了，把回程机票掏出来让他们看——哦，准备逗留

14天。

现在,犹太人已知对方的期限,而美国人还懵然不知犹太人的底细。

犹太人安排来客花一个多星期游览,从皇宫到神社全看遍了,甚至还安排他参加了一个用英语讲解"禅机"的短训班,据说这样可让美国人更好地了解宗教风俗。

每天晚上,犹太人让美国人跪在硬地板上,接受他们殷勤好客的晚宴款待。往往一跪就是四个半小时,叫他厌烦透顶却又不得不声声称谢,但只要提出谈判,他们就宽慰说:"时间还多,不忙,不忙……"

第12天,谈判终于开始了,然而下午却安排了高尔夫球。第13天,谈判再度开始,但为了出席盛大的欢送宴会,谈判又提早结束。晚上,美国人急了。

第14天早上,谈判重新开始,当谈到紧要关头时,轿车开来了,往机场去的时间到了。这时,主人和客人只得在汽车开往机场途中商谈关键的条件,就在到达机场前,交易谈成了。

所以,选择时机在谈判中比其他任何的因素都更为重要,它在整个谈判过程都发生着作用。时机有可能帮助你赢得生意,也可能让你把整个生意搞得很糟,一切就看你如何把握了。

如果你相信一项主意,并且相信这项主意对某位特定顾客是有意义的,那你就去访问他,告诉他你的主意。但一定要在一个比较有利的时间提出来。任何一项交易,无论是一笔简单的买卖,还是一系列历时多年的复杂交易,都会发出它特有的感觉信号,任何人都可摄取。

在谈判过程中,你可以控制时机,你可以从对方那里得到行动的提示。显然,要达到这个目的,你应该做的是倾听而非说话,而且要真正听取对方告诉你的话,并且善于理解它。只要你的问题提得恰当,你可以获得许多有关时机选择的线索。

在谈判过程中选择适当的时机并不是一件困难的事。每天都会有许多意想不到的时机出现在你面前,你必须敏感地对这些良机的重要性做出及时反应因势利导。

那么,应该如何利用谈判的最好时机做事呢?

(1)利用别人愉快的时机。延长、续订或重新签订合同时,千万不要在这

份合同即将期满的时候去做，就如同要与对方达成于己有利的交易要趁对方高兴时一样，你应该选择对方愉快时去延长或者续订合同。如果对方得到某个好消息，即使它与你无关，你这时去向他提要求，大多也会畅通无阻。

（2）利用别人倒霉的时机。别人倒霉或不幸的时机，能为你创造各种各样的机会，正如你应该趁当事人最愉快的时候来续订合同一样，你应该在潜在客户对你的竞争对手最感不满时跟他达成一份合同。

（3）你最好的交易对象是刚上任或快下台的人。刚上任的人急于干些事使自己出名，而他通常又被赋予充分的行动自由；即将离任的人，因为自己将不再为这样一些头痛的事四方奔走，也不再斤斤计较。

（4）运用非常时机的时机选择。在非上班时间、深夜或周末期间打电话，往往会有较好的效果。你一定要这样开头："这件事太重要了，所以，我才现在告诉你。"

（5）花时间去缓和威胁。选择时机是缓和对方要求的最好办法。我们可能迫使对方做出答复，而又做得不那么使人听起来别无选择。

（6）利用忙人的注意力。比较繁忙的人，他的注意力不会长时间地停留在某个问题上，所以你必须直来直去，把机会让给对方说，否则你只会引起对方的抵触或心不在焉。

此外，还要对事情的轻重缓急有个清楚认识。如果你讨论的问题很多，或者你要使对方接受的项目很多，那就一定要为最重要的问题留下充分的谈判时间。千万不要把自己搞到"我能再占用几分钟吗？"的境地。

多准备几套方案

制订不同的谈判方案，而且千万不要对谈判成功抱有100%信心。绝大多数的谈判都会按照特定的一种形式进行，并且时常受到迟迟无法达成协议的困扰。如果你事先没有准备好其他的方案，你很可能被迫接受一项远远低于你满意程度的交易。你会在毫无退路可言的情况下，切实地感到那种"挥泪大甩卖"的心理压力。

推销工作很多时候就像在和顾客谈判，有一位叫罗杰斯的年轻的推销员，以极大的热忱投入工作。所到之处，他都热情地把空调从头到尾向买主介绍一通，乐此不疲。起初这一招也起点作用，但后来遇上一位犹太顾客——斯克特，情况就不一样了。

斯克特静静地听完了罗杰斯的介绍，起初一言不发，但后来他针对空调的优点大谈起来："这种空调确实有不少优点。但是，由于它是新产品，质量是否可靠、性能是否优越都很难说。虽说噪声低，但比名牌的噪声大多了，我家有老人，噪声大了会影响休息；虽然不用换电表，但我住的是旧房，线路负荷已经够大的了。若再用这么大功率的空调，会引起麻烦的。而且天气已经降温了，可能这个夏天不会再有高温了。如果买了不用，半年的保修期很快过去了，等于没有保修。"听了这番吹毛求疵的挑剔，一向善辩的罗杰斯从没遇到过这样的情况，竟一时哑然，在受到"突袭"的情况下只得降价以对。

针对这种情况，犹太商人提出了制订多种"杀伤力方案"的方法：

（1）决定采取什么目的。在准备方案之前，首先应当弄清楚所准备的方案是做什么用的：谈判失败时，你是提供给对方不同于现实谈判目标的新的条款呢，还是开出另一些条件？很显然，前一种方案是全局性的，后一种方案是局部性的。

（2）决定采取什么方向。采取横向谈判的方式，你可以将准备洽谈的议题全面铺开来，并且规定好每轮要讨论多少个问题，按顺序一轮一轮地谈生意。采取纵向谈判的方式，你可以把要谈判的问题整理成一个序列，按问题的内在逻辑要求，按顺序进行谈判。一次只谈一个问题，这个问题不彻底解决则不进行下一问题的讨论。

（3）在谈判方案的制订当中，下面一些重要元素一定不能忽略：谈判主题和目标；谈判时间；谈判期限；谈判议程。

犹太商人认为，在成功之前，需制订多个不同的谈判方案。这样做的好处在于：万一初次谈判宣告失败，你还可以提出那些准备好的不同方案由对方思考，而不至于接受一个你毫无思想准备的交易——虽然签约的一刻，你觉得那是你唯一可以做出的选择。

高目标

有两位教授做过一个实验。他们在进行交易的两人之间安置了一道栅栏，让双方都看不见对方，也听不见对方说话，因此要价、出价只能靠传递纸条沟通。在沟通过程中，双方所得之信息完全一样。但是一方被告知，他可以7.5美元成交；另一方则被告知他可以2.5美元成交。结果，期望以7.5美元成交者，果然如愿以偿；期望以2.5美元成交者，也和预期所得很相近。

一位犹太商人也尝试了一个这样的实验，不过情景有些不同。两位教授所选对象是学生，这位犹太商人所选对象是专业人士；教授限制谈判双方沟通，犹太商人则让对象直接接触；教授提供期望值，让谈判双方参考，犹太商人则让对象自行决定。结果，犹太商人的实验证实了，期望值高者能以较高价成交，期望值低者成交价自然较低。由人们在生活中设定目标、修正目标的举动可以看出他们在谈生意中可能出现的一些反应。

当犹太商人选择去一个社区居住，或选择参加一个团体，或选择上一个教堂时，犹太商人便会针对现况制定目标。企业主也是这样，他们会向朋友、秘书、助理人员描述他们的目标，依据不断的反馈，逐步向上或向下修正目标。

犹太商人认为，个人的期望值反映了他希望达到的目标。换言之，那是他对自己的一种期望。期望不单是愿望，而是一种包含了展现个人自我形象的肯定意图。万一表现不好，可能有损自我形象。

当人们被问到"下次你想拿几分"时，他们设定目标的真实度绝不如当他们被问到"下次你期望拿几分"时来得高。因为，后者牵涉到自我形象的自尊，而前者没有。期望值、敢不敢承担风险和成功是相关的。在选择目标时，个人就仿佛赌客下注一般，尽可能在所得、代价和成败之间保持平衡。当然，在成败、代价、所得三者之间，要想找到常胜不败的基础，并不是一件易事。所以，人们只能在过去经验的基础上，以此为出发点。

成败会影响期望值。人们会根据自己的能力、表现，来决定期望值的高低，因为这场轮盘赌中，包含着个人非常宝贵的资本——自尊。

犹太商人认为，谈判就是一个不断寻求反馈的一来一往的过程。买方、卖方各有自己的目标，然后寻求反馈，并对反馈中的每项要求、让步、威胁、拖延、最后期限做出调整。

权限，甚至好人、坏人的评语，都对双方的期望值造成影响。任何一句话、任何新动向都成为左右"价钱"的决定因素。因此，犹太商人认为在谈判过程中，设定一个高目标往往会比设定一个低目标要好得多。

不过，期望愈高，失望的机会也就愈多，这当中承担风险在所难免。所谓"买卖交易"，当然要靠良好的判断力，做一个周密的评估。评估时应该将目标定得尽量高一点，即使这会给你带来一定风险。

下篇

处事圣经

下篇

第10辑　生存的哲学

>>>

我们行事为人是凭着信心信念。

——《塔木德》

纵观犹太人的历史，不幸和危险无时无刻不与他们为伴，他们所到之处遭受到了无尽的白眼、排挤、驱逐，甚至屠刀，这个民族的历史无疑是一条充满苦难的炼狱之路，在著名的"十字军东征"和希特勒的"最后解决"中，数以百万计的犹太人惨遭杀害。然而，令人不可思议的是，历经灾难的犹太人现在依然屹立在世界民族之林，那么，他们的生存哲学是什么呢？

忍耐

每当灾难来临，以色列人总是最先察觉；而当幸运来临，以色列人总是最后感知。

犹太人的超凡智慧还来自其优良传统，那就是其优秀的民族性格，从某种程度上说也是《塔木德》教育的结果。在2000年的浪迹天涯中，犹太人历尽屠戮，但他们从没有向厄运低头，顽强地保持着其特色和民族凝聚力，并谱写出一曲曲壮丽的赞歌，这正是这个民族旺盛的生命意识和自强不息的民族性格的明显印证。

犹太人可以说是世界上忍耐力最强的民族，如果没有这样一种坚韧不拔的精神，他们绝不可能经历2000多年的流散和摧残而不灭亡。他们在恶劣的环境下和腹背受敌的攻击中，常常表现得从容自信，练就了一种特殊的心理素质，能忍一切不可忍之事，这就是犹太人成功的真谛之一。

在现实生活中，我们许多人动不动就暴跳如雷，许多本来很好的事往往因泄一时之痛快而告失败，事后再后悔的时候已晚矣。处理人际关系如此，处理家庭关系如此，处理商战亦如此。只要能克制自己的愤怒而保持面带微笑的大将风度，就将无往而不胜。忍耐是一种高等文化的象征，不能忍耐的结果往往不得不需要更长久的忍耐。

据说，犹太史上最伟大的拉比希雷尔就是一个堪称忍耐典范的人。一次，有两个人打赌，说好谁能让希雷尔拉比发火，就可以赢400元钱。这天刚好是安息日前夜，希雷尔正在洗头。这时，有个人来到门前，大声喊道："希雷尔在吗，希雷尔在吗？"希雷尔赶忙用毛巾包好头，走出门问道："孩子，你有什么事？""我有个问题要请教。""那就请讲吧，孩子。""为什么巴比伦人的头是圆的？""你提出了一个重要的问题，原因在于他们缺乏熟练的产婆。"那个人听完就走了。过一会儿，他又来了，大声喊道："希雷尔在吗？希雷尔在吗？"希雷尔拉比连忙又包好头，走出门来问道："孩子，你有什么事？""我有个问题要请教。""那就请讲吧，孩子。""为什么帕尔米拉地方的居民都长烂眼睛？""你提出了一个重要的问题，原因在于他们生活在沙尘飞扬的地区。"那个人听完又走了。不一会儿又回来问："为什么非洲人长的都是宽脚板？"……那个人听完了，没走，又说道："我还有许多问题要问，但我怕惹您生气。"希雷尔干脆把身上都裹好了，坐下来说："有什么问题，你尽管问吧。""你就是那个被人们称为以色列亲王的希雷尔吗？""不错。""要真是这样的话，但愿以色列不要有许多像你这样的人。""为什么呢？""因为为了你，我输掉了400元钱。"希雷尔问明情况后，对他说："记住了，希雷尔是值得你为他输掉400元钱的，即使再加400元也不算多，不过希雷尔是绝不会发火的。"

希雷尔没有发火，恐怕我们倒要发火了。忍耐是痛苦的，它压抑了人性本能的欢乐，赤裸着身躯在铺满荆棘的道路上滚爬，鲜血布满了脸也全然不顾。忍耐是人类最伟大的品质之一。有压力必有反击，有忍耐必有反击。学会忍耐，就是学会不做蠢事，就是学会不做那种一时痛快但终生遗憾的事。因此，我们不仅要自己学会忍耐，也要经常注意到别人的忍耐。

忍耐会带来意想不到的成功。犹太人就是因为忍耐，才成了"世界第一商人"。世界石油大王洛克菲勒在创业之初，由于缺乏资金，他的合伙人克拉克先生邀请他昔日的同事加德纳先生入伙，对此，洛克菲勒非常赞成他的意见。因为有了这伙富人的加入，就意味着他们可以做他们想做、有能力做的事情了。也就是说，只要有足够的资金，任何事情都能做成。然而，让洛克菲勒意想不到的是克拉克带来了一个钱包，同时还送给他一份屈辱，他们竟然要把克拉克—洛克菲勒公司改名为克拉克—加德纳公司，而把洛克菲勒的姓氏从公司名称中抹去的理由竟然是加德纳出身名门，他的姓氏可能会招来更多的客户。

洛克菲勒被这个理由大大刺伤了尊严。他愤怒地想：同样是合伙人，加德纳带来的也仅仅只是他那一份资金而已，难道他出身贵族就可以剥夺我应得的名分吗？但洛克菲勒忍了下来，他什么也没做，他告诉自己要控制住自己，保持心态平静，这只是创业的开始，以后的路还长着呢！之后，洛克菲勒故作镇静，装作若无其事的样子告诉克拉克："这没什么。"

其实，这完全是洛克菲勒的谎言。试想，一个遭受不公平，自尊心正受到伤害的人，怎么会如此大度？但洛克菲勒用自己的理性浇灭了心头燃烧着的熊熊怒火，因为他明白这样做可以为他自己及公司带来一定的好处。

成功需要忍耐，但忍耐也是有前提条件的，忍耐并不是盲目的容忍。对每个人来说，在面对逆境时都需要冷静地考虑形势，要知道你的决定是否会偏离或有害于你的目标。倘若洛克菲勒对克拉克大发雷霆的话，这样一来，不仅有失他的体面，更重要的是，会给他们之间的合作制造裂痕，甚至还有可能将洛克菲勒分离出去，让他自己一人从头再来。洛克菲勒深知其中道理，所以，他选择忍耐，选择团结合作。团结合作可以形成一种合力，让他们的事业越来越大，这样，洛克菲勒的个人力量和利益也会随之壮大。

但洛克菲勒深知，忍耐并不是忍气吞声，更不是卑躬屈膝。忍耐只是一种策略、一种性格磨炼，它所孕育出的是好胜之心。洛克菲勒非常清楚自己的奋斗目标，也知道自己要做什么。公司名字改过之后，他像以往一样不知疲倦热情地工作着，直到第三个年头，他成功地把那位极尽奢侈享受的加德纳先生请出了公司，把克拉克—洛克菲勒公司的牌子重新竖了起来！结果如同人们所知道的那样，克拉克—洛克菲勒公司永远存于人们的记忆当中，克拉克—加德纳公司则从人们的视线中彻底且永远消失，洛克菲勒也就此成了闻名世界的亿万富翁。

从这个故事中，我们可以得出这样一个结论：能忍别人所不能忍的，才能为人所不能为的事。忍耐对于那种易冲动的人来说，任何时候都是最大的敌人。忍耐如果能化解不该发生的冲突，那这样的忍耐永远是值得的；但是，如果固执地一意孤行，非但不能化解危机，还有可能带来更大的灾难。因此，每个人都应把忍耐带在身上，因为它可以为你带来机会、快乐和成功。

可以说，没有忍耐，就没有后来的洛克菲勒。对于众多成功的犹太人来讲，苦难是最让他们挥之不去的记忆，而正是这种苦难的经历造就了他们日后的成功与辉煌。我们在仰慕他们光彩照人、富有阔绰的一面的同时，不该忽略他们曾经饱尝的困境和苦难，更不该看不起他们在苦难中顽强地承受和忍耐，这是他们在等待机会，寻找人生陡转的突破口。因此他们怀抱希望、绝不气馁、积极进取，所以，他们成功了，且成了世界经济舞台上最成功的主角。也正因为如此，犹太父母时常教育他们的孩子要培养坚强的忍耐力，只有忍耐，才能赢得最后的成功。

现实主义

奥地利的硝烟散尽之后，皇帝想要犒劳那些在战役中英勇无畏的不同民族的人们。

"说出你们的愿望来，我将以此奖赏你们——我的了不起的英雄们。"皇帝说。

"把波兰归还我们吧！"一个波兰人嚷道。

"它是你们的了！"皇帝应道。

"我是个农夫——给我土地！"一个农夫叫道。

"土地是你的了，我的孩子！""我想要个啤酒厂。"德国人说。"给他一个啤酒厂！"皇帝下了命令。然后轮到了一个犹太士兵。

"你呢，年轻人，你想要什么？"皇帝脸上带着鼓励的微笑问道。

"如果能够的话，陛下，我想得到一条非常漂亮的青鱼。"犹太人怯生生地嘀咕着。

"哎呀呀！"皇帝叫道，耸了耸肩。"给这个人一条青鱼！"

皇帝离开以后，那些英雄们围住了犹太人。

"你多傻啊！"他们责怪他说，"想想看，当一个人想要什么就能得到什么的时候，你却只要了一条青鱼！你也太辜负皇帝的美意了吧？"

"我们倒是看看谁是傻瓜！"犹太人回敬道，"你们要波兰的独立，要农场，要啤酒厂——这些东西你们根本不可能从皇帝那里得到的。而我呢，你们看，我是一个现实主义者。我要一条青鱼——马上我就能得到了。"

人们必须认清现实，不能想当然地过多地要求现实，否则等待你的只有失望。当然，这并不是说人不能有远大的理想，只是在此提醒人们，在面对现状时，还要有实际的目光。

只信自己

　　犹太人的习惯是不相信任何人，甚至连自己的父母和妻子也不相信。犹太父母从小便教育自己的孩子，世界是复杂的，绝不能轻信任何人。有这样一则故事就说明了犹太人的教育方法：3岁的约翰有一天和姐姐在客厅里玩得正高兴。这时，爸爸刚从外边回来，把约翰放到壁炉台上，然后松手道："约翰，跳到爸爸怀里来。"约翰因爸爸也和自己玩，显得很高兴，笑着往爸爸怀里跳。可是，当约翰快要落到爸爸怀里时，爸爸却突然抽回了手，约翰摔在地上，哇哇地哭开了。小约翰哭着跑到坐在对面沙发上的妈妈怀里，妈妈也只是笑着说："爸爸真坏！"父亲则站在一旁，以嘲弄的眼光望着可怜的上当受骗的小约翰……

　　犹太人认为这很正常，他们说："像这样重复几次，孩子就自然认为，爸爸也不可相信，这样他们以后自然就不会轻信任何人。"这种只信自己的思想，是孩子们独立意识形成的基础。从小在家庭中，他们便以一种平等的身份和父母相处，即使父母是大富翁，他们也直呼其名。正是这种平等和独立思想，使孩子从小就认识到，连自己的父母也不可靠，要想生活得舒适，就得靠自己去奋斗争取！所以，他们成年之后即年满18岁后，就开始独立生活，自己赚钱养活自己！正因为这种从小就开始的教育法，他们凡事都小心谨慎，很少上当受骗，也很早就能够适应社会，找到解决生计的好方法。

　　生意场上是最忌轻信的。商场如战场，一不留神就会遭受巨大损失。犹太人正因为从不轻信别人，不被许多事物的表象所迷惑，所以才能在生意场上纵横捭阖。很有趣的是，他们不仅不相信父亲和朋友，而且连自己的妻子也不相信。正因如此，许多犹太人为了避免婚后遇到这些麻烦，就干脆不结婚，独身的犹太富翁很多。一位终身不娶的犹太大律师所言："娶了老婆，她定会觊觎我的财产，为了得到我的财产，说不定什么时候她就会将我谋杀，我何必冒生命和财产的危险去结婚呢？"这些观点，我们看起来有点极端，但犹太人却认为这是正常的。

以利驱人

《塔木德》告诫犹太人,不要轻易设饵,而要多多地想法夺饵。这实在是正宗犹太人的一大生意经。

古时候,耶路撒冷的一个犹太人外出旅行,途中病倒在旅馆里。当他知道自己的病已经没有希望时,便将后事托给了旅馆主人,请求他说:"我快要死了,如果有知道我死而从耶路撒冷赶来的人,就请把我的这些东西转交给他。但是,此人必须做出三件聪明的事,否则,就绝对不要交给他。因为我在旅行前对儿子说过,如果我在旅途中死了,谁要继承遗产的话,必须做出三件聪明的事才行。"说完,这个人就死了。旅馆主人按照犹太人的礼仪埋葬了他,同时向镇上的人发表这个旅人的死讯,还派人送信到耶路撒冷。他的儿子在耶路撒冷听到父亲的死讯后,立刻赶到父亲死亡的那个城镇。他不知道父亲死在哪一家旅馆里。因为父亲临死前曾叮嘱旅馆主人不要把旅馆的名字告诉儿子,所以,他只好自己寻找。这时,刚好有个卖柴人挑着一担木柴经过。儿子便叫住卖柴人,买下木柴后,吩咐他直接送到那家死了个耶路撒冷来的旅人的旅馆去。然后他便尾随着卖柴人来到了那家旅馆。旅馆主人见卖柴人挑着柴进来,便对他说:"我没有向你买过木柴。"卖柴的回答说:"不,我身后的那个人买下了这木柴,他要我送到这里来。"这是那个儿子做的第一件聪明的事。旅馆主人很高兴地迎接他,为他准备晚餐。餐桌上,有5只鸽子和1只鸡,除了他,还有主人夫妇和他们的2个儿子和2个女儿,一共7个人围坐在餐桌旁一起吃饭。主人要他把鸽子和鸡分给大家吃,青年推辞说:"不,你是主人,还是你来分比较好。"主人却说:"你是客人,还是你来分。"青年便不再客气,开始分配食物。首先,他把1只鸽子分给2个儿子,另1只鸽子分给2个女儿,第3只鸽子分给主人夫妇,剩下的2只,就自己拿来放在盆子里。这是他做的第二件聪明的事。接着,他开始分鸡肉。他先把鸡头分给主人夫妇,然后是2个儿子各得1个鸡脚,2个女儿各得1个鸡翅膀,最后剩下的整个鸡身子全归了他自己。这便是他做的第三件聪明的事。看到这种情形，主人终于忍不住大声叱责他说："在你们国家里就这么做吗？你分配鸽子的时候，我还可以忍耐，但看到你这么分配鸡肉，我再也忍受不了了，你这么做到底是什么意思？"年轻人不慌不忙地说："我本来就无意接受这项分配工作，可是你硬要我接受，所以，我按照我认为最完善的做就是了。你和你太太以及一只鸽子合起来是三个，你两个儿子和一只鸽子合起来是三个，两个女儿和一只鸽子合起来是三个，而我和两只鸽子合起来也是三个，这很公平嘛。还有，因为你和你太太是家长，所以分给你们鸡头，你们的儿子是家里的柱子，所以给他们两只鸡脚，把翅膀分给你女儿，是因为她们迟早要长翅膀飞到别人家里去，而我本人是坐船到此，还要回去，所以取了鸡身。请赶快把我父亲的遗产交给我吧。"

犹太人的儿子确实有点小聪明，他明白：其实，人与人的关系根本上是一种利益关系。只有他人的利益同你的利益紧紧地绑在一起的时候，他人才可能像为自己谋利或避害一样为你着想，因为这一着想以及由其产生的努力可以同时带来其自身利害的相应变动。所以，与人相处或调动对方时，最好的办法就是"让他人为自己的利害着想"，为他们设置利益的饵。

今日美国犹太人经济集团的活动之所以卓有成效，就是这一谋略的成功的证明。当美国犹太人拥有巨额资金和至关重要的选票，并能团结得像一个人那样，极其精明地将它们按照"利害与共"的原则加以运用时，无论是国会议员，还是觊觎白宫宝座的竞选人，或者是希望连任的白宫主人，能不最大限度地满足他们的要求吗？要知道，到1974年，美国犹太人为民主党和共和党提供的竞选资金已分别达到它们所收到的竞选资金总额的60%和40%！让利益出面要比空口白舌的说教有力量得多。不过，这也需要一个人有仗"智"疏财的气度与胆略。

精明

犹太人精明、干练地运用自己的智慧去做各种事情。他们的超级精明，使他们在商界占尽了便宜。他们从不掩饰自己的精明，并宣称：只有精明才能赚钱。

犹太人对"精明"的态度，就像他们对钱的态度一样。在犹太人的心目中，精明似乎是一种理所当然的东西。犹太人不但很欣赏、器重和推崇精明，并且指出精明除了可以带来实效之外，用其他的标准很难衡量精明的价值。

这里就有一则体现犹太人精明的笑话：

美国和苏联成功地研制出了载人火箭之后，德国、法国和以色列也联合拟订了运行载人火箭飞行计划。火箭与太空舱都准备就绪，就差飞行员的挑选了。工作人员先问德国应聘者，参加太空飞行的报酬是什么。

"给我3000美元。"那位德国人说，"1000美元自己用，1000美元给我妻子用，还有1000美元留作购房基金用。"

工作人员又问法国应征者，法国人回答说："我需要4000美元。1000美元归自己，1000美元给老婆孩子，1000美元归还购房的贷款，另外1000美元留给我的情人。"

最后，工作人员征求以色列应征者的意见，以色列的应征者说："我要5000美元才肯干。1000美元给你，1000美元归我，剩下的3000美元用来雇那个德国人开飞船。"

犹太人的精明从这则笑话中可以看到。他们只需摆弄数字就能与从事高风险工作的人享受同样的待遇，这正是犹太商人经营风格中最突出的特色之一。

这并不是其他民族对犹太人的精明做出的一种刻薄讽刺，而是犹太人自己发明的笑话。

从笑话中看犹太人并没有剥削德国人，德国人仍然可以得到他的3000美元。

因此，在这则笑话中，犹太人的精明没有超出"合法"的界限。而且仅从结果来看，任何一国的应征者处于这种"白拿1000美元"的位置上，都会感到很知足。但他们都不会提出像犹太人一样的要求，他们甚至连想也不会想，这种"过于直露的精明"在潜意识中就被否定了：他们会为自己的精明而感到羞愧。

而犹太人丝毫不对自己的"过分"精明有半分羞愧，有的只是一种得意，一种因为自己想出了这么巧妙精明的回答而"扬扬得意"的心情。似乎"过于直露"的顾虑，一点也不能影响他们的精明盘算，更不能影响他们对精明本身的推崇。

犹太人中间还流传着这样一则笑话：

伊万想喝酒，便向村里一个犹太人借一个银币。他们双方商量了条件：伊万明年还加倍的钱，在此期间他用斧子作抵押。伊万刚要走，犹太人叫住他："伊万，等一等，我想起一件事，到明年要凑足两个银币你是有困难的，你现在先付一半不是更好吗？"这话使伊万开了窍，他归还了银币，走到路上又想了一阵子，然后自言自语地说："怪事，银币没了，斧子没了，我还欠一个银币——那犹太人还蛮有道理的。"

犹太人认为，精明完全是一种东西，甚至是值得大肆炫耀的东西。可以说，对精明的态度，没有人比犹太人这样坦荡或欣赏了。

还有一个故事：二战期间，波兰已落入希特勒的魔爪，边上的小国立陶宛也在虎口边上。于是立陶宛的犹太人纷纷逃离，经日本迁往他国。一天，日本政府机关的函电审查官前往日本犹太人委员会调查一个犹太拉比卡利什发往立陶宛的一个函电的内容。电文上写着："6个人可以披一块头巾祈祷。"委员会主席阿南也不知该电文是何意思，只好解释说："这是一个宗教礼仪上的问题。"审查官听了这番话觉得有理，就让他把电报发出去了。后来，阿南终于找到那位可敬的拉比，向他询问"6个人可以披一块头巾祈祷"的意思。拉比却用深沉而悲哀的目光久久地凝视着他，然后说："你难道没听说过这句有名的《塔木德》格言吗？6个人可以用一份证件上路。"阿南这才恍然大悟。卡利什拉比刚刚离开欧洲来到日本，他关心着立陶宛的犹太同胞。他知道，日本的边境上办签证是以家庭为单位的。于是，他就给立陶宛的同胞建议，6个本来不属于一家的人可以作为一个家庭申请签证，以便更多的犹太人可以借此离开。日本人没研究过《塔木德》，就连犹太人委员会的主席阿南也搞不懂拉比的建议。所以，当一个又一个犹太人的"6口之家"通过各种途径踏上日本列岛时,日本人只会惊叹犹太人家庭的高度同一性,根本想不到犹太人的家庭人数竟是由日本的入境管理条例所决定的。1939年10月至1940年5月,大约有1万名犹太人从波兰逃到立陶宛,其中又有2000人逃到神户。"6个人可以披一块头巾祈祷"就是这一转移过程中的小插曲。这就是犹太人的精明。

有一个叫菲勒的犹太人,活了77岁,弥留之际,他让秘书在报纸上登了一条消息,说他将要去天堂,愿意给逝去亲人的人带口信,条件是每人收费100美元。

这样一条看似荒唐的消息,却引起了很多人的好奇心,1000个人给他汇来了支票,结果他赚了上10万美元。假如他能在病床上多坚持几天,也许会赚得更多些。

他的遗嘱也很特别。他嘱咐秘书再登一则广告,说他是一位非常礼貌的绅士,愿意寻找一位有教养的女士共居一个墓穴。结果,真有一位贵妇人愿意出10万美元和他合葬。

这就是犹太人,即使是在生命的最后时刻也不放过任何可以赚钱的机会。

精明既没有违反法律,也不会妨碍道德。犹太人只是用很巧妙的办法,解决了别人认为很困难的事情,而这种精明是大家容易接受的,大家也很欢迎这种精明。这就是犹太人的赚钱理论。他们很实际地告诉顾客"我要赚钱"。他们让别人清楚地看着他们怎样在赚钱。

示人以弱

精明的犹太人做起事来总是让人感到不可思议,有些时候,他们公开承认自己的短处,把自己某些方面的弱点有意暴露出来,采取这种方式来赢得交际方面的优势。也许这让人不可理解——犹太人是最精明的人,为什么也会做出这样的傻事呢?其实不然,如果你细细地品味,就会明白了犹太人的这种示弱其实是一种高明的交际策略。

事业的成功者,生活中的幸运儿,难免会被人嫉妒,在这种心理困惑一时还无法消除时,适当的示弱能使处境不如自己的人保持心理平衡,更利于交际。

聪明的犹太人总会给别人一种"他们并不聪明"的错觉。在犹太人的群体中很少听到"我要证明给你看"之类的话,这等于说:"我要证明给你看,我比你聪明。"他们认为这实际上是在挑衅,会让别人产生厌恶之情,会爆发一场冲突,对事态的发展不利。在这种情况下,想改变对方观点几乎不可能。所以,不如顺从对方的意思,这样可能会收到更好的效果。

拿破仑的家务总管康斯坦在《拿破仑私生活拾遗》中写道,他常和约瑟芬打台球:"虽然我的技术不错,但我总是故意输给他,这样他心里就会高兴。"我们可从康斯坦的话里得到一个经验:让我们的顾客、朋友、丈夫、妻子在琐碎的争论上赢过我们。

林肯有一次斥责一位和他人发生激烈争吵的青年军官,他说:"任何决心有所成就的人,一定不会在私人争执上浪费时间。争执的后果,不是他所能承担得起的。而后果包括失去自制、发脾气。要在跟别人拥有相等权利的事物上,多忍让一些;而那些显然是你对的事情,就让得少一点。与其跟狗抢道,被它咬一口,不如先放它过去。因为,就算是你把它杀了,也不能把你的咬伤治好。"

有位爱尔兰人名叫欧·哈里,听过卡耐基的课,他受的教育不多,可是总喜欢和人抬杠。他当过人家的汽车司机,后来因为推销卡车并不成功,来求助于卡耐基。

在听完他的诉说后,卡耐基就发现他老是跟顾客争辩。如果对方指出车子的毛病,他就会毫不客气地和对方辩论。

欧·哈里承认,他在口头上的辩论很少输过,但却因此失去了很多的顾客。他后来对卡耐基说:"在走出人家的办公室时我总是对自己说,我总算出了一口恶气,整了那混蛋一次。我的确整了他一次,但我却没能把东西卖给他。"

卡耐基的第一个难题不在于怎样教欧·哈里说话,而着手要做的是训练他如何自制,适当示弱。在卡耐基的帮助下,后来,欧·哈里成了一名成功的推销员,下面是他说的一段话:

"如果我现在走进顾客的办公室,而对方说:'什么?怀德卡车?不好!我要的是何赛的卡车，就算是把你的卡车送给我，我也不会要。'我会说：'何赛的货色的确不错，买他们的卡车不会错，何赛的车是优良产品。'这样他就无话可说了，没有抬杠的余地。如果他说何赛的车子最好，我也会说好，他只有住嘴了。他总不能在我同意他的看法后，还老是抱着'何赛车子最好'的观点说一下午吧。接着，我们不再谈何赛，而我就开始介绍怀德的优点。当年若是听到他那种话，我早就忍不住了，会马上对他进行回击，我会不断地挑何赛的错，而我越挑剔别的车子不好，对方就越说它好。争辩越激烈，对方就越喜欢我竞争对手的产品。现在回忆起来，觉得以前的推销工作真是太失败了！以往我在抬杠上花了很多时间，现在我管住了嘴巴果然有效。"

伽利略说过："你不能教人什么，你只能帮助他们去发现。"由此可见，适当示弱也是一种交际技巧。

犹太人认为，交际中必须善于选择示弱部分。成功者在失败者面前多说自己失败的地方、现实的烦恼，给人以"成功不易""成功并非易事"的感觉；地位高的人在地位低的人面前尽量表示自己平凡的一面，让人感觉你也是一个平凡人；对眼下经济收入不如自己的人，可以对他说说自己的难处，例如子女学业不好、身体欠佳等，让对方感到你也有很多难事；某些专业上有一技之长的人，最好宣布自己在其他方面一窍不通，把自己在日常生活中闹过的笑话说出来等。至于那些完全因偶然机遇或客观条件侥幸获得成功的人，更应该直言不讳地承认自己只不过是侥幸罢了。

示弱有时还要表现在行动上。自己在事业或其他某些方面即使有和别人竞争的实力，也要尽量回避。也就是说，一些小名小利应淡薄些、疏远些，因为很多人已经把你的成功当成了自己嫉妒的目标，不可以再为一点小名小利惹火烧身，应当让出一部分名利给那些暂时处于弱势中的人。

有位记者去采访一位犹太富翁，想获得一些关于这位富翁的丑闻资料。然而，还来不及寒暄，这位犹太富翁就对这位记者说："我们可以慢慢谈，因为时间还很长。"富翁这种从容不迫的态度让记者大感意外。

很快，仆人端来了咖啡，这位富翁端起咖啡喝了一口，立即大叫道："太烫了！"咖啡杯随之滚落在地。等仆人收拾好后，富翁又拿出一支香烟。记者看到，他把烟叼反了，从过滤嘴处点火。记者赶忙提醒富翁："先生，你将香烟叼反了。"富翁听到这话之后慌忙将香烟拿正,没想到在慌乱中却打翻了烟灰缸。

平常挥金如土、趾高气扬的富翁出了一连串洋相,使记者感到很意外,顿时,原来的那种挑战性的采访想法淡下去了。

其实所有这些都是富翁一手安排的,当人们发现一个著名人物也有许多缺点时,会消除抵触情绪,对他产生亲近感。

有的时候,表现自己的弱点是被迫的,但是这种示弱方法在犹太人的交际中,却帮了他们的大忙。

交际中,要使别人对你产生好感,只要你把某些无关痛痒的缺点很巧妙地、不露痕迹地暴露在对方面前,出点小洋相,表明自己并不是一个十全十美、高高在上的大人物,这样就会使人在与你交往时松一口气,不视你为敌,而你的交际活动也能因此从容不迫、应付自如。

第 *11* 辑　生活之道

>>>

会享受生活的人才能够更好地去创造生活。

——《塔木德》

尽管犹太人有着苦难的历史经历，但这不妨碍他们一直保持一种乐观的生活态度，欢乐和笑声是犹太人生活中必备的良药。他们能同时经营好自己的事业和家庭，他们懂得享受生活，他们始终用一个乐观的心，跨越痛苦，成就人生。

全心工作和休息

赚钱为了享受，这是犹太人赚钱的目的，也是他们对于商业目的的最好诠释。因此，犹太民族在经商时劳逸有度，使工作与生活两不误，真正体会到了人生的真谛。

在犹太人看来，没有空闲、不会合理安排时间的人，是不会赚钱的人。犹太人认为，要赚钱，首先得有赚钱的时间，而且在赚钱中要合理使用时间，否则就等于白白浪费时间。人的一生是短暂而又漫长的，许多人成天忙忙碌碌却无所作为；许多人整日沉湎于酒桌牌桌之间，日子被无端地浪费，这些人都不会合理安排时间，注定成不了大器。

有的人之所以是"大忙人"，是因为他一直在辛苦地工作，为赚钱而忙碌。按照犹太生意经，该忙的时候就要忙，否则没有效率。但是，"忙"与"闲"是相对的，学会"忙里偷闲"，生活才是丰富多彩的，会生活的人才是真正的人。因此，犹太商人又常常是"大闲人"。

犹太人视时间如金钱，他们在做生意时会客观而若无其事地谈论自己和别人的寿命："先生，今年70岁了吧，大概还可能再活5年到10年！"

对于其他任何民族来说，若初次见面就谈这种"不吉利"的话，一定会遭到对方的白眼。而犹太人却很坦然，他们认为人生下来以后就注定要死，不必对死畏惧。知道自己还能活多久，就意味着知道自己还能赚多少钱。犹太人活到老赚到老，他们对死的态度是客观和冷静的，一旦知道还能活几年，就会抓紧这几年享受和赚钱。

由于犹太小孩子从小就接受"自主"教育，所以犹太老人也不可能依靠子女赡养，只有自己赚到了钱，安逸的生活才会有保障。正是因为犹太人自知天命，他们便拼命抓紧时间赚钱。同时，他们又是世界上最懂得享受的人。

因此，犹太人认为，应该松弛一下自己紧张的心情——放下一切工作，去思索一些问题，譬如：自己为什么会诞生到这个世界上？负有什么使命？何谓人生目标等等都是人们最基本的思索，即使永远无法求得答案，也会加强一个人思考的深度。

此外，人还应该学会放松自己，学会去休息。有很多人常常为了努力工作，而逐渐远离自己本来所应拥有的生活。犹太人认为，乍见之下，"忙碌"似乎是一种勤勉，其实不然，忙碌并不是一直都值得称赞的。

为此，犹太人最大的生活特色之一，就是他们十分重视假日。在以色列，犹太人有许多假日，遍布世界各地的犹太人也常常把度假作为自己生活的重要部分。

在假日里，犹太人不谈论有关工作的事，不思考有关工作的问题，不阅读有关工作的书，也不从事有关工作的计算，全身心地娱乐、放松。

在假日人们可以访问朋友，把工作抛诸脑后，可以彼此交谈，谈人生观、人生理想以及艺术……父母与孩子相处，查看孩子们的作业，询问他们在学校中学到些什么，或者约好友或者带全家周游各地，既饱眼福又饱口福。

在犹太人心中，工作对人生是有益的，但是如果一个人只知工作，而不知休息的话，他们会失去了人性。因此在假日里，他们能真正脱离所有工作的羁绊，全身心地休息。

家庭和事业

古人说先成家后立业，现代人则信奉先事业后家庭，这都是片面的。犹太人认为，事业与家庭没有谁先谁后的问题，它们是并列的关系，需要你同时经营。如果经营得当，你就能自由地穿梭在事业与家庭之间，你就能在平衡中感受到人生的无限幸福。

不要心存幻想，先干事业后理家庭，或者先经营家庭后打拼事业。很多时候当你做完了前者，你会发现来不及做后者了。所以，你要放弃这种先后的想法，应该树立起同时双赢的意识。也许在不同时期你会有不同的偏重，但请你记住，偏重不等于偏颇。事业与家庭，可以相互促进、相得益彰。

很多人都认为，男人因成就事业而成就家庭，女人因成就家庭而成就事业。听起来似乎有些道理，但男人真的只要事业成功就能家庭幸福吗？女人真的埋首家庭就可以幸福吗？

成功的男人似乎更容易获得幸福的家庭。但我们应该知道，如果他的家庭幸福，那一定是他用心经营的产物，而不是事业成功的结果。如果他只是一味地埋头工作而忽视家庭，那么他的家庭迟早会忽视他甚至背叛他。成功的事业只是为他提供一种可能，能不能真正获得幸福还要靠他执着于此的努力。

社会上往往有这样的偏见，事业成功的女人一定会家庭不幸，而她要想获得幸福就必须退守家庭。事业真的是女人家庭幸福的绊脚石吗？

玛丽·韦尔斯·劳伦斯是一位很有成就的实业家。她从哈佛毕业以后，成了韦尔斯·里奇·格林广告代理公司的董事长。她精通生意经，知道如何富有成效地工作。除了主管她那间生意兴隆的广告代理公司，劳伦斯还要当家庭主妇。她成功地把这两方面肩负的责任都完成得很好。劳伦斯在与家人相处时，任何工作上的事情都能置之脑后，只是扮演家庭主妇的角色。劳伦斯在公司里是个出色的领导者，在家里则是个不折不扣的贤妻良母。

劳伦斯告诉我们，这个世界没有什么是不可能的，只要你愿意努力，只要你愿意付出。也许对女人而言，平衡事业与家庭会更难一些，但这并非意味着没有可能。无论你正在外面打拼，还是你已经功成名就，你都必须时刻把家庭放在心上，关心每一位家庭成员。因为，你不仅要做一个事业成功的人，你还要做一个有美满家庭的人。

孝悌之礼

犹太人对家庭礼仪极为重视，对协调家庭关系不遗余力，维系家庭就是维系民族。从《塔木德》中，我们可以找到许多推崇人伦亲情的动人事例与故事。

有个犹太人住在古以色列的一个叫戴马的镇上。他拥有一块价值6000个金币的钻石。有个拉比想用这颗钻石来装饰圣殿的正殿，便带了6000个金币来到他家，向他买这块钻石。

可是凑巧放钻石的金库的钥匙放在父亲的枕头下方，而父亲又刚好睡得正香。这个人便对拉比说："因为我不能吵醒父亲，所以，不能把钻石卖给你。"

拉比认为，这个人为了不吵醒父亲而宁肯放弃赚钱的机会，是个孝顺儿子，值得褒奖。

而一位拉比自己所行的孝道，更令人惊叹。他同母亲一起外出，走到一片高低不平的地方时，母亲每走出一步，拉比便把自己的手伸出来，垫在母亲的脚下。

《塔木德》非常推崇孝敬父母，故而每一个犹太人从小就很懂尊老爱幼。此外，《塔木德》还特别强调"兄友弟恭"。

还有这样一个故事：

很久以前，有两个犹太兄弟。哥哥已经结婚，有妻子儿女，弟弟还是独身。两兄弟都是非常勤劳的农夫。父亲死时，把财产分给了两兄弟。

兄弟俩将收获的苹果和玉米，公平地分成两份，各自藏在自己的仓库里。

到了晚上，弟弟想，哥哥有妻子儿女，开销大，所以从自己所得的份额中，拿出了一部分移到哥哥的仓库里。

同时，哥哥却认为自己有妻子儿女，没有后顾之忧，而弟弟还是独身，应该为以后的生活多准备一些，所以把自己的一部分玉米和苹果搬到了弟弟的仓库里。

第二天早上，兄弟俩醒来后到仓库里一看，东西都一点不少地放在那里。

第二天晚上、第三天晚上都这样，他俩不约而同地连续搬运了三个晚上。

在第四个晚上，兄弟俩在将各自的东西搬到对方仓库去的路上竟相遇了。两个人终于知道对方的心意，不约而同地扔下手上的农作物，紧紧地抱在一起哭了。

后来，在两兄弟抱在一起哭泣的地方，犹太人用大石堆砌一堵墙，这就是众所周知的哭墙，直到现在世界各地的犹太人仍去追思凭吊。

幽默

欢乐和笑声是犹太人生活中必备的良药，这使他们总能保持一种乐观的生活态度。对历史上的犹太人来说，生存的压力太大了，他们无法用泪水和无休止的呻吟来化解它。迫害、痛苦和他们在潮湿的"贫民监狱"里的贫困生活都不能阻止他们的欢笑。

但是，犹太人的笑声不是一般的无聊取乐，也不仅仅是消遣，而是对严酷生活的一种顽强而具有反抗性的回答。因而在犹太人的幽默里存在一种独特的智慧，它不仅仅是一种对生活的尖锐批评，还是一种能帮助他们缓解痛苦，有效地调节、娱乐身心的好办法。

这令人愉悦的幽默，有人把它叫作"犹太风趣"。

很多犹太传说和民间故事包含着深深的悲剧幽默情调。就像许多犹太民歌一样，它们的旋律中总是回荡着挥之不去的忧伤。但这种忧伤却没堕落为绝望或是自怜自叹。他们总是在净化之中保持着尊严，在坚定的信念中使痛苦也变得高贵，即使是在失败中，他们也因为拥有正义而获得道义上的胜利。

犹太人性格中的"幽默"，是与他们的乐观精神以及向逆境挑战的勇气联系在一起的。

犹太人认为，幽默是人们所能拥有的最强大的力量。它能使人放松心情。

因此，每逢尴尬的场面，犹太人总喜欢借助笑话、幽默来使气氛、场面活跃起来。

尽管并不是所有的幽默都是成功的，有些幽默反而会使局面更加难堪，但是，犹太人也并不觉得这有什么不好，他们看重的是个人的心态，而不计较效果。因此，犹太人说："只要是幽默就能使人放松心情，而唯有贤者才能在任何情况下，永远都保持着宽松的心情。"

犹太人认为只有那些强人、那些不屈不挠的人，才能在危机之中，瞬间离开自己所处的境地一步，站在客观的立场上，来观察自己、幽默自己。在犹太人眼里，幽默既代表了强人的韧性，也代表了强人的胆量。

在犹太人眼中，幽默是只有强者才能拥有的特权。因此他们很重视幽默，因为幽默是人所具备的力量中最强大的。

他们常说："笑是百药中最佳的良药之一。"

因为"笑"能在痛苦时安慰他们的心，能使快乐的犹太人更加充满活力。可是，犹太人认为笑所隐藏的力量绝不仅如此；只要更重视笑，它就会成为人类所有与生俱来的能力中，最强而有力的一种武器。

生活中不能缺少幽默，而幽默的人生则是做人的极致。幽默运用得当，能使你一鸣惊人，但如用错，便易伤人感情，被人看作一种恶毒的讽刺，后果将不堪设想。

美国的约翰·爱伦竞争一场极艰难的国会选举时，就因为用了几句幽默的话，而获得最后的胜利，并扬名全国。

那时与爱伦竞争的对手，是一位与他旗鼓相当的人物陶克将军。这位陶克将军曾在内战时有卓著功勋，并曾任过数届国会议员。

竞选时，陶克将军在演讲的结论里说："诸位亲爱的同胞，记得就在17年前的昨夜，我曾带兵在山上与敌人经过激烈的血战，在山上的树丛中睡了一晚，如果诸位没有忘记那次艰苦卓绝的战绩，诸位在预选时，请不要忘记吃尽苦头、风餐露宿的那个具有伟大战绩的人！"

这种演讲词，在当时最能打动人心，但是爱伦却能够在眼看对手快要成功时，用几句轻松言辞把他那篇演讲的功效一笔勾销，稳操胜券。

他说："同胞们！陶克将军说的不错，他确实在那场战争中享有盛名。但那时我在他手下当一员无名小兵，代他出生入死、冲锋陷阵还不算，当他在树丛中安睡时，我还曾携了武器，直立荒郊，饱尝寒风冷露保护他。诸位想起那时的情景，如果是同情陶克将军的，当然应选举他，反之，如果同情我的，我或可对于诸位的推选当之无愧！"几句话，说得听众心感神服，立刻争相推选他。不久，便把他拥进国会。

爱伦在国会奉公守法，还会常常运用幽默排解种种艰难的问题。一次，他想在国会发表一篇演讲，但被一议员所拒。于是，他立刻装出一副哭丧脸，抽噎地说："虽然你们拒绝我说话，但是请你们在会议的记录上代我再插入几声欢呼喝彩，我想这一点小小的要求，总不会也被你们拒绝吧？"一番话说得全体议员们禁不住哄堂大笑。本来爱伦之所以演讲，是为了要修改会议记录，那位议员的拒绝，是根据国会法律，但是现在他说出了这样隽永的言辞，便使人觉得并无坚持那条法律的必要。于是，一致通过爱伦发表那篇演讲。

生活中总会有一些人影响你的生活或给你的生活带来一些困扰，如果你以幽默的方式指出他的错误，那么，不但不会树敌，还会显示你宽容的大气和机智的头脑，给对方留下很深的印象。

超越痛苦

据犹太历史记载：犹太人早期的时候曾在埃及做奴隶，过着很悲惨的生活。公元前15世纪的时候，他们在自己的英雄摩西的率领之下，越过沙漠，由于来不及准备吃的，他们只有吃那些没有发酵的面饼和路途上的野菜，最终千里迢迢、千辛万苦地回到以色列。这件事距离现在已经有3500多年了，可是时至今日，犹太人仍然在纪念那段苦难的日子，让自己不要忘记苦难和屈辱。

即使在结婚这样喜庆、重大的事情上，他们也提醒新人不要忘记苦难。婚礼规定新人不能把酒喝完后，把酒杯完整地放入盘中，而是喝完酒后把酒杯摔碎，这个动作表示两个人同甘共苦一起度过艰难的一生。希望两个人不要讲究享乐，并告诉他们一味享乐、忘记艰辛是败家的象征。

为了不让自己忘却苦难，犹太人制定了各种规则，在他们的日常生活、纪念节日、假日甚至婚礼上，都时刻提醒自己不要忘记自己的痛苦。

他们每周的休息日是从星期五开始，直到星期六为止，星期天规定为一周的开始。为什么要把周五的黑夜定为全家幸福愉快节日的开始呢？

《塔木德》是这样解释的：

"因为与其明亮地开始，黑暗地结束，倒不如黑暗地开始，明亮地结束。"这就提示人应该先吃苦再享受。

他们不仅在休息日提示不要忘记痛苦，即使在犹太人的纪念日中，最盛大、最隆重的节日"逾越节"也同样做了规定。"逾越节"这天是犹太人纪念他们重返以色列的日子。在这个节日上，犹太人规定每个人必须要吃一种很粗的面包，还有一种很苦的野菜的叶子，因为这些代表着屈辱和失败。

任何一个犹太人都知道他们是输不起的，失败了就意味着灭亡和永远没有机会再来，他们只有成功，因而，他们都异常努力。很多犹太人就是在别人看起来根本就不可能东山再起的时候，取得了成就。回顾犹太名人的少年经历，就会发现在十个犹太名人里面，有八九个是从小在苦难、坎坷中长大的。犹太人的这种逆境成功的精神，永远为世人所敬佩。成功对于他们来说，不是"我需要"，而是"我必须"。

人们评价犹太人的危机感及忧患意识说："每当幸运来临的时候，犹太人总是最后感知；而每到灾难来临的时候，犹太人总是最先感知。"

他们时刻充满了危机意识，在任何情况下都保持着警惕。许多犹太人的一生经历了许多痛苦和苦难，因此，当他们有了安定的生活的时候，他们是绝不会忘记曾经受过的苦难的。在他们的心里，时刻充满了警惕，目的就是不让自己忘记过去。

于是世界各地的犹太人为了自己"上帝的选民"这个称号而自豪。他们用自己巨大的财富让世人对他们羡慕和妒忌。知道了自己民族之所以被人欺凌的原因是由于他们没有形成一个强大的国家和政府来保护自己时，于是在几位犹太人士的积极倡导下，他们发动了犹太复国运动，别人觉得那样流散四方而又弱小无助的民族是不可能建立一个国家的，但是在很短的时间里，1948年他们建立了自己的国家以色列，全球各地的"上帝的选民"纷纷会聚到他们的圣地巴勒斯坦，各地的犹太富豪们纷纷慷慨解囊捐献自己的财产，他们很快把自己的祖国建设成了一个强盛、富裕的国家，取得的各项成就让世界感到惊讶。在历经了两千多年的流浪、迫害、屠杀之后，成就了一个历史的奇迹！

自强

《圣经》中说：从没有人发现智慧存在于什么地方，或有人曾经进入过智慧的宝库。你想要得到智慧，就得用你的身躯去接受命运的考验。

人的一生中，遇到挫折是十分正常的。

苦难是人生的一大财富，不幸和挫折可能使人沉沦，也可能铸造人的坚强品质，成就一个充实的人生。苦难是人生的一位良师，它能教给人学会用感激的心情、积极的态度对待一切问题，养成坚强的意志，勇敢地参与社会竞争。

一个人只有具备了自强不息的精神，他才能克服前进道路上的种种困难，并最终达到成功。

今天的孩子生活在一个物质富裕的年代，优越的生活条件已经使他们不知道什么是贫穷与艰难。过分溺爱自己的孩子是今天不少父母的通病，也是今天的父母所面临的一个真正让他们感到无所适从的问题。

在许多国度，吃苦是孩子的必修课之一，尤其是在发达国家的家庭中，家长普遍重视从小培养孩子的自理能力和吃苦精神。因为发达的市场经济要求每一个社会成员必须具备这种能力和精神，只有具备了这种能力并拥有这种精神才能出人头地。

而在今天不少的犹太家庭中，为了锻炼孩子，每逢冬天，幼儿都要赤身裸体地在冰雪中滚爬跌打一定时间。天寒地冻，孩子冻得嘴唇发紫，浑身发抖，但父母们硬起心肠，绝不会提前抱起自己的孩子。他们明白，只有这样才能锻炼孩子的意志，使孩子身心健康地成长。

一些富有的犹太家庭，还鼓励孩子到车间去进行学工教育，并写出学工报告。在那里孩子们认识到诚实劳动、团结协作和坚强意志的真正的价值。

在以色列有一所"鲸鱼学校"，这所学校就是让孩子们乘上帆船在一年之内横渡大西洋两次，游遍三个岛，这期间除了经受住大风大浪，还要忍饥挨饿。这所学校的孩子必须学会驾船、捕鱼、做饭，还要完成考察、读书、讨论等课程。同时他们还要与当地人打交道，熟悉当地风土人情。孩子们经过这样一番磨炼，大都可以磨炼成一个具有刚强个性的孩子。

第12辑　信仰的力量

>>>

　　拉比规定，遇到地震、惊雷、风暴和闪电时，应该这样祷告："赞美您，主啊，我们的上帝，宇宙的主宰。您的力量充盈了世界。"

——《塔木德》

　　一个没有信仰的民族不会是伟大的民族，一个没有信仰的人同样不会是一个伟大的人。犹太民族历经千年的坎坷和颠沛流离，却始终没有消亡，这是因为《旧约圣经》和《塔木德》为他们提供了永无衰竭的精神力量，指引着他们团结在一起，并利用智慧一次又一次走出劫难。这就是信仰的力量。

摩西十诫

被法老的公主收养的犹太男孩摩西长大成人后,决心拯救受难的犹太人。经过多年艰苦努力,他终于在公元前1300年左右,率领获得自由的犹太人离开埃及,回奔那"流着奶和蜜"的迦南。

摩西意识到要拯救犹太民族,必须让他们重新集结到已被他们淡忘的耶和华身边,用耶和华的命令与力量来帮助犹太民族保持特性与独立生存。

当他们来到遍地岩石的西奈山区后,摩西命令大家在山脚下安营扎寨,整顿休息。他自己独自登上西奈山顶,去倾听耶和华的召唤。

40个日夜后,摩西终于归来,他手中拿着两块大石板,上面刻着耶和华的约法,即众所周知的"十诫"。

然而,山下的景象却大出摩西意料。原来人们看他久久不归,以为发生了什么不幸,便动摇了对耶和华的忠诚。他们用自己的金首饰,学着埃及人的样子,铸了一头小金牛,放在营地中央,宰杀牲畜,给金牛献祭,男男女女还围着金牛又唱又跳。

摩西见状大怒,他摔断了石板,毁掉了金牛,并召集志愿队镇压了这场危险的叛乱。

虽然叛乱被镇压了,但是摩西还是对此事深感失望,决定立即果断行事把犹太人的思想挽救过来。但是,他知道仅有个人的领导不行,必须有成文的法律,必须强迫人们尊重长老们的话,否则整个队伍将陷入混乱,永远不会有一个统一而强大的犹太民族。

于是,摩西再次登上西奈山的顶峰。当他归来时,双目炯炯、满面异彩,并带回同前次一模一样的两块石板,上面镌刻着耶和华授给摩西约束犹太人行为的十条戒律——

一、除了耶和华之外,不可信仰别的神。

二、不可为自己制作和崇拜任何偶像。

三、不可妄称耶和华的尊名。

四、当守安息日为圣日。前六天做工,第七天歇息,任何工作都不能做。

五、孝敬父母者,福寿长久。

六、不可杀人。

七、不可奸淫。

八、不可偷盗。

九、不可做伪证陷害人。

十、不可贪婪他人的一切。

摩西争取犹太民族的独立、自由,确立了犹太人统一的宗教信仰。他开创了犹太民族的新历史,成为千百年来犹太民族所尊敬、仰慕的第一人。

苦难的历史

所罗门死后,他的儿子罗波安继承了王位,希伯来王国的国力由盛而衰。面对人民日益不满的呼声,罗波安不仅不缓和矛盾,满足人民的要求,反而侮辱斥责他们:

"我父亲给了你们沉重的负担,很好,我作为新国王,打算给你们更重的负担;我父亲用鞭子抽你们,我将用带刺的鞭子抽你们。"

这使矛盾日益激化,最后北部10个部落拒绝承认罗波安,另外推举了新国王,定都撒马利亚,称为以色列王国。而南部的犹太部落和便雅悯部落仍然效忠于罗波安,称他为犹太王,首都仍为耶路撒冷。

公元前8世纪,两河流域强大起来,改变了西亚地区的形势。犹太王国为了不被吞并,它向亚述纳贡称臣。然而,犹太王国的这种状况并没有能够长期存续。公元前605年,亚述被新巴比伦所灭。新巴比伦国王尼布甲尼撒二世与埃及法老尼科争夺巴勒斯坦。耶路撒冷被围18个月后,于公元前586年沦陷。圣殿遭洗劫，耶路撒冷成为一片废墟。犹太王国的国王、祭司、贵族和工匠数万人被俘，押往巴比伦，成为他乡不受欢迎的外来客。

幸运的是，被流放到巴比伦的犹太人，并没有被强制性地分散开来，而是聚集在一起，而且保留本民族传统信仰和习俗。他们又渐渐形成了稳定的犹太移民区，此后犹太人与其后人被称为"犹太人"，也成为整个犹太民族的通称。

后来，在公元前538年，新巴比伦王国又被新兴的波斯帝国灭亡，波斯帝国的统治者居鲁士发现犹太民族的神教思想很适合帝国巩固统治的需要。同时，由于犹太民族十分注重教育，犹太人的文化素养普遍较高，这种知识对他们来说也是一种精神财富。因此，居鲁士对犹太人采用了借重和利用的政策。于是，犹太人以自己民族和宗教保存的优势使自己处于了一种较为宽松的环境之中。

在波斯王的统治下，尽管人们的物质生活很安逸，但精神生活却出现了危机。在这个充满了诱惑的环境下，犹太人要保持自己的民族性并不是件容易的事。先知们又出现了，他们将犹太民族从精神崩溃的边缘中拯救出来。

犹太民族在几千年的流亡之中如此顽强地维护自己民族的特性，并从中汲取力量而重新站起来。散居异乡能忠于自己的民族，这是一种非凡力量，是犹太民族所独具的，这也正是犹太民族无与伦比之处。

公元前538年，波斯国王居鲁士允许希伯来人返回巴勒斯坦，并支持他们在耶路撒冷重建圣殿，复兴犹太教。不愿返回的仍可留在巴比伦，犹太人首批回国的约有4万人。

到公元前516年，返回耶路撒冷的人和留在当地的极少数犹太人联合起来，历经20年，重建圣殿的工程才竣工，史称"第二圣殿"，但它的规模和豪华程度远逊于所罗门圣殿。

圣殿重修起来了，犹太人历经浩劫的信仰也重新树立起来了，这个民族随之再次崛起。

而后的"大流散"的历史，是犹太民族再次遭受磨难、历经艰辛的历史，也是犹太民族的民族意识磨炼最深刻的历史。

从13世纪起，犹太人被迫大量迁徙到中欧和东欧各国。到18世纪法国大革命后，犹太人在欧洲的处境才有了些改变。日益加剧的迫害使犹太人越来越渴求脱离现实的欲望，从而使犹太教徒生存与维系的观念发生了变化。从19世纪以后，近代犹太教逐渐从观念上分为正统派、改革派和保守派三大派别。

在正统派系内部，教徒按照犹太教规定，自己开办了学校来教育自己的孩子，使他们从小即接受犹太教的各种礼仪、戒律及经典，以免受异族文化和宗教信仰的侵蚀。无论安息日还是一切圣日，他们都严守教规不乘坐车辆。在会堂里也严守男女分坐的规定。

改革派正好与正统派形成鲜明对比。他们继承了犹太启蒙运动思想，主张消除任何使犹太人与众不同的地方，使犹太人从孤立的阴影中走出来，融入世界民族之林。他们认为犹太人并非一个独立的民族，犹太人之间的关系仅仅限于共同信仰犹太教而已，所以犹太人不应当去追寻独特的犹太民族国家或独特的犹太文化；犹太教也仅仅是一种宗教而已，不应当成为人们一切行为的准则，使人们的举手投足都受到教规的各种限制。

改革派在美国等一些较为宽容的移民国家则比较盛行。但二战中，纳粹残酷屠杀犹太人的血的教训，使温和的改革派们也转变态度，强硬地支持成立以色列国，使犹太人拥有一个真正属于自己的容身家园。

保守派教徒主张将犹太宗教与犹太文化、犹太民族主义融为一体，并积极支持犹太复国主义。他们严守犹太教割礼与饮食禁忌，但对于其他的律法与传统礼仪，则在原则上接受，在实际运用中颇为灵活。

信仰至上

对犹太人来说，信仰便如同水，如果离开水而上岸，唯有死路一条。无论遭受何等压迫，犹太人都不能离弃民族信仰，这便是雅基巴至死仍奉守不渝的主张。

没有信仰的民族不会是一个伟大的民族，信仰是人类生存的根本。

第二次世界大战期间，德军占领了东欧某都市，一天，德军把犹太街的所有人都集合到广场上训话。训完话后，纳粹军官从犹太人群中拉出一个学校老师模样的中年男人，要他放弃犹太教。他认为征服了这位老师，就可以征服其他人。

"放弃犹太教吧！只要你肯改教，保你一辈子荣华富贵。"

"我拒绝。"骨瘦如柴的教师冷静地回答。

"你的神可咒，只要诅咒你的神，你的生活和你的家人就能受到永远的保护。"

"我拒绝。"

"放弃犹太教，让我们来保护你。"

"我绝对不能。"教师说得更加平静。

"什么绝对，你知不知道你现在在说什么？假如你还这么嘴硬，我就先干掉你，杀鸡儆猴。再说一次，你到底放不放弃犹太教？"

广场上的人敛声屏息，注视着军官和教师，有些女人甚至吓得闭上眼睛，不敢看这恐怖的场面。

"难道犹太神真的比你的生命还要重要吗？傻瓜！好好问一问你自己吧！"

"你不能改变我的信念。"

"你只要说一声放弃犹太神就好了。"

"我不要。"教师铁青着脸说。

纳粹军官再也忍耐不住，拔枪射中了教师的肩膀。教师站立不稳，踉跄跌倒，血流遍地，嘴里却不停地念叨：

"神是神，只有神才是神。"

"你难道不知道我们比你的神伟大吗？你的生命不是由神决定的，而是由我决定的，你只要说一句放弃犹太教，我马上送你去医院，治好你的伤，然后和你的家人一起过幸福的日子。"

"我不要。"教师喘着气回答。

纳粹军官气恼至极，狰狞地瞄准教师，一串连射。教师嘴里边喊着不要不要，终于死了。

教师的儿子就在人群中，他目睹了这一过程，事后他说的话震惊了所有的人："我父亲本来是位无神论者，他从来就没有信过神，但是他却维护我们的信仰。"

还有一则寓言是这么说的：

有一艘船载着来自各国的旅客，正在大海中行驶。突然，暴风雨来了。船上的人，除了犹太人之外，纷纷以各自的方法，向自己的神祈祷。可是，暴风雨不但没有平息，反而越来越厉害。

大家束手无策之下，就问犹太人："你为什么不祈祷？"

于是，犹太人开始祈祷，结果，暴风雨立刻停止了。

船终于平安驶入港湾，死里逃生的人们不约而同地问犹太人："我们拼命祈祷时，神却不理睬。你一祈祷，暴风雨为什么立刻就停止了呢？"

犹太人说："我也不怎么清楚。不过，各位是向各自土地上的神祈祷。巴比伦人向巴比伦的神祈求，罗马人向罗马的神祈求。可是海并不属于任何一个国家。也许我们的神是支配整个宇宙的神，所以，才会听从我在海上的祈愿吧。"

一个屡屡被征服的弱小民族面对着征服自己的大民族，却侃侃而谈说自己的神是至高无上的。犹太人在《圣经》中既宣扬"万军之耶和华"的战无不胜，同时又记下上帝同犹太人立约之证物、约柜被敌方掳去的事。

第13辑　尊重知识和教育

>>>

能够逢人学习对方优点者，乃世上最聪明之人。

——《塔木德》

犹太人还有这样的规定：生活困苦之余，不得不变卖物品以度日的时候，你应该先卖金子、宝石、房子和土地，到了最后一刻，仍然不可以出售你的书籍。他们认为，世间的金银珠宝、房屋土地，都是可以变化消逝的东西，而知识则是可以长久流传的财富。

即使犹太民族在很长的一段时期里连最基本的生活来源都无法保证，但是只要有一段时间的安定生活，他们就能创造出惊人的财富。这可以归因于他们得天独厚的赚钱技巧，但归根结底是因为他们尊重知识、重视教育这一优秀的民族传统。

知识重于金钱

犹太人热爱知识，因为在他们的眼里，知识是唯一的永远不能被夺走的财富。在这个世界上世俗的权威不重要，财富和金钱不重要，只有知识才是最重要的。权威没有了人们的拥戴和支持就不能形成，财富和金钱也会随着时间发生变化，而知识是人生存和发展的可靠保证。

只有具有丰富的阅历和广博的业务知识，在生意场上才能少走弯路少犯错误，这是赚钱的根本保证，也是商人的基本素质。一个学识匮乏的人，不但不配做商人，也不能算是一个完整的人，而犹太人也乐意与学识渊博的人做生意。

犹太人认为，在成功之前，一个人要积蓄足够的力量。在这方面，托马斯·金曾受到加利福尼亚的一棵参天大树的启发：

"在它的身体里蕴藏着积蓄力量的精神，这使我久久不能平静。崇山峻岭赐予它丰富的养料，山丘为它提供了肥沃的土壤，云朵给它带来充足的雨水，而无数次的四季轮回在它巨大的根系周围积累了丰富的养分，所有这些都为它的成长提供了能量。"

即使在商业领域也如此。那些学识渊博、经验丰富的人，比那些庸庸碌碌、不学无术的人，成功的机会更大。

有位在商界杰出的犹太人这样说："我的所有职员都从最基层做起。对工作有利的，就是对自己有利的。任何人在开始工作时如果能记住这句话，前途一定不可限量。"

有一句格言说："只因准备不足，导致失败。"这句话可以写在无数可怜失败者的墓志铭上。有些人虽然肯努力、肯牺牲，但由于在知识和经验上准备不足，做事大费周折，始终达不到目的，实现不了成功的梦想。

比如在商店里只会按顾客的要求拿东西的人，虽然工作多年，却对商业一窍不通。他只是在挣钱糊口，不思考，不关心商品的特点和顾客的需求，如果他不被淘汰的话，只能当一辈子售货员。而那些精明强干、善于思考的年轻人，却能在短时间内发现一个行业的秘密，时机一旦成熟，就能独当一面。

犹太青年汉姆在一个律师事务所任职三年，尽管没有获得晋升，但他在这三年中，把律师事务所的门道都摸清了，还拿到了一个业余法律进修学院的毕业证书。一切都为开办他自己的律师事务所奠定了基础。然而也有不少在律师事务所的人，按从业时间来说，他们的资格够老的了，但他们仍然担任着平庸的职务，赚着低微的薪金。

两者相比较，前者意志坚定、注意观察、勤于思考、善于学习，并能利用业余时间深造，他必将获得成功；后者恰恰相反，不管他们是否满足于现状，他们这样庸庸碌碌地混日子，是永无出头之日的。

犹太人还有这样的规定：生活困苦之余，不得不变卖物品以度日的时候，你应该先卖金子、宝石、房子和土地，到了最后一刻，仍然不可以出售你的书籍。他们认为，世间的金银珠宝、房屋土地，都是可以变化消逝的东西，而知识则是可以长久流传的财富。

犹太小孩最早期得到的关于书本的教育就是：书是甜的。

在每一个犹太人家里，当小孩稍微懂事时，母亲就会翻开《圣经》，点一滴蜂蜜在上面，然后叫小孩子去吻《圣经》上的蜂蜜。这个仪式的用意就是告知孩子，书本是甜的。让孩子从小就养成与书接触的习惯。慢慢地，孩子们开始喜欢看书。小时候是因为蜂蜜，长大了则是从书的内容中体会到书是"甜"的。

在每个犹太人小的时候，他们的母亲就会经常地问他："假如有一天，你的房子被火烧了，你的财产也被抢光了，你会带着什么逃跑呢？"

如果孩子们回答是"钱"或者是"钻石"的话，他们的母亲就会进一步地问："有一种东西比钻石更重要，它没有形状、没有颜色、没有气味，你们知道是什么东西吗？"

如果孩子回答不上来，母亲就会说："孩子，你们带走的东西，不应该是钱，不应该是钻石，而应该是知识。因为知识是任何人也抢不走的，只要你还活着，知识就永远跟着你。"

父母就是这样告诉他们的孩子：知识是一切财富的来源，是唯一可以永久打开财富之门的金钥匙。犹太人的历史也一再验证了知识的价值。与其把那些有限的财富交给他们，不如把可以永远打开财富之门的金钥匙——知识给他们。

为学习而学习

　　犹太人并不是天生就会做生意，完全是后天学习使其如此。他们非常鼓励人们去学习，这就使几乎是全部的犹太人都酷爱学习、尊重知识，每个人都成为学识渊博的智者。智慧的人去学习做生意，自然就不同凡响了。

　　在犹太教中，勤奋好学不只是仅次于敬神的一种美德，而且也是敬神本身的一个组成部分。世界上任何一个宗教，对神都非常虔诚，但把学习和研究提到这样高度的，除了犹太人绝无仅有。《塔木德》中写道："无论谁为钻研《托拉》而钻研《托拉》（《托拉》是《西伯来圣经》中的一部分，是产生《塔木德》典籍的重要基础），均值得受到种种褒奖；不仅如此，而且整个世界都受惠于他；他被称为一个朋友，一个可爱的人，一个爱神的人；他将变得温顺谦恭，他将变得公正、虔诚正直、富有信仰；他将能远离罪恶、接近美德；通过他，世界享有了聪慧、忠告、智性和力量。"学习之为善，在于其本身，它是一切美德的本源。

　　12世纪的犹太哲学家、犹太人的"亚里士多德"——精通医学、数学的迈蒙尼德则明确把学习规定为一种义务："每个以色列人，不管年轻年迈，强健羸弱，都必须钻研《托拉》，甚至一个靠施舍度日和不得不沿街乞讨的乞丐，一个要养家糊口的人，也必须挤出一段时间日夜钻研。"由此形成了一种几乎全民学习的文化犹太民族传统。尽管并非人人都有"研习"的能力，但确实人人都把各种程度的"研习"视作当然之事。不过，早期的学习主要以神学研究为取向，涉及面十分狭窄，像迈蒙尼德这样的博学，可说是一个例外。因为拉比们唯恐犹太神学之外的知识会使犹太青年迷失方向，因此，在现代以前的相当长的时期内，在随着犹太移民的足迹先后建立的学术中心里，除了犹太教经典，尤其是《塔木德》之外，他们对世界上的其他知识是不予注意的。而且到18世纪末，犹太教中还出现过一个反对经院哲学和学者主宰犹太事务的哈西德运动。其倡导者一度主张，一个人只要依靠虔诚和祈祷就能升入天国，善的功业比伟大的知识更为重要。可喜的是，为学习而学习的传统并未中断，哈西德派的大师们自己也很快"迷途知返"了。他们不再坚持虔诚比钻研更能达到较高境界，而是传布一种虔信与知识互为依赖的信仰。这意味着即使一个人的本性并不虔诚，也能依靠自己的知识而变得虔诚；而本来虔诚的人则更会为其虔诚所驱使而致力于学术研究。这样一种为学习而学习的传统，对长期流散的犹太人尤其是青年人来说，在调节其心理、保持其民族认同方面起着巨大作用。即使从现代的立场上看，作为一种卓有成效的培养、激发人们的学习积极性的价值观念来说，也深深浸透着犹太人的独特智慧。

为学习而学习，学习过程就是目的本身，知识的获得就是目的的实现，有了这样的观念和心态，才可能孜孜不倦地、无悔无怨地勤学不辍，而不至于动不动就掀起"读书无用"的观点。犹太人在世界总人口中仅占0.3%，但在诺贝尔奖获得者中却占了15%，这一不成比例的比例，正是对这种价值、这种精神的重大"价值"的证明。当然，这样一种以自身为目的的活动，倘若恰恰是一项总体上无助于人类发展、纯粹虚耗生命的活动的话（这种现象在其他民族中不是没有），那么，显而易见，这种目的价值越多，一个民族的实际生存能力只会越弱。如此一味追求奢侈而不讲究实效的民族很快便会被历史所淘汰。不过，这不是犹太人的命运。在学习的效果方面，犹太民族同样显示出了自己的聪明与智慧。人类文明的发达无非靠着两样东西的积累，一是物质形态的成果积累，二是观念形态的成果积累。在这两种积累及其结合的基础上，人类社会不断地以加速度发展着。在第一种积累上，犹太人历来是大有贡献的，只是历史处境常常使他们的积累连同他们本人一起化为乌有；在第二种积累上，犹太人甚至可以说更有贡献。仅仅一本《圣经》对人类历史的影响，已经足以证明即使在宗教神学的外衣下，犹太人的学问在人类认识自身、开拓自身、约束自身方面的累累成果。何况犹太教素以"伦理—神教"著称，《塔木德》学者在研习《托拉》的过程中，不断地将协调人际关系的规范加以合理化、精细化、操作化，在扎紧民族樊篱的同时，为人类社会的自我完善留下了影响深远的丰富内容。更何况，使得《塔木德》学者视野狭窄的那种宗教定向，却以"为学习而学习"的传统，在科学文化蓬勃兴起、世俗教育迅速普及的当代，为犹太人提供了一种现成的价值取向和心理基础。神圣的宗教职责极为快捷地就具有了世俗的形式，犹太人大批走进了世俗学校：医学院、法学院、商学院、理工学院。犹太民族在为人类奉献出与其人数不成比例的一流思想家、理论家、科学家、艺术家的同时，也为自己的繁荣昌盛而培育出同其他民族相比更不成比例的教授、医生、律师、经理和其他专业人员。"取法乎上，得其中；取法乎中，得其下。"以学习为职责的犹太人在履行职责的同时，得到的是其他许多民族还梦寐以求的兴旺发达：据1998年统计，以色列国5%的文盲率，450万以色列人中有1/3是学生，14岁以上的公民平均受教育程度为11.4年，差不多每4500人中就有一名教授或副教授，还有前面已提及的犹太人在诺贝尔奖获得者中比例奇高。所有这一切成就，只能出现在一个勤奋好学、视"学习是一种义务"的民族之中。

尊敬教师

在犹太历史上，"教师"一词的确切内涵并非一成不变的。在早期的犹太社会中，教育尚处在以神学教育为主要内容、以家庭教育为主要形式的初级阶段。那时，社会上并不存在专职的教师职业，教育子女的任务主要是由父亲和拉比分别完成的。在家庭内，父亲承担着教育子女的重任，他把"智慧之言"及为人处世之道传授给自己的子女，因此，父亲就是教师，教师就是父亲。在希伯来语中，"父亲"一词本身就具有"教师"的含义。如今在西方语言中以"Father"（父亲）来称呼教父，正是希伯来习俗的延续。

在犹太传统中，教师享有极高的地位。在犹太人看来，教师的职业是一种神圣的职业，因此，"每一个人要像尊重上帝那样尊重教师"。犹太经典《密西拿》中把有学问的教师叫作"塔尔米德哈卡姆"，意为"圣贤的门徒"。犹太人对那些获得"塔尔米德哈卡姆"身份的人极为尊重，并明文规定：凡是侮辱了"塔尔米德哈卡姆"的人都必须罚以重金，情节严重者还有可能被逐出犹太区。

能与"塔尔米德哈卡姆"的女儿结婚被视作一种高尚而且值得炫耀的行为。

在犹太人中曾长期流传着这样一则故事：

有一个孩子，出生于贫困家庭，父亲含辛茹苦地把他拉扯大。一次，出海的时候，父亲和教师都同时落入水中，而这时的条件只允许他救一个人，这位孩子的选择是先救出教师，再救出父亲。

《塔木德》中也记载着这样一个故事：

两位检察员受拉比之命来到一个镇上，要求拜见镇上的守卫之人。镇上的警察局长闻讯后急忙出来迎接，检察员却说："我们要见的是守卫这个市镇的人，不是你。"这时，守备局长又跑出来迎接，检察员仍然摇头。他们说道："我们想见的既不是警察局长，也不是守备局长，而是学校的教师。警官和部队都会破坏市镇，教师才是市镇的真正守护者。"

可见，在犹太人的眼中，教师是民族利益的守护者，教师的事业关系到整个民族的未来。

在犹太人的族群中，比较特殊的教师是拉比，犹太教中把精通经典律法的学者称为拉比，负责执行教规、律法并主持宗教仪式。拉比是至高无上的圣者，是上帝的代表和使者。

在犹太社会中，拉比身兼数职，传道、教学、咨询、评判等都是他们的职责，是享有崇高地位的精神领袖。

在罗马人统治犹太人时期，为了毁灭犹太民族，他们想尽了各种办法，例如封锁学校、禁止做礼拜、焚烧书籍、禁止犹太人的各项庆典、禁止培育拉比等。

罗马统治者发出布告，如果有人参加拉比的任命仪式，不管是任命的一方还是被任命的一方，都将被判处死刑。举行这种仪式的城市村庄，也将遭到毁灭。

这是罗马统治者采取的各种压迫手段中最极端最残忍的一种。这种手段在一段时间内确实起到了恐吓的作用。

犹太人并没有就此屈服。对犹太人而言，没有拉比，就等于社会宣告瓦解。拉比是犹太民族的领导者，代表犹太人社会中的一切权威。如果没有了精神领袖，犹太民族必会陷入诚惶诚恐的慌乱中。

有位德高望重的拉比看破了罗马统治者的险恶阴谋，于是率领他最可靠的5个弟子溜出城市，来到荒无人烟的两座大山之间。因为在这样的地方，可以避开罗马人的视线,万一被罗马人捉住也只有自己受到刑罚,不会导致整座城市被毁。

在这个距离城镇很远的地方,这位杰出的拉比任命了他的5个弟子为新拉比。

但是,他们的活动还是被罗马人知道了,于是派军队来抓他们。老拉比说:"我活了这么大的年纪,死而无憾。你们必须尽快逃走,因为有好多事业等着你们去继承并发扬光大!"

5位新拉比听从老拉比的话,都安全地逃走了,最后只有年迈的老拉比被罗马人抓住了,恼怒的罗马人把老拉比凌迟处死。

老拉比死了,但是5个年轻的新拉比继承了他的事业。老拉比虽死,但是犹太人的精神生活却复活了。

犹太人的杰出就是因为拥有了智慧的拉比们。犹太精神不灭,与拉比们的功劳分不开。犹太人的心灵不死,是拉比精神指引的结果。犹太教最后成为世界性的宗教,正是犹太拉比用上帝之言广为传播的结果。

犹太拉比们用自己的智慧启迪着伟大的犹太民族。在拯救宗教、发展宗教的同时,形成了犹太民族特有的生存智慧。

这使犹太人成了这样的民族。知识是最伟大的,在它的面前,世俗的一切统治都要让位。尊重知识,追求真理。尊敬教师,尊重拉比。

学校在民族在

《塔木德》说,"一个不重视教育的民族是没有前途的民族"。学校作为教育的场所,长期以来在犹太人的心目中占有非常重要的地位。上古时期,家庭教育被文人先知们视作维持民族传统的重要环节,因而受到极大的重视。当时的社会教育还极为有限。"巴比伦之囚"以后,犹太人逐渐形成了以会堂为中心的犹太学校。后来,学校逐渐脱离会堂成为独立的教育场所。流散时期的犹太人极为注重学校教育，在每一处站稳脚跟后就立即创办学校，使学校与会堂一样成为犹太社团存在的标志。

从历史上看，犹太人很早就实行了义务教育，可以称得上源远流长。

犹太传统规定父亲对儿子有三项应尽的义务，其中之一就是教儿子学习犹太经典。许多犹太儿童在幼儿时期就随父亲一道学习识字，诵读《托拉》。公元前516年，波斯王居鲁士打败新巴比伦尼布甲尼撒二世，允许巴比伦的犹太人返回故乡。一批有识犹太先知为了保持民族精神和文化传统，进行了一系列宗教改革，家庭教育被看成是保持民族传统的一个重要环节，因而受到极大的重视。犹太会堂的出现使人们多了两个学习场所。公元前3世纪，犹太会堂开始开办学校，招收儿童入学。公元前1世纪，出现了一些非犹太会堂办的学校，主要向儿童教授读书写字的基本技能。年龄稍大一些的儿童则进专门学校，在那里系统学习犹太宗教文献。至此，义务教育体系开始在犹太民族中形成。第一位为创立全民义务教育体系做出重要贡献的是耶路撒冷元老院的大法官西缅·本·蔡奇。他于公元前75年制订了一项教育计划，推行广泛的初级教育。他颁布法令规定犹太社区必须资助公共教育，父母必须送儿子入学。到了公元64年，大祭司约书亚·本·加玛拉拉比重申西缅的法令，并规定每个犹太社团都必须设立学校，供6岁以上的儿童就学，同时规定6岁至10岁的儿童必须入学，在老师的监督下学习。约书亚的这一做法标志着正规学校教育的开始。约书亚的功绩在于，他以法律的形式规定每个社团都必须出资聘用教师，以保障所有的儿童都有受教育的机会，从而在立法上完善了义务教育体制。《塔木德》对班级规模有具体规定：如一名教师最多只能教25名学生。如果学生数超过40人，则必须聘请两名教师进行教学。儿童6~10岁在小学学习，10岁毕业后进入律法学校。15岁以后，如父母有能力支付教育费用，还可留校进一步深造。

当时的教学内容主要是犹太教经典。《密西拿》对此做出了这样的规定：6岁开始学习《圣经》，10岁起学《密西拿》，13岁学习犹太戒律，15岁学习《革马拉》。

在19世纪之前，犹太教育体系的典型模式是：一个教师带着一批学生，整日学习宗教课程。这样的学校被称作"和读"（意为"房间"）。所有阿什肯纳兹和塞法迪犹太社团都以这一教育模式对儿童进行教育。虽然学生随着学业的增长，可以从一个教师手中毕业，去跟另一位教师学习，但这样的学校还不是现代意义上的学校。部分社团开设一种称之为律法学校的学堂，有各种班级，但绝大部分课程都与宗教有关。多数学生在这些学校中学上几年，然后便开始做事。很少有人能一学十几年。19世纪犹太教育的一个重要现象是经学院大量开办，这在东欧尤为突出。犹太民族的传统教育模式由此奠定。

20世纪以前，犹太教育在很大程度上是为犹太男子服务的。犹太女子受到的主要是伦理道德的教育和对《圣经》的了解，有关口传律法的课程从不为女子开设。这一局面在20世纪终于得到改变。自1917年美国正统犹太教学校开始系统地为犹太女子开设《塔木德》课程以来，几乎所有的宗教学校都同时为男女开设同样的课程，打破了在教育上男女有别的传统。

20世纪以来，美国正统犹太教为了鼓励人们学习、研究犹太教教义，开设了一些全日制宗教学校，在主要讲授宗教课程外，也开设部分世俗课程。今天这样的学校数量已从第二次世界大战结束时的100所增加到了600所。此外，传统经学院的数量也开始在以色列和美国迅速增长。这些经学院主要招收高中毕业生入校，有的是专为大学毕业生开办的。第二次世界大战结束以来，世界许多大学纷纷开办犹太学系，向犹太和非犹太青年提供学习希伯来语和其他犹太学方面知识的机会，使犹太学研究真正成为一种科学。

在1919年，犹太人正同阿拉伯人处于日趋激烈的冲突之中，耶路撒冷的希伯来大学便在前线隆隆的炮火声中奠基开工。此后愈演愈烈的冲突，并未能阻止这所大学在1925年建成并投入使用。

今天，人口仅400多万的以色列却拥有6所跻身世界一流的名牌大学：希伯来大学、特拉维夫大学、以色列理工学院、海法大学、内格夫一本古安大学和巴尔伊兰大学。

犹太人之所以特别重视学校的建设，除了他们具有那种"以知识为财富"的价值取向之外，还因为在他们看来，学校无异于一口保持犹太民族生命之水的活井。《塔木德》中记载的三位伟大拉比之一——约哈南·本·札凯拉比就认为：学校在，犹太民族就在。

传说约公元68年时，耶路撒冷正陷于罗马军队的包围之中，城内的犹太人面临灭绝的危险。

当时，犹太人内部分成相互对立的两派：一派是主张以武力相拼的鹰派，另一派是主张通过和平解决的鸽派。

相互对立的两派形成了剑拔弩张的态势。鸽派斗争失败后，约哈南被鹰派关押在耶路撒冷的监狱中，受到了严格的监控。

这时，约哈南突然想到了一个办法。

之后不久，从监狱中传出了约哈南的死讯，并且很快传遍了耶路撒冷的大街小巷。

信徒们把约哈南的遗体装进棺材，这样约哈南以下葬为名，逃出了鹰派的看守，来到罗马军队驻守的阵地前。

罗马守兵正要用刀刺入棺材来验尸，约哈南的信徒们纷纷跪地求情说："如果罗马的皇帝死了，你们是不是用刀验尸？我们现在已经没有武装，还能做出危害罗马军队的事吗？"

最后他们一行终于来到了罗马统帅部。

这时，约哈南走出棺材，要求见罗马军队的统帅。

约哈南直视着司令官韦斯巴芗的眼睛，说道："一直以来我对将军阁下和罗马皇帝怀着非常高的敬意。"约哈南想的是，韦斯巴芗不久将会成为罗马帝国皇帝。

粗暴的韦斯巴芗对这位长者所给的头衔摸不着头脑，并怀疑约哈南在羞辱他。

约哈南此时看出了韦斯巴芗的不悦，解释道："阁下不久就会成为罗马帝国的皇帝。"

韦斯巴芗看到约哈南十分认真的样子，火气大消，说道："那么，你来拜见我的目的是什么呢？"

约哈南回答说："请您答应我一个请求，给我留下一个能容纳10多个拉比的学校，并且永远不要破坏它。"

韦斯巴芗认真地点了一下头，并说如果他能到耶路撒冷，约哈南保存学校的愿望就会得以实现。

那一年，先是尼禄皇帝突然遇害，不久，执掌大权的三员大将又相继被暗杀。韦斯巴芗作为帝国最有贡献的将军成为帝位继承人中的预选者，这时他自称国家元首。其帝位被元老们认可。

韦斯巴芗登上皇帝宝座之后，也许是为了感谢约哈南拉比对他做出的预言，也许他还没有认识到一所学校对一个正在沦落的民族所起的精神作用。当罗马军队血洗耶路撒冷时，他发出了一道命令：留一所能容10个拉比学习的学校。这样位于沿海平原小镇亚布内的圣经学院才得以幸存。

实际上，约哈南拉比早就想到罗马军队最终会杀进城来，血洗耶路撒冷。为了保留民族生存的希望，他才冒着生命危险保下了这所学校。

学校留下了，留下了学校里的几十个老年智者，维护了犹太民族的知识、犹太民族的传统。战争结束后，犹太人的生活模式也由于这所学校而得以继续保存下来。

约哈南拉比以保留学校这个犹太民族成员的塑造机构和犹太文化的复制机制为根本着眼点，无疑是一项极富历史感的远见卓识。

一方面，犹太民族在异族统治者眼里，大多不是作为地理政治上的因素考虑，而是文化上的吞并对象。小小的犹太民族之所以反抗世界帝国罗马而起义，其直接起因首先不是民族的政治统治，而是异族的文化统治，亦即异族的文化支配和主宰：罗马人亵渎圣殿的残暴之举。

另一方面，犹太人区别于其他民族，首先又不是在先天的种族特征上，而是在后天的文化内涵上。在一个犹太人的名称下，有白人、黑人和黄种人；至今作为犹太教大国的以色列向一切皈依犹太教的人开放大门，接受犹太教就成为一个正统的犹太人。

为了达到这一文化目的，犹太人长期追求的，不仅仅是保留一所学校，而是力图把整个犹太人生活的传统和犹太文化的精髓保留下来。从犹太民族2000多年来持之以恒、极少变易的民族节日，到甘愿被幽闭于"隔都"之内以保持最大的文化自由度，到复活希伯来语，所有这一切都典型地反映出了犹太民族的这种独特追求和这种独特追求中生成的独特智慧。

无独有偶。流散时期的犹太人更注重学校教育，当他们在某一处站稳脚跟后就立即创办学校，使学校成为犹太社团存在的标志。

犹太人对学校教育的重视程度也可以从上海犹太难民身上窥见一二。

20世纪30年代，在德国实行的灭犹政策下，大约有3万名德、奥犹太人远渡重洋在黄浦江畔登陆，来到了上海滩。

来到上海后，待生活稍有些好转，犹太人便急于为自己的孩子寻找求学的地方。

在著名的犹太财团嘉道理家族的慷慨援助下，1938年和1939年抵达的120名犹太儿童被送进了上海犹太学堂，由嘉道理家族主持的"上海犹太青年协会"代付他们的学费。

当时上海犹太学堂已人满为患，但陆续而来的难民儿童却与日俱增，因此，为了解决实际困难，上海犹太社团又先后办起了几所学校，其中最有名的是"上海犹太青年学校"（嘉道理学校）。他们聘请了经验丰富的教员，传授数学、美术、历史、语言（包括汉语、英语、法语）等课程。

由于教学严谨、治学有方，1946年，这所学校的学生参加了剑桥学校的考试，并取得很好的成绩。而那些前往美国的学生，也先后进入了名牌大学。

当时一位著名的教育家在参观了嘉道理学校后留言："欢乐的笑声一直回荡在这个已经忘记了怎样笑的世界里。"

一些经历过上海犹太社区生活的犹太人，回忆这段岁月留给他们的感触时说："青少年教育是上海犹太人生活中的一个亮点。"

犹太人在开发巴勒斯坦、建立自己家园的行动中，对学校教育更寄予了厚望。

以色列建国之后，学校建设被列入了国家的主要计划，在很短的几年内就建立了各级门类齐全的学校。

犹太人认为，学校的责任不仅是培养人才，更是"维护民族共同体的重要途径"。通过正规的学校教育，才能保证其后代们很好地维护犹太人的民族身份，发扬犹太人的民族精神。

教育决定未来

"没有教育，就没有未来"，这是以色列开国元勋本里安的名言。犹太人对教育的重视不是只停留在口头上，更不是仅仅为了粉饰舆论，而是实实在在地投入，千方百计地为教育创造条件。《塔木德》指出：如果学习是最高的善，那么，创造有利于学习的机会与条件便是仅次于学习的善。因此，许多犹太社团都把教育投资视作一种责无旁贷的责任与义务。

在中世纪，遍及欧美的犹太社团都极为重视教育与学术研究。为了让孩子成为有知识的人，犹太人对教育怀着极高的热忱。

以色列建国后为了振兴教育事业，很多以色列国家领导人从领导岗位退下来之后，又全身心投入教育事业当中来。如前总统纳冯教授在卸职以后又勤勤恳恳地当上了教育部长，而且还全身心投入其中。这在其他国家是极为罕见的，但在以色列却是很平常的事，其原因就在于他们真正认识到了"教育是社会发展的先决条件之一"。

1978年，著名科学家卡齐尔在卸任总统职务后，便到魏茨曼科学研究院和特拉维夫大学从事学术研究，而且常常给学生们上课，三尺讲坛成了他工作中的一部分。

尽管以色列历任政府施政纲领不同，但在教育问题上的政策却始终如一。他们都"视教育为以色列社会的一种重要财富，它是开创未来的关键"。他们教育的目标是把一个人造就成对国家、对民族富有责任感的成员。

《塔木德》上曾经指出：如果学习是最高尚的事，那么，创造学习的机会便是仅次于学习的事。所以，许多犹太社团都把教育投资视作一种责任与义务。一些发迹的犹太人也纷纷解囊，为教育和研究提供经费。在他们中间早已达成一种共识：赚钱营利并非最终目的，而是要用赚来的钱"购买知识与经验"。

直至今天，犹太人捐款的第一投向仍是学校建设。在以色列的一些大学里，奖学金、研究基金都由外国犹太商人提供。希伯来大学、特拉维夫大学、以色列理工学院这三所最有名的大学中，至少有一半董事是外国人，尤其是美国犹太人。

20世纪70年代中期以来，以色列教育经费在国民经济中的比重一直很高，甚至超过了许多发达国家。能做到这一点，对于资源贫乏、军费高昂的以色列来说，确实极为不易。

一个尊师重教的民族，必然是文化素质很高的民族。犹太民族有尊师重教的优良传统，它使犹太人成为世界上公认的文化水准很高的群体，并为人类社会的进步做出了令人瞩目的贡献。

早在以色列建国前，犹太复国主义就把教育作为复国的重要手段，当时的一个提法就是"文化犹太复国主义"，因此建国前就出现了两所大学和若干中小学校。之后，以色列历届政府将教育立国和科技立国作为国家兴亡根本。梅厄夫人说："对教育的投资是有远见的投资。"夏扎尔也曾说过："教育是创造以色列新民族的希望所在。"曾担任总统、退休后去当教育部长的纳冯更直截了当地说："教育上的投资就是经济上的投资。"

1948年，以色列刚刚建国，还在炮火隆隆声中，以色列的首任教育部长盖尔，叫来了他的秘书艾德勒。

"艾德勒，我们一起来草拟教育法，必须强迫3岁到15岁的孩子们，让他们接受免费教育。"

"免费？！"艾德勒惊愕不已，要知道，立国之初的以色列尚处在战火之中，战争的经费都是美国人提供的，而当时整个教育部只有盖尔和艾德勒两个人，唯一的财产是一架破打字机。

"是的！免费！"盖尔坚定地回答，"我们处在敌人的包围之中，背靠地中海，四面是埃及、叙利亚、约旦、黎巴嫩，这些阿拉伯人无时不在想把我们赶到地中海去。我们必须培训高素质的人，只有这样才能对付几十倍于我们的敌人。"

盖尔激动地说："我们要建立一个历史博物馆。让孩子们知道3000年前圣殿被罗马人毁掉的悲剧，让他们知道在第二次世界大战中犹太人被屠杀的事实，知道那些毒气室、骷髅、鲜血和希特勒。还要让他们明白这里——巴勒斯坦，是全世界唯一我们可以自卫的地方，这块土地是我们的，我们没有别的地方可以去！"

当第一次中东战争结束后，盖尔和艾德勒已用那架破打字机打出了以色列的义务教育法。

第二年，这部法律在以色列议会全票通过。

以色列历届领导人一直把培养高质量的人才看作一个关系到民族生存与否的根本问题。教育立国、科技立国是以色列从成立之日就追求的目标。他们认为，如果不培养高质量的人才，建立一个模范的社会，则以色列在国际上得不到尊重，也无法吸引众多的犹太人来定居。这样，以色列就无法生存下去。

以色列建国后，始终把教育放在优先地位。

1953年颁布了《国家教育法》，1969年颁布了《学校审查法》等。这一系列法律的制定，确立了教育的地位，形成了以色列特色的教育制度。

以色列是个移民国家，来自四面八方的移民把世界各地的文化带到以色列。其中既有东方文化又有西方文化，既有传统农业文化也有现代工业文化。以色列教育的目的之一就是填平这些不同文化的鸿沟与差距。为此《国家教育法》明确规定："以色列的教育目的，一方面是让学生学习知识和技能，以适应国家发展的要求；另一方面是促进来自世界各地的犹太人之间的融合，清除他们之间的文化差别，以形成一种新的犹太国民文化。"

犹太人重视教育这一优良传统在以色列的发扬光大，造就了大批高质量的杰出人才。除了依靠发展自己的民族教育，浓厚的学术氛围也给以色列送来了大量优秀的人才。几十年来，来到这个国家的移民中，有不少是欧、美、亚地区第一流的科技文化人才。他们的到来，使以色列的科学和教育从一开始就建立在很高的起点之上。正是因为有了较高的教育投资，以色列的教育才有了迅速发展的坚实基础。

高昂的教育投资使以色列的教育结出了累累果实。

以色列的人口只有500多万，但是在校人数达到138万人之多，还有很多成年人参加各种形式的学习。在以色列人中有1/3是学生，也就是说，每3个人中就有1个学生。

以色列的大学是公认的世界一流的大学。凡是到过以色列的人都必去"游览"以色列的大学。凡是到过这些大学的人无不为校园之优美、建筑之宏伟、设备之先进和藏书之丰富而赞叹不已。以色列的大学的许多研究成果被国际学术界承认为权威性项目。

以色列人会自豪地说:"我国资源缺乏,有的只是阳光、沙漠和大脑。"

发达的教育和优良的人才素质终于使"弹丸之国"以色列成为一股不可忽视的政治力量和国际力量。

在国外居住的犹太人同样对教育非常重视。

以美国为例:

在金融、商业、教育等文化行业中,美籍犹太男子占70%以上,女子占40%以上,而同期全美国平均仅仅有28.3%的男子和19.7%的女子占有这样的比例。在收入最高的两大职业:医生和律师中(他们要求文化素质特别高),犹太人位居首位。如20世纪70年代,美国共有3万多名犹太医生,占美国医生总数的14%;另外有约10万名律师,占美国律师总数的20%左右。

对于任何一个时代来说,教育都是通向成功的途径。在今天的社会中,受教育程度和收入水平之间更是存在着直接关联。据统计,一个高中毕业生一生大约要比一个初中毕业生多赚10万美元。一个大学毕业生要比一个高中毕业生多赚25万美元。一位分析家这样说道:"犹太人家庭是学问受到高度评价的地方,在这方面,非犹太人的家庭则相形见绌。就是这个因素构成了其他一切差异的基础。"

第14辑　团队的力量

>>>

不要鄙视任何人——任何人都有自己的位置，都可以在有钱和有时间的条件下创造奇迹。

——《塔木德》

《塔木德》中有这样一个故事：要是生下的婴儿长着两个头一个身体的话，应该把他算作一个人呢，还是两个人？在犹太人看来，只要这个婴儿能够存活，别人在如何对待他的问题上，必定会遇到麻烦。按照犹太律法，孩子满月时要请拉比祝福，这时究竟祝福一次呢，还是两次？祈祷时要在头上放个钵，究竟是放一个呢，还是两个？所以，这个问题是回避不了的。拉比的解决方案简洁明了：在一个头上淋上热水，如果另一个头也发出悲鸣，就是一个人；要是另一个头满不在乎，那就是两个人。同理，在团队中如果一个人工作遇到麻烦，其他人主动帮助解决而不是幸灾乐祸或袖手旁观，这说明这个团队已经真正具备了团队精神。

折箭的寓言

在犹太传说中有一个关于"折箭"的故事：

很久以前，希腊国的国王有三个儿子。这三个小伙子个个都很有本领，难分上下。可是他们自恃本领高强，都不把别人放在眼里，认为只有自己最有才能。平时三个儿子常常明争暗斗，见面就互相讥讽，在背后也总爱说对方的坏话。

国王见到儿子们如此互不相容，很是担心，他明白敌人很容易利用这种不合的局面来乘机击破，那样一来国家的安危就悬于一线了。国王一天天衰老，他明白自己在位的日子不会很久了。可是自己死后，儿子们怎么办呢？究竟用什么办法才能让他们懂得要团结起来呢？

一天，久病在床的国王预感到死神就要降临了，他终于有了主意。他把儿子们召集到病榻跟前，吩咐他们说："你们每个人都放一支箭在地上。"儿子们不知何故，但还是照办了。国王又对大儿子说："你随便拾一支箭折断它。"大王子捡起身边的一支箭，稍一用力箭就断了。国王又说："现在你把剩下的三支箭全都拾起来，把它们捆在一起，再试着折断。"大王子抓住箭捆，折腾得满头大汗，始终也没能将箭捆折断。

这时国王语重心长地说道："你们都看得很明白了，一支箭，轻轻一折就断了，可是三支箭合在一起的时候，就怎么也折不断。你们兄弟也是如此，如果互相斗气，单独行动，很容易遭到失败，只有三个人联合起来，齐心协力，才会产生无比巨大的力量，战胜一切，保障国家的安全。这就是团结的力量啊！"

儿子们终于领悟了父亲的良苦用心，国王见儿子们真的懂了，欣慰地点了下头，闭上眼睛安然去世了。

这个故事告诉我们：团结就是力量。如果将组织看作是一个完整的人体，团队便是构成人体的各类系统，消化系统、循环系统等，个人则是组织或团队的最基本的细胞。否定个体，整体就不复存在；否定整体，个体便无意义。

《塔木德》里说：提供帮助是"富人的责任"，获得帮助是"穷人的权利"。

犹太人对自己身边的人非常关注，团结互助的观念已深深地根植于犹太人心中。在艰难困苦的岁月中，犹太人每次筹集向国王交纳的税款时，富人往往主动地替穷人把税款交上，接济贫穷在犹太人中蔚然成风。他们认为提供帮助是"富人的责任"，获得帮助是"穷人的权利"。哪怕是家无三餐的穷苦犹太人，也都保存着一个存钱的小盒子，准备施舍给比他们更穷的人家。

上帝为什么在创世纪的时候只造了一个亚当呢？这种问题流传了许多年，也有了太多的解释，但只有犹太民族的解释最为独特。犹太典籍《塔木德》是这样解释的："神在开始时，为什么只创造一个人呢？因为当初只造出一个人，那么溯源而上，每个人都会发觉大家都是来自同一个祖先。所以，也就不会有这一个人不同于另一个人的说法了，因为大家都是从同一个亚当那里繁衍下来的。"

既然是一个祖先就都不是外人，理当团结互助，这就是犹太人的团结意识。有了这种团结意识，他们遇事从不会感到孤单，很自然地结合在一起，因为他们相信凝聚的力量。

团队精神

在古希腊时期的塞浦路斯，曾经有一座城堡里关着七个小矮人。传说他们是因为受到了可怕咒语的诅咒，而被关到这个与世隔绝的地方。他们找不到任何人可以求助，没有粮食，没有水，七个小矮人越来越绝望。

突然，有一天，小矮人阿基米德收到守护神雅典娜托的梦。雅典娜告诉他，在这个城堡里，除了他们待的那间阴湿的储藏室以外，其他的25个房间里，有1个房间里有一些蜂蜜和水，够他们维持一段时间；而在另外的24个房间里有石头，其中有240块玫瑰红的灵石，收集到这240块灵石，并把它们排成一个圈的形状，可怕的咒语就会被解除，他们就能逃离厄运，重归自己的家园。

第二天，阿基米德迫不及待地把这个梦告诉了其他的六个伙伴，其他四个人都不愿意相信，只有爱丽丝和苏格拉底愿意和他一起去努力。开始的几天里，爱丽丝想先去找些木柴生火，这样既能取暖又能让房间里有些光线；苏格拉底想先去找那个有食物的房间；而阿基米德想快点把240块灵石找齐，好快点让咒语解除；三个人无法统一意见，于是决定各找各的，但几天下来，三个人都没有成果，倒是耗得筋疲力尽了，更让其他的四个人取笑不已。

但是三个人没有放弃，失败让他们意识到应该团结起来。他们决定，先找火种，再找吃的，最后大家一起找灵石。这是个灵验的方法，三个人很快在左边第二个房间里找到了大量的蜂蜜和水。

显而易见，一个共同而明确的目标，对于任何团队来说都非常重要。

在经过了几天的饥饿之后，他们狼吞虎咽了一番；然后带了许多分给特洛伊、安吉拉、亚里士多德和梅丽莎。温饱的希望改变了其他四个人的想法，他们后悔自己开始时的愚蠢，并主动要求要和阿基米德他们一同寻找灵石，解除那可恨的咒语。

小矮人们从这件事中，发现了一个让他们终身受益的道理：知识不过是一种工具，只有通过人与人之间沟通、互补，才能发挥它的全部能量。

为了提高效率，阿基米德决定把他们七个人兵分两路：原来三个人，继续从左边找，而特洛伊等四人则从右边找。但问题很快就出来了，由于前三天一直都坐在原地，特洛伊等四人根本没有任何的方向感，城堡对于他们来说像个迷宫，他们几乎就是在原地打转。阿基米德果断地重新分配，爱丽丝和苏格拉底各带一人，用自己的诀窍和经验指导他们慢慢地熟悉城堡。

喜爱思考的阿基米德，又明白了：经验也是一种生产力，通过在团体中的共享，可以产生意想不到的效果。

当然，事情并不如想象中那么顺利，先是苏格拉底和特洛伊那组，他们总是嫌其他两个组太慢；后来，当过花农的梅丽莎发现，大家找来的石头里大部分都不是玫瑰红的；最后由于地形不熟，大家经常日复一日地在同一个房间里找灵石。大家的信心又开始慢慢丧失。小矮人们都没有注意到一个问题：阻力来自于不信任和非正常干扰。

阿基米德非常着急。这天傍晚，他把所有人都召集在一起，商量办法。可是，交流会刚开始，就变成了相互指责的批判会。

性子急的苏格拉底先开口:"你们怎么回事,一天只能找到两三个有石头的房间?"

"那么多房间,门上又没有写哪个是有石头的,哪个是没有的,当然会找很长时间了!"爱丽丝答道。

"难道你们没有注意到,门锁上是孔的都是没有的,门锁是'十'字形的都是有石头的吗?"苏格拉底反问道。

"干吗不早说呢?害得我们做了那么多无用功。"其他人听到这儿,似乎有点生气……

经过交流,大家才发现,原来他们有些人可能很快找准房间,但可能在房间里找到的石头都是错的;而那些找得非常准的人,往往又速度太慢。其实,这个道理非常简单:具有专业素质的人才很关键。

于是,在爱丽丝的提议下,大家决定每天开一次会,交流经验和窍门,然后,把很有用的那些都抄在能照到亮光的墙上,提醒大家,省得再去走弯路。这面墙上的第一条经验就是:将我们宝贵的经验与更多的伙伴们分享,我们才有可能最快地走出困境。

在七个人的通力协作下,他们终于找齐了所有的240块灵石。小矮人们胜利了,他们通力合作,终于解除了咒语。小矮人也明白了,只有把各自的力量凝聚起来,发扬团队的精神,才更容易取得胜利。

学会合作

犹太人重视人与人的联系,建立了诚信度很高的商业网。如果有哪个朋友在某个领域非常活跃,大家都会积极地给他提供帮助。一个家族会团结在一起赚钱,用赚到的钱去支持有才能的人,将他培养成自己的领袖。

有一个犹太教师给他的学生出了一道智力测试题。他将六个乒乓球放进一个罐头瓶里,每个球用细绳系着,要求在最短的时间里,取出瓶里所有的球。几个小组的同学，每个人都想第一个取出瓶里的球，结果球都堵在了瓶口，一个也出不去。只有一个小组成功做到了，他们采用的办法是六个人形成一种配合，让球依次从瓶口出来。这道测试题考的就是团队有无相互协作精神，就是我们常说的团队精神。这位犹太教师想通过这道题让学生认识到团结协作精神的重要性。

犹太人也许是世界上最富于集体精神和团结合作精神的民族。《塔木德》是犹太民族伟大的巨著，对世界具有深远影响。它由很多人共同完成，凝聚着集体智慧的结晶。犹太人的合作往往是很多人结合在一起的大合作，这就使人不得不对这种集体精神大加推崇。而犹太人超凡智慧的原因之一，恐怕与此不无关系。

也许是有相同命运的缘故吧，许多犹太人往往局限于一个很小的朋友圈子中或犹太同胞中。虽然这种圈子有时受到局限，但仍使许多著名的犹太人彼此颇为熟识，成为学术上的知己或对手，促进相互间的竞争与交流，同时促进了共同发展。这或许又是犹太民族不断出现人才的一个重要原因吧。

马克思、卢森堡、拉萨尔、伯恩斯坦都具有犹太血统，他们之间保持着长久的合作与斗争，促进了国际共产主义运动的发展。

西拉德、爱因斯坦、奥本海默、特勒也曾是要好的朋友，正是这四个人的共同努力，才制造出了世界上的原子弹和氢弹。此外，弗兰克、爱因斯坦、尼尔斯·玻尔、赫兹一度是最好的朋友和论敌，他们取得的杰出成就推动了整个人类科学的进步。

被誉为"符号学大师"的卡西尔是西方学术界的哲学泰斗，其成功和他的老师——另一个犹太哲学家柯亨的影响是分不开的。

著名犹太文学大师茨威格是弗洛伊德很要好的朋友，在他的作品中可以看出弗洛伊德的影子来。

在经济界，犹太大亨的这种倾向就更明显了，他们的生意伙伴一般都在犹太人中间选择。萨尔诺夫、凯瑟琳·格雷厄姆、迈耶、威廉·佩利等曾是最要好的朋友和生意对手，相互在竞争和友谊中发财。

美国好莱坞的巨头高德温、梅耶、派拉蒙公司等五大电影公司，垄断了整个美国好莱坞，它们都是犹太人的公司。

由此我们可以看出，犹太民族是一个善于合作的民族，他们善于用团结合作来发展自己的事业，这也许正是他们虽历经艰难却永不消失的原因吧！

借用他人的力量

任何青年人一跨入社会都应该学会待人接物、结交朋友的方法，以便互相提携、互相促进、互相借重，否则，单枪匹马绝对难以发展到成功的地步。

一个人在成才的道路上，往往要得到许多人的指导和帮助，而同合作者的交往、配合和协作，往往又是获得具体帮助，促进人才成长的有效途径。

大部分犹太人都有一种特长，就是善于观察别人，并能够吸引一批才识过人的良朋好友来合作，激发共同的力量。这是犹太成功者最重要的、也是最宝贵的经验。

马克思同恩格斯并肩战斗40年，是人才合作的崇高典范。恩格斯的突出长处是眼光十分敏锐，行动十分迅速，总是能击中要害，所以，马克思在做出任何政治决定以前，总要先同恩格斯商量。马克思给恩格斯的信上写道："你知道，首先，我对一切事物的理解是迟缓的；其次，我总是踏着你的脚印走。"而马克思在理论方面明显地超过他的朋友。恩格斯总是承认马克思的天才高于自己，并且一直认为在他们合作的事业中，他是第二提琴手。他俩的优点和才华就是这样得到了互相补充。

要合作，你就要付出。坦然面对付出，你会获得更大的收获。

由于马克思的鼎鼎大名引起了反动势力的畏惧和仇恨，马克思进行活动的头10年，生活一直十分穷困。有一次，他由于没有合适的衣服和鞋子不得不躲在家里；另一次，他竟连买纸或买报的几个便士都没有了。而恩格斯为了在经济上帮助他，几次放弃适合自己的工作，到他父亲的公司里干那"该死的商务"，忍受他所憎恶的桎梏。恩格斯这种默默无闻的牺牲，越往后影响越是大得惊人：他放弃了巨大的学术建树，中断了他所爱好和下过许多功夫的自然科学研究。有人说恩格斯的命运是悲剧性的，但是，恩格斯总是认为，同马克思并肩战斗，合作40年，这是他一生最大的收获。马克思在《资本论》第一卷付印时，写信给恩格斯说："这件事之所以成为可能，我只有归功于你！没有你对我的牺牲精神，我绝对不能完成那三卷巨著。"人们鉴于这一事实，比较容易明白：没有恩格斯的自我牺牲，就没有《资本论》的问世。但人们往往认识不到，若没有恩格斯的合作，没有同恩格斯的密切交往，也就没有无产阶级最伟大的导师——马克思。

我国早期著名翻译家林纾，若不是同别人合作，肯定任何翻译也搞不了，因为他根本不懂外文！他的优势是古文造诣很深，人们称他"有一支生花之笔"，他搞翻译是先请懂外文的朋友把原著逐字逐句翻译出来，然后，他再加以整理。由于他的译文妙语连珠，风格独特，所以，时至今日，他翻译的小说仍在继续出版。他这位著名翻译家若没有别人的合作，怎么会成为翻译人才呢？

借助别人的力量帮助自己成功，这其实也是一种合作。既然合作对于一些伟大人物都那么重要，更何况我们这些只是向往成功的芸芸众生呢。

精诚合作，是一些成功人士的座右铭。当你付出了，你就会有收获的。即使今天没有，总有一天会有的。你帮助了别人，别人在你最需要的时候，也会不遗余力地来帮助你，支持你的。

第15辑　孩子是未来

>>>

没有学童的城市终将衰败；有学童而不教育的家庭，必将是一个贫穷的家庭。

——《塔木德》

犹太民族是一个优秀的民族，是一个人才辈出的民族，然而，为什么犹太民族这么优秀呢？这其中与犹太人世代相传的独特的家庭教育有很大关系。犹太人明白：对孩子最初的良好的家庭教育是成就天才的前提，早期教育决定孩子的一生。而这些孩子们又决定了民族的未来。

孩子是希望所在

犹太人有一句极为睿智的格言：人类有三个朋友——小孩、财富、善行。孩子排在财富和善行之前，可见孩子在犹太人的观念中所占的地位。

犹太人是以"文化"立"族"的，对于他们来说，善行及其背后的价值与信仰，是民族最高意义的存在，没有这些，就不会有犹太民族。但是，这种精神存在必须与民族的肉体同时存在，才能使它成为每一历史时期的现实存在而不沦为历史遗迹。而财富不仅代表着维系犹太民族肉体存在和精神存在的必要条件，还是犹太民族的肉体存在借以证明其精神存在之不朽的根本证据。所以，最终说来，犹太民族的这三种存在是在孩子身上实现"三位一体"的。由此我们就不难明白，犹太人为什么会对孩子具有这样一种带有神圣感、崇高感的情感。犹太人之所以赋予孩子这样一轮光环，使孩子几近于神圣，那是因为他们清醒地意识到，自己的未来和一切希望都寄托在孩子身上。

从这样一种观念出发，犹太人的家庭成了名副其实的"孩子的王国"。当孩子还没有出世的时候，就已受到家人的特殊照顾。犹太人有一条规矩，怀孕的妇女会受到特殊的照顾，必须让她吃得好。在穷苦的家庭，即使大家都饿着肚子，也不能饿着孕妇。孩子出生后，就成了家庭的中心。家里人就会找孩子交谈，讨论问题，有时甚至还同他们一起嬉闹，这是犹太人采取的一种很特殊的教育方式。这种风格的教育风行于犹太人的各个阶层，他们在培育孩子思考和论说能力的同时，培育出了一颗犹太心灵。这种培育犹太心灵过程中最动人的一幕，就是培养孩子从小拥有一颗善良的心。

犹太人家庭在安息日前夕，孩子的母亲一定会把蜡烛点上，父亲则把手放在孩子们的头上念诵祝福词。犹太人家里都设有捐款的小箱子，在把蜡烛点燃以前，父母会引导孩子往小箱内投硬币，作为捐献。到安息日的下午，富人家的父母不会把钱直接交给穷人，而是让孩子把小箱子里的钱拿出来送给穷人。

犹太人认为，这些做法可以培养孩子的慈善之心，让孩子知道去爱人。

教育孩子要趁早

"决定一个孩子终身的是他的童年"，这是犹太人的谚语，在现实中也是不争的事实。当然，人在这一生当中会碰到许多难以预料的事情，人的一生漫长，充满了各种各样的际遇与偶然性。所有父母都必须面对一个问题，那就是如何将孩子打造成一个对社会有用的人。

有一个命题，在许多民族中有着争议：一个人是天才还是庸才，究竟是取决于天赋还是教育？在犹太社会里，这个命题是没有争议的，他们认为一个普通的孩子只要教育得法，也能成为一个杰出的人。

爱因斯坦是伟大的犹太科学家，在他还是个孩子的时候，并没有非常突出的表现，而且天赋也不算高——4岁开始说话，在小学时因为学习成绩不好，老师曾要求他退学；他的成功，起自于他的家庭中，即他母亲对他的音乐熏陶和他叔父对他进行的数学启蒙，使他的形象思维能力不断得到提高，最终成为一名伟大的科学家。

在很多人的头脑中有这样一种概念，认为孩子天赋很高，就能够取得成功；孩子天赋不高，就不会有所作为，这样就不能去追究父母在教育方面的失职。

许多教育事例都能够很好地说明一点，对孩子的教育开始得越早越好。但是，人们却普遍存在着一种偏见，认为婴儿就如同一张白纸，不具备学习与接受教育的能力；出生不久的婴儿就如同一只小动物，主要的任务是吃饭，而不是学习。事实上，孩子的一个最为重要的学习时期就是从出生到三岁。因为这一个时期，孩子的大脑接受事物的速度和方法最快最直接。

一位犹太教育专家曾说过这样的话："人在刚出生的时候都是一样的，但因为环境，特别是小时候所处的不同环境，有的人可能变成有用之才，而有的人则会平庸一辈子。就算是普通的孩子，只要给他很好的教育，同样也会成为一个了不起的人。"如果所有的孩子受到的教育都一样，那么他们的命运决定于禀赋的多少。

多数犹太教育家认为，婴儿在0~3岁的学习方式与长大后不同，前者是一种无意识学习，即模式学习；后者是意识学习，即主动学习。了解这一点对开发孩子的潜能是非常有价值的。

如何塑造天才，如何发掘天才？最为重要的就是在生活中，在我们的家庭中，尽早把孩子的潜能挖掘出来。

生活中的天才是神秘的，事业上的天才更为神秘，这只是因为很多人不知道天才是怎样出现的。其实天才并不神秘，它离我们并不遥远，每个人都有成为天才的潜能，只是后天的培养方法失当，潜能没有开发出来而已。

科学家研究得出，人天生就有一种特殊的力，它在人体内秘密地潜藏着，表面上是不容易看出的，这就是潜能。

很多人说每个人都有潜能，但人的潜能并不是恒定的、永存的，而是有一个潜能递减规律。

很多犹太教育家都有这样的看法，一个人的事业、社会地位、婚姻和财富，并不取决于某种单一的因素，高智商的人不一定会有所作为，同样，智商不高的人不一定不成功。但可以肯定的是，智商高的人肯定比较自由、快乐，智商低的人肯定不幸福、不快乐，而早教是决定智商高低的一个重要因素。

犹太母亲爱莎说：

"我的孩子出生还不到六周，我就把一些有颜色的东西拿给他看，比如我给他喂奶的奶瓶的颜色就各不相同，这与很多国家永远只用一种颜色的奶瓶是不一样的。我发现这是一件很有意思的事，因为用不同颜色的奶瓶给孩子喂奶，孩子就会爱上某种颜色，当用他所喜欢的颜色的奶瓶喂他奶时，他的食欲总是非常好。两只胖乎乎的小手总是试图把这只奶瓶抱紧。当然，用他不喜欢的颜色的奶瓶给他喂奶时，他就会表现得非常不开心，头会不停地摆动，回避奶瓶嘴或吐出来，有时还会表示他的抗议——皱着眉头。除了奶瓶之外，我还给孩子买了红色的小鼓，用短绳把小鼓拴到他的手腕上，随着手的上下摆动小鼓就会随之发出声音。孩子会感到非常开心。为了让孩子更好地记住这些颜色，我每周给他换一个不同颜色的小鼓。通过这种方式，孩子很快就会把这些颜色记住。在形状上就会对圆的、方的有一个不同的概念。"

另一个犹太母亲海可华丝格说：

"教育孩子的方法很多，可以让孩子拿一些贴有砂纸的纸片和其他光滑的物品，把粗糙、光滑等形容词教给孩子。当然，婴儿拿着这些东西总喜欢往嘴里送，这时，家长要特别留意，不要让孩子养成这种习惯，让他们记住有些东西是不能往嘴里放的。"

一个犹太母亲给出了这样的建议：在给孩子买玩具的时候，一定要注意，年龄小的孩子给他的玩具应该是线条简单而色彩明快的那种。这是这位母亲教育孩子识别颜色的方法，这种办法很快就被大多数犹太母亲所接受。因为犹太人中有一个良好的习惯，她们总是在不断探索教育孩子的方法，以便更好地教育自己的孩子。有了一种好的方法，她们就会毫无保留地传授给他人。她们认为每一个犹太母亲的责任就是教育好自己的孩子，这也是一个母亲所应承担的民族责任。

从爱书开始

犹太人是当今时代全世界公认的最聪明、最富有智慧的人。有人不禁想问：犹太人为什么这么聪明呢？其实，犹太人的聪明和他们的读书是有一定关系的。犹太人从来不焚书，即便是一本攻击自己的书。

不错，每个人的大脑是永远属于自己的。而犹太人让孩子们的大脑充满智慧的办法就是读书，并且让读书成为孩子每天的生活！

古时候犹太人的墓园里常常放有书本，因为"在夜深人静时，死者会出来看书的"。当然，这种做法有一些象征的意义，即生命有结束的时候，求知却永无止境。犹太人家庭还有一个世代相传的传统——书橱要放在床头；要是放在床尾，就会被认为是对书的不敬而被禁止。

书，可以说是浓缩了的人生，孩子们可以在安徒生、格林创造的童话世界里认识坏心的巫婆、狡猾的狐狸、可怜的灰姑娘、白雪公主和七个小矮人……使孩子从中知道人性的善与恶、是与非，也可以和雨果一起探讨《悲惨世界》的命题，和夏洛蒂·勃朗特交流《简·爱》坚持个性的独立，更可以读读意大利亚米契斯《爱的教育》、中国曹文轩的《草房子》、法布尔的《昆虫记》、斯蒂芬·霍金的《时间简史》等书，都可以让孩子变得智慧且富有灵性。正是书籍，把辽阔的空间和漫长的时间浇灌给我们，把一切高贵生命早已飘散的信号传递给我们，把无数的智慧和美好对比着愚昧和丑陋一起呈现给我们。就这样，让孩子在书的世界里流连，在书的世界中陶醉，在书的世界中静听自己成长的拔节声。

当然，读书之人生活并不一定富裕，不过他可能是精神富翁，因为精神上的愉悦往往要比物质来得重要。读书，可以净化孩子们的灵魂，是升华孩子人格的一个非常重要的途径。对于孩子的成长而言，主要任务就是读书。凡是读书多的孩子，一般来说，其视野必然开阔，其精神必然充实，其志向必然高远，其追求必然执着。可以说，一个人的精神发展史，就是这个人的读书史。

犹太人爱书的传统由来已久，深入人心。联合国教科文组织2005年的一次调查表明，在以犹太人为主要人口的以色列，14岁以上的以色列人平均每月读一本书；全国的公共图书馆和大学图书馆1000多所，平均4500人就有一所图书馆。在有450万人口的以色列，办有借书证的就有100万人。在人均拥有图书和出版社及每年人均读书的比例上，以色列超过了世界上任何一个国家，为世界之最。

或许如此，犹太民族才培育出了马克思、爱因斯坦、弗洛伊德、柴门霍夫和门德尔松等许多杰出的科学家、思想家和艺术家，并在历届诺贝尔奖中占有惊人的比例。犹太人以自己的聪明才智，在一半是沙漠的狭窄国土上，神速地建起了中东非产油国家中工业化程度最高和最富裕的国家，创造出世人瞩目的经济奇迹。

那么，犹太人是怎样培养孩子爱书的习惯呢？犹太父母是这样做的：

（1）培养每天晚上全家一起阅读的习惯，全家人静静地坐在一起，阅读一些孩子喜爱的书籍。

（2）还可以给孩子订一份报纸和杂志，并督促孩子自己阅读。

（3）每周拿出一天时间来共同阅读报纸，就关心的话题进行讨论。

（4）每周抽出一两天，用一小时的时间同孩子一起玩，或让孩子参加能促进语言能力发展的棋类运动。

（5）还可以每周都带孩子去一次博物馆、图书馆或历史遗迹馆参观，让孩子在参观中学到知识。

然而，作为父母应该怎样激起孩子的读书欲望呢？犹太父母是这样做的：

首先，给孩子们看的书篇幅不要过长，几页就可以了，因为孩子的注意力只能集中一小段时间。另外，这些书应有较大的插图，细节少。孩子们比较喜欢那些有插图没文字的图书。

要确保书里的文字容易理解。一本书字印得很大，看起来也会简单，但是却有可能包含一些难字，所以事先要把它浏览一遍，看看里面的文字是否能被你的孩子理解接受。

在给孩子读书时，要尽可能把气氛搞得很轻松愉悦，他们就会从中体会到更多乐趣。朗读时，让手指在你读过的字下移动，但不要强迫孩子看这些字或者跟随你的手指读字。鼓励孩子注意图画中的事物或让他们猜测下一步将要发生什么。当他们这样做时，给予表扬。如果孩子要求的话，重复阅读某些书；一本他特别喜爱的书可以反复阅读。孩子是否常常谈到它，或看他有多少回自发地重回头去看他最喜欢的书，这是判断孩子是否对某个问题有兴趣的最好方法。

如果孩子明显地提出他要读书时，父母可以给孩子一些他熟悉喜爱而又能"读"的书，即使他已经记住了书里的文字。以后当他在其他书里看到这些熟悉的词汇时，他就能读懂它们了。给孩子准备一些新书，这些书里的故事最好有一定的反复性，而且再三出现相同的词汇。即使孩子已经能够自己阅读也不要停止读书给他听。有你与他一起度过这段亲密时光，他会从中得到很多快乐。

另外，父母还应该教导孩子爱惜书籍，保持书的整洁、美观，不让他们乱涂乱画。把书放在孩子房间里低矮的书架上以便他们翻阅。

被誉为"20世纪的哥白尼""伟大的自然科学的革新家"的世界著名物理学家、相对论的创立者犹太人爱因斯坦，就非常注意读书方法的选择。他选用"淘金式"读书方法。

那么，爱因斯坦的"淘金式"读书方法具体是怎样的呢？其实，他读书的实质就在于：在所阅读的书本中找出可以把自己引到本质的东西，而放弃使头脑负担过重和会使自己远离要点的一切东西。曾有人问爱因斯坦不锈钢的成分是什么，他建议那个人去查《冶金手册》；有人问爱因斯坦从芝加哥到纽约有多少千米，他说："实在对不起，我记不住那么多，你可以去查《铁路交通》。"爱因斯坦说："我从来不去记辞典上已有的东西。"显然，爱因斯坦有着丰富的阅读经历，但他更乐意去粗取精地把握书本的要点，对一般知识只记住其来源和出处，而把主要精力放在透彻理解重点知识上，放在记忆实质性问题上，放在独立思考和革新创造上，就好像记住了书的目录一样。爱因斯坦说他获得的知识主要是靠自己获得的，热衷于深入理解，但很少背诵。有一次，爱因斯坦读到一本装帧十分精美的几何教科书时，他立刻把书中的精华分条分点地讲了出来。

有人钦佩爱因斯坦的读书本领，于是就向他讨教读书的秘诀。而爱因斯坦只是简单地说："我只是抓住了书的骨头，抛掉了书的皮毛。"如果你的孩子发现读书是一种有趣而且顺利的体验，那你更应当在他心中植入读书的欲望。你应该每天或每周数次念书给孩子听。并形成定时读给他听的习惯。并且选择有趣味性的书给孩子看，比如那些惹人喜爱的有漂亮插图的图书。孩子们喜欢有人物、场景以及他们熟悉的事物的图画和照片。同样，他们也喜欢动物图片。童话故事对孩子们来说是很有魅力的。理论显示它们是有效的工具，可以帮助孩子们在认识世界时免受伤害，并认清现实和虚幻之间的差异。另外，可以给孩子讲一些童话故事，这样还能促进孩子们的抽象思维和创造性思维能力。

曾有位哲人说："一本书浓缩了一个人的一生。"事实上就是这样，做父母的，要让自己的孩子爱书并且喜欢读书，让智慧永远伴随他。

教育孩子坦然地生活

《塔木德》中说：别那么垂头丧气地折磨自己。快乐使人长寿，使生活有意义。知足常乐，别总是忧心忡忡的。忧愁对人没有什么好处，它毁了好多的人，会使人未老先衰。嫉妒和愤怒也将缩短你的寿命，性格开朗的人食欲旺盛，吃什么都合口。

让孩子坦然地面对生活，父母就要帮助孩子改掉喜怒无常的坏毛病。

许多孩子都有喜怒无常的毛病，纵然他们在学习上是一个优秀的孩子，可情绪极为不稳定，不能长久地保持良好情绪，变化快，高兴时欣喜若狂，愤怒时怒发冲冠，激动时行为激烈，伤心时悲痛欲绝；情绪刻板，缺乏弹性，不能根据一定的事件、环境和对象表现出相应的情绪。孩子之所以会这样，是因为孩子想吸引大人的注意，以及父母对孩子的过度关注所引起的。

比如生活中孩子伤心时，父母赶紧安慰，哭叫时父母立即迁就，激动时马上观看，犯错误时马上惩罚。在遇上这样问题的时候，关键是减少对孩子不良行为举止的过分关注，当孩子出现这类行为时，父母装作什么都没有看见，做到视而不见，听而不闻，或者是用其他方法来转移他的注意力，这样就会使孩子的情绪逐渐平稳下来。

犹太母亲蕊切曾这样讲她的孩子：

我的孩子是全班中成绩最好的学生，每次总是考在前三名，可就是脾气太大。邻居家的孩子想玩一下他的玩具，他哭着一定得要回来，怕他们搞坏了自己的玩具；遇上他所喜欢的孩子来了，他就高兴得在地上打滚，手舞足蹈，以此来表达自己的兴奋之情；如果他所喜欢的孩子要走，他就痛苦得哽咽不止……

上面这位犹太母亲所讲的事例是典型喜怒无常的孩子。当然，有些孩子的自尊心很强，性格倔强，不容易妥协，不肯认错，特别是到了两三岁时，有了一些自己的思考，有了自己的想法与爱好，这种现象表现得就更为明显了。

孩子闹情绪的时候，要给孩子一点调整情绪的时间，让他有改正错误的心理准备，知道下一步怎么办，这样他就比较容易接受安排。做父母的也不要太在意自己的尊严，不能在孩子触犯自己的尊严时表现得特别激动，否则就会使气氛难以控制，彼此的情绪波动太大，解决矛盾就更难了。

教孩子从小就具有忍耐力

犹太教育家彼尼德罗认为对孩子进行适当的忍耐训练，是培养孩子专心致志的最好的方法。

犹太父亲朱赫尼恩曾试用这种训练方法，他说他的孩子只爱看电视和玩游戏，对书本根本不感兴趣，他说："一天，我拿了一个沙漏，告诉孩子说这是一个古代的计时器，也就是古代的钟表，里面的沙子全部都漏下去时，正好是三分钟。我的孩子很想玩玩这个计时器。我就对他说，以沙漏为计时器，和爸爸一起看书，每次三分钟为限。孩子听到我这个建议很是高兴地答应了。他果然静静地坐下来听我给他讲故事。但事实上他根本没有留意看书，而是一直在看着那个沙漏，三分钟一到，他便跑出去玩。

"我没有气馁，我决定多试几次。

"这样数次之后，孩子的视线渐渐由沙漏转移到了故事书上。虽说是三分钟，但三分钟之后，因为故事情节吸引人，他听得特别入神，他便要求延长时间，但我坚持'三分钟'的约定，不肯继续讲下去。孩子为了早一点知道故事情节，就自己主动阅读了。"

从上面这个例子中，这位父亲就是用了一种循序渐进的训练，对孩子进行了潜移默化的教育。实际上是通过孩子感兴趣的东西，让孩子的注意力在一定时间内专注于某一对象，时间一久，孩子就形成习惯，同时也提高了孩子的注意力与自制力。

犹太教育家们认为三分钟正好适合孩子注意力的特点，三分钟之后立即打住，既使孩子觉得父母守信，同时也利于孩子的好奇心，引发了孩子主动学习的动力。当然，父母要有耐心和恒心，不要试了一两次之后觉得没有效果就自动放弃，这样是十分可惜的。其实培养孩子的耐心的同时，也是考验父母耐心的时候。

从小就对孩子进行理财教育

《塔木德》中说：在这个世界上，没有什么比贫穷更糟糕的事了——它是一切痛苦中最可怕的。

犹太人给孩子讲理财之道，是他们对儿童少年教育的一个热门的话题。他们坚持对孩子进行理财教育，在教育中注意针对儿童少年的身心特点，按不同阶段，由浅入深，培养理财观念，学会挣钱和节俭。

犹太孩子理财教育主要是通过学校、家庭、社会三个途径来进行，要求孩子达到这样的目标：

（1）孩子3岁时，能够辨认硬币和美元纸币。

（2）孩子4岁时，知道每枚硬币是多少美分，认识到我们无法把商品买光，因此必须做出选择。

（3）孩子5岁时，知道基本硬币的等价物，知道钱是怎么来的。

（4）孩子7岁时，知道找数目不大的钱，能够数大量的硬币。

（5）孩子8岁时，能够通过做额外工作赚钱，知道把钱存进储蓄账户中。

（6）孩子9岁时，能够制订简单的一周开销计划，购物时知道比较价格。

（7）孩子10岁时，懂得每周节省一点钱，以备大笔开销使用。

（8）孩子12岁时，能够制订两周开支计划，懂得正确使用银行业务中的术语。

犹太人认为对孩子这样的教育是百利而无一害的，因为不让孩子从小掌握理财知识与投资事务，就会被生活所抛弃。

一位犹太拉比说：关键不是你能够挣到多少钱，而是你能留下多少钱，你能让钱怎样努力地为你工作——就是理财。

好孩子好品性

一个人能够取得很大的成就，很大程度上取决于一个人的高尚品格。犹太父母除了教育孩子热爱学习，掌握知识，拥有智慧外，还给孩子讲品德的重要性，鼓励孩子从小就做一个品德高尚的人，乐观坚强，实事求是。事实上，所有取得巨大成就的人都具有高尚的道德情怀。犹太父母还经常给孩子们讲述一些各国成大器者高尚的道德情操，以及给孩子们讲一些犹太人亲身经历的故事，从而培养孩子的道德品格。

犹太父母在教育自己的孩子时，也经常会借鉴一些居里夫人教育孩子的方法：

居里夫人虽然一生都忙于科研工作，但是她也非常善于抓紧时间对子女进行教育。在丈夫皮埃尔·居里去世以后，就由居里夫人一个人担起抚养孩子的重担。当时她得的补贴一部分给了科研，可以说，经济上非常紧张。当时她手里有价值100万法郎的镭，但她从来没有想过把它卖掉换钱。居里夫人认为，不论今后的生活多困难，也绝对不能卖掉科研成果。居里夫人毅然将镭无偿献给了实验室，把它用于研究工作。后来她带着两个女儿赴美国接受总统赠送给她的一克镭时，当时，居里夫人告诫女儿说："镭是属于科学所有，不属于个人。"

在教育自己的子女时，居里夫人总是以身作则，让孩子从小养成勤俭朴素、不贪图荣华富贵的思想。在第一次世界大战期间，居里夫人再一次做出一项重大的决定：将她所获得的诺贝尔奖奖金献给法国政府，用于战时动员。与此同时，居里夫人还带着女儿伊雷娜亲自上前线用X光机为士兵服务，并帮助检查伤病员。当战争结束时，法国政府为表彰伊雷娜所做的贡献，向她颁发了一枚勋章，这对年轻的姑娘来说，无疑是巨大的荣誉，同时这也让居里夫人得以宽慰。孩子们在居里夫人的教育下成长起来，特别是伊雷娜在战时的经历，使她思想变得更为成熟，道德行为变得更加高尚。

正是居里夫人的正确教育,才使她的孩子成了对社会有用的人才。伊雷娜夫妇不仅继承了居里夫妇的科学事业,也继承并发扬了她的崇高品德。在1940年,他们把建造原子反应堆的专利权无偿捐赠给国家科学研究中心。

那么,该怎样培养孩子的品德呢?犹太人把所推崇的居里夫人的品德教育方法,总结起来包括以下四方面:

第一,教育孩子们热爱祖国。居里夫人除了教孩子们波兰语外,她还以自己致力于祖国科学发展和帮助波兰留学生的行动感染伊雷娜和艾芙。更特别的是,母亲以祖国波兰来命名首次发现的新元素"钋",表现了她浓浓的赤子之情。

第二,培养她们勇敢、乐观、坚强、克服困难的品格。居里夫人经常告诫她的两个女儿:"我们必须有恒心,尤其要有自信心。"

第三,培养她们重实际、不要空想的作风。居里夫人与女儿共勉道:"我们不应该虚度此生。"

第四,培养她们节俭朴实的品德。居里夫人对自己女儿的爱,表现出的是一种有理智的爱,一种有节制的爱,她对女儿生活上严加管束,要求她们"俭以养志"。她教育女儿说:"贫困虽然不方便,但过富也未必是一件好事。最重要的是依靠自己的力量谋求生活。"

综上,重视对孩子的品德教育,不妨从孩子懂事的时候起,就开始给他们讲述从古到今的各种劝人行善的故事,讴歌仁爱、友情、度量、勇气、牺牲的篇章,教育孩子要从小对人有礼貌,从而把孩子培养成为品德高尚的人。

怎样惩罚孩子

赏识是教育孩子的一种有力手段之一,对孩子的奖励是孩子成长过程中不可缺少的一种教育方法,它不仅是对孩子成功的一种认可,也是孩子成长过程中必不可少的一种激励因素。可以说它是一种外在的动力。但是从某种意义上来说,孩子是不能长期生长在周围人的夸奖之中的。俗话说:"人非圣贤,孰能无过""人无完人，金无足赤"。因此，当面对孩子身上的缺点或者错误的时候，家长还要进行适当的批评，合理的惩罚。

犹太人认为，孩子如果犯了错，那家长就有必要对其进行管教，管教就是训练孩子的为人做事。因为一个人既然已经生存在这个社会之中，那么他就要学会尊重社会对他的要求并去适应这个社会。只有经过父母的管教训练以后，孩子才能知道怎样才能适应和面对社会。心理学家吉尔斯特别强调说："管教的目的不只是局限孩子的自由，而是在最大限度内保障他的自由。"这是管教意义的真正所在。

虽然孩子需要成长的自由，但是如果太过分自由的话，便成了无所适从。作为家长，如果不想限制孩子哪一方面的自由，那么孩子就不能够充分的领会到他的自由。所以，没有管教，孩子就没有办法生存，即便是能生存下来，那也只能是一个社会的破坏者。

惩罚是管教孩子的一个重要手段。苏联教育家马卡连柯说过：对孩子合理的惩罚制度不仅是合法的，而且还是必要的，这种合理的惩罚制度有助于形成孩子的坚强性格，而且还能培养孩子的责任感，能锻炼孩子的意志和人格，能培养孩子抵抗和战胜引诱的能力。换句话讲，对孩子的教育不能没有惩罚，而且适当的惩罚也是有教育作用的。当然，这里所说的惩罚并不是体罚，也不是伤害，更不是对孩子实行心理虐待与歧视，让孩子觉得难堪，打击他的自信心。惩罚不但要因人而异，并且还要做到合理适度，让孩子在惩罚过程中得到教训、学到知识。

那么，怎样惩罚孩子才算合理适度呢？惩罚的方式有很多种，比如瞪孩子一眼，或者是简单的一句话对某些孩子来说都是惩罚。但是，对有些孩子来说，父母必须责骂或打屁股才会生效，这也是要因人而异的。一般惩罚分为：申斥、取消孩子的某一项权利、体罚，等等。

阻止孩子重犯某个过错是惩罚的最大的作用。以下是几项关于惩罚的准则，家长要尽力遵守：

（1）犯错就要受到处罚。

（2）把要求对孩子讲清楚。

（3）在惩罚之前，先对孩子警告，警告就会让孩子警惕：他必须改正自己的行为，否则就会受惩罚。

（4）惩罚的开始与结束要明确，不要让家中一整天都充满激愤气息，惩罚完毕，一切便算过去。

（5）犯错后立刻惩罚。

（6）在惩罚前一定要向孩子解释一遍惩罚他的原因，否则孩子便不懂他为什么受罚。

（7）言出必行。假如孩子犯错前警告过他，那么，在他犯错后，一定要实行你的惩罚诺言。如果你不处罚他，以后便会难以下达命令，即便是事后惩罚，也起不到任何作用。

还有最重要的一点是，家长一定要尽量避免体罚孩子，体罚的错误在于，它不仅教给孩子处理恼怒的错误方法，而且还教给孩子亲自品尝弱肉强食的滋味。这对孩子的健康成长非常不利。只有当孩子掌握了正确的发泄惭愧和怒气的方法，当父母学会了制定和执行规矩的更好方法时，惩罚才能变成一种更具有意义和效果的惩罚。

惩罚是在一个人、一个儿童，做了和社会准则相违背的事情，而家长希望他改正时使用的教育手段。一般来说，如果对幼儿用轻一点的惩罚手段就能够使他改正错误，那么，犹太人就不会用较重的惩罚手段。还有一点就是，犹太人无论什么时候都不会对孩子进行体罚或者是变相体罚。

为了使对孩子的惩罚更有效果，犹太人认为，一定要处理好以下几个细节：

（1）要弄清情况。惩罚孩子都是在孩子做了一件错事或者是违背了某种规定的事情以后所采用的。那么，要惩罚孩子，必须先了解他们做了什么错事、违反了什么规定，这样的话才能够更清楚地知道为什么会犯这个错误、为什么会违背这个规定。比如说一个孩子帮助家人收拾碗筷，因为油腻碗滑，不小心打破了好几只碗；而另一个孩子是因为偷吃了不允许多吃的果酱而打破了一只碗。虽然都做错了事，表面上看来前一个小朋友的错误似乎更大一些，但是如果弄清楚情况以后，就会发现后一个小朋友的错误是更大的。此时，你就要采用一种比较切合实际的惩罚手段来对孩子进行惩罚，这样，孩子不仅能够心服口服，而且也达到了教育孩子的目的。

（2）要及时地处理。由于孩子的记忆力是短暂的，他们对在激情中发生的事，或在漫不经心的心态下做的事往往在过了之后就会忘记，因此家长一定要及时地处理。如果孩子在一天内做了两三件错事，比如在激情中跟小朋友起哄打了一个小朋友；在大街上吃香蕉，顺手把香蕉皮扔到马路边；故意在水沟里走，把鞋和袜子都弄脏弄湿等。这样，应一件件事分开来处理，有些要重罚一点，有些只要说两句就行了，千万不要到了晚上因为心情不好来个一二三细数，此时孩子已经对很多事情忘记了，而且对做出的惩罚的分寸又不知与哪一件错事相当，这样的教育方式不好。有时还会出现这种情况：母亲自己觉得惩罚孩子"不忍心"，于是就把"坏事"推给了父亲，她会这样对孩子说："等你爸爸回来好好收拾你。"这种做法是不对的，因为这样一来，问题不但得不到及时的处理，而且还会降低自己在孩子面前的威信，并且，这种做法也是人为的破坏父子间的感情。

（3）要宽容真诚。由于孩子年龄小，因此他们对事情的对错有时很难判断，而且还会因情绪易波动，或受其他儿童的影响，偶尔做出不符合社会准则的事情，比如说：在公共场所与一些儿童一起，大声喧哗；又随手拿起商柜上摆的玩具来玩，他们这时并没有意识到自己的这种行为是错误的，或者是他们一时控制不住自己的感情。这个时候家长就要学会宽容，学会以真诚来相待，还要告诉他这样做是不对的，稍稍说几句就可以了，千万不要故意虚张、夸大问题、用刺激的字眼（如捣乱、偷等），改变问题的性质。这样做，孩子可能就会变成一个谨小慎微的人，或者他还会说谎，以此来求得安宁，这样的次数如果多了，对父母和孩子之间的关系会有不利的影响。

（4）要简化说理。在惩罚孩子之前要进行说理，不过，在这个时候说理要就事论事，一定要讲一些能够让孩子理解的话语，切忌抽象地讲大道理，愈简洁明了愈好。有些家长在数落孩子时，滔滔不绝，反复唠叨，殊不知，这样只会使孩子愈听愈糊涂，愈听愈不耐烦，最终产生逆反心理，索性不听、不改了。所以说，有经验的父母往往只把为什么犯了这个错误要惩罚的道理讲一遍，然后，指导孩子应该怎么做。

（5）要先有预告。对那些有不良行为的出现可以预知时，可以先给孩子一些信号作为"要惩罚了"的前奏，这样做，会减少很多不良行为。比如说：吃饭以前要洗手，这是家规，这个孩子一般能主动执行，可是有一次孩子正在出神地玩着一个刚买回来的电动汽车，妈妈几次叫他洗手吃饭，他置若罔闻，仍在玩着这辆汽车。这时，妈妈可以叫住他，对他说："我现在开始数数，从1数到10，你一定要放下手里的汽车，去洗手吃饭，妈妈等着你，好吗？"孩子往往会放下手里的玩具，还没数到10，就到洗脸池边上去洗手了。这时从1到10的数数就是一种预告了。父母提前的预告，孩子就会觉得是尊重他的，而且这也是在预告后的短暂时刻让他调整一下自己的行为，从而可以避免孩子犯错误。

（6）要个别处理。个别处理是指，在孩子做了错事以后，家长要和他进行个别谈话，或者是进行个别的处罚。这样做的主要原因是保护孩子的自尊心。儿童心理学家曾说过，两岁的孩子已有明确的自我意识了，有了自我，渐渐地就有了自尊心。有些家长不注意，往往喜欢当着其他小朋友的面数落孩子，甚至还将他和其他被认为是好孩子的小朋友比较，这样做，会让孩子的自尊心受到很大伤害，有的时候他们还会离群独处，有时还会出现攻击的行为，以致对孩子的教育出现负面作用。

（7）错罚相当。错罚相当指的是：一个孩子犯了多大的错，就要受到多大的罚，绝对不可以轻错重罚，而且还要避免重错轻罚。家长要掌握好惩罚的"度"。越是年龄小的孩子，惩罚应越轻。有时，家长不是按孩子的年龄，也不是按错误的程度，而是按自己当时、当日的情绪来处理孩子的不良行为。有时孩子的问题明明不大，但家长今天心情不好，就劈头盖脸地把孩子打一顿；有时孩子把邻居小朋友打出了血，邻居找来了，恰巧家长今天工作很顺心，还受到领导的表扬，孩子出现了这样的错误，也只是轻描淡写地叫他以后注意一点即可，事实上，这样的做法很不好。如果罚、错不相当，孩子也就不能分清是非，事后也就很难改正错误。

（8）要重奖改正。奖励与惩罚都是教育孩子不可缺少的重要手段。奖励用在促使被奖励的行为在类似的情况中再度出现。比如一个儿童看见一个小朋友跌倒了，赶忙去扶他起来，家长奖励了他。当他再见小朋友跌倒时，他还会这样做。惩罚用在使被惩罚的行为在类似的情况中不再出现。比如一个儿童在公共场合大声喧哗，家长批评了他，第二次他又在公共场所，但没有大声喧哗，他改正了错误。相对来说受到奖励而再做类似的行为，比受到批评不再做类似的行为要容易得多，因为这对儿童来说，抑制比兴奋困难。因此，对儿童的好行为家长一定要进行奖励，而且如果是他改正了不良的行为，那么他更应该受到重奖。这种鲜明的奖罚对比，更能够使儿童认清对与错，达到教育的目的。

总之，对孩子进行教育是一门关于爱的艺术，它与管束是分不开的，并且既不能光靠苍白无力的说教，也不能异化成为扭曲的暴力教育。

犹太人提醒每位家长：可以通过合理的批评和惩罚手段来达到警醒孩子的目的，以此帮助他们克服自己的缺点，改正自己的过错。

第16辑 犹太人的自我观

①每时每刻都要善待自己。
②超越别人的人,不能算真正的超越;超越从前的自己,才是真正的超越。
③幽默的人是拥有智慧的人。

——《塔木德》

财产越多,好梦越少;妻子越多,安宁越少;女仆越多,贞洁越少;男仆越多,治安越乱。

《塔木德》告诉世人,人要认识自己,超越自己,重塑自己,善待自己。

善待自己

要享受自己的生活，这样才是有意义的人生。犹太人不赞成过分节俭。《塔木德》说："当富人没有机会买东西的时候，他会自认为是个贫穷的人。"

犹太人认为，即使追求神圣的精神生活也不应该让自己贫困。信仰上帝和追求享受是可以相提并论的。他们认为自己追求精神的崇高，也应该追求世俗生活的幸福。一味追求精神生活而忽略物质上的舒适是不可取的。

因此，犹太人对自己的生活要求有一种很高的品位。他们喜欢豪华的居所、精美的食物和名贵的车辆，因为这样才配得上自己所赚取的财富和自己高贵的地位。犹太人的节俭精神与他们享受生活并不矛盾。犹太人认识到赚取财富是为了更好地生活。他们在日常生活中，也买自己喜欢的东西，并愿意为这样的昂贵的物品付出代价。在纽约这样的大城市，经常可以在晚上看到在装饰豪华的中国餐馆或意大利餐厅，坐着颇有绅士风度的犹太人，他们和家人、朋友一边吃着精美的食品，一边亲密地交谈，那惬意的神态让人羡慕不已。他们毫不吝啬地把白天赚来的钱花出去，通常可以为了一顿精美的晚餐而一掷千金——为了享受他们是愿意花钱的。

犹太人说，人生就是为了吃饭而活着，要好好地享受吃饭的乐趣。他们还说，喷香的饭菜是上帝赐给自己的礼物，一定要好好享受。他们把吃饭当作是一种高级的享受。

犹太人享用晚餐的时间长达两个小时。在尽情享用美食的同时，他们还会聊很多话题，例如娱乐、名胜古迹、花卉、动物等，但此时，他们绝不会谈到战争、宗教和工作。战争和宗教的话题，常常会勾起他们被迫害的痛苦回忆，破坏融洽的气氛；谈工作，则会影响就餐的情绪。总之，犹太人在吃饭时，一定是放松心情，慢慢地吃，把人生和工作的烦恼统统抛诸脑后。

岂止吃饭时间不谈工作，虔诚的犹太商人每周同样要过那整整24小时不谈工作甚至不想工作的安息日！因为犹太人是世界上最谙熟"平常心即智慧心"的民族。

犹太人从周五日落到周六日落的时间是休息日，这是《圣经》上规定的休息日，《圣经·创世纪》上说，神造物用了6天时间，所以到了第七天就要停止一切工作。神赐福给第七日，意为圣日，在这一天，绝对不能从事工作，因为神停止了它的一切的工作，就安息了。

这段时间犹太人禁烟、禁酒、禁欲。他们将一切杂念都抛到九霄云外，一心一意地休息和祈祷。事实上他们正是在运用这段时间养精蓄锐，准备投入下一场生意的搏斗。星期六的晚上，犹太人则开始尽情享受，过一个开心的周末，以一种动态的休息方式来排遣工作压力。这种动静兼顾的适度休息，保证了犹太商人在下一周有充沛的体能和精力去投入新一轮的商业拼杀。

有人这样问一个犹太富翁：

"你们工作一小时可赚钱50美元以上，如果每天休息一小时，一月就少赚1500美元，一年少赚1.8万美元以上，这值得吗？"

犹太人算得更快：

"假如一天工作8小时不休息，一天可赚400美元，那我的寿命将减少5年，按每年收入12万元计算，5年我将减少60万美元收入，假如我每天休息一小时，那我虽然损失每天1小时50美元，但将得到5年每天7小时工作所赚的钱，现在我60岁，假设我按时休息可活10年，那么我将损失15万美元，15万和60万谁大呢？"

犹太人明白休息的意义，一张弓如果一直绷着，即使是钢做的，也会失去弹力。同样，不管大脑多么聪慧，长时间地紧张、过度疲劳地思考，就会开始麻木。犹太人就是用八分的紧张和二分的松弛来保持最佳的工作状态。

根据犹太律法，休息日的活动范围原则上是从街口起1千米，当然，这个规则在现在犹太人当中已经没有什么约束力了。但是，作为一个思考方式，即以不疲劳为限，还是得到了广泛的认同。

休息的目的就是缓解一周工作的疲劳，恢复原有精力。有的人利用周末休息的时间来工作，这种做法实在是本末倒置。要进行生产和创造性的活动，本来就应该学会养精蓄锐。

如果说犹太人在休息日什么也不干，也不尽然。他们只是在这一天停止一切的商业活动。从另一层意思上讲，休息日也是劳动日，就是说使用大脑的劳动。他们早上8点就出去做礼拜，一直到中午。他们用希伯来语诵读祈祷文，倾听《圣经》的教诲。拉比们会讲述那些平时接触不到的深邃思想，让人们心智一片光明。回到家后，犹太人一家其乐融融地吃过午饭，很快就午睡了。4点左右，他们会在自家或是犹太教堂和朋友或是拉比们一起交流，研究《塔木德》和《圣经》。

享受休息，善待自己。犹太人认为，活着就是为了享受，应该在条件容许的情况下尽量善待自己。

一位住在芝加哥的犹太人已经70岁了，却要买一套很豪华的公寓，别人觉得很奇怪，问他："你年纪这么大，估计也就只有几年的寿命了，还要这么大的房子干什么？"

这位犹太人反问道："难道只有几年就不可以享受了吗？"

来看看洛克菲勒的教训吧：

洛克菲勒在33岁时第一次赚到了100万美元。43岁时，他建立了世界上前所未有的最大垄断企业"标准石油公司"。但他在53岁时又怎么样呢？烦恼和高度紧张的生活已经破坏了他的健康，他的头发全部掉光，甚至连眼睫毛也一样，"看起来像个木乃伊"。

根据医生们的说法，他患的病是"脱毛症"。这种病通常是由过度紧张引起的。他的头部光秃秃的，模样很古怪，使他不得不戴上帽子。后来，他定制了一些假发每顶500美元。从此他就一直戴着这些假发。

做不完的工作，无穷的烦恼，长期的不良生活习惯，经常失眠以及缺乏运动和休息，已夺去他的健康，使他挺不起腰来。

洛克菲勒早在23岁的时候就全心全意追求他的目标。当他做成一笔生意，赚到一大笔钱时，他就高兴得把帽子摔在地上，痛痛快快地跳起舞来。但如果失败了，那他也随之病倒。

"缺乏幽默感和安全感"，这是洛克菲勒一生的特征。他说："每天晚上，我一定要先提醒自己，我的成功也许只是暂时性的，然后才躺下来睡觉。"

他手上已有数百万美元可以任意支配，但他仍然担心失去一切财富。他没有时间游玩或娱乐,从未上过戏院,从没玩过纸牌,从来不参加宴会。诚如马克·汉纳所说:"在别的事务上他很正常,独独为金钱而疯狂。"

这些就是洛克菲勒前半生生活的真实写照。他为了金钱,为了事业,将自己彻底地搞垮了。美国一个著名企业家福特说过:"只知工作而不知休息的人,就像没有刹车的汽车,极为危险。"

53岁以前他一直沉溺于不择手段地赚钱,使得他的身体每况愈下。最终洛克菲勒选择了从事业上退休。他学习打高尔夫球、整理庭院、和邻居聊天、打牌、唱歌。总之,他是彻底地休息,开始善待自己。

甚至于后来洛克菲勒在吃饭的时候从不谈工作,只是尽情地享用他的美食。这种良好的习惯,让他在90高龄的时候还能精力充沛地工作。洛克菲勒既是当时世界上最为富有的人,也是所有商业大亨中最为高寿的一位。

我们不难看出犹太民族是一个多么会享受的民族。他们注重吃喝的享受,吃得好,身体自然就健康。善待自己,就要善待自己的身体。

节制

有一艘船在航行途中遇到了强烈的暴风雨,偏离了航向。

到次日早晨,风平浪静了,人们发现前面不远处有一个美丽的岛屿。船便驶进海湾,抛下锚,做短暂的休息。

从甲板上望去,岛上鲜花盛开,树上挂满了令人垂涎的果子,一大片美丽的绿荫,还可以听见小鸟动听的歌声。

于是,船上的旅客分成五组。

第一组旅客因担心正好出现顺风而错过起航时机,便不管岛上如何美丽,静候在船上;

第二组旅客急急忙忙登上小岛,走马观花地浏览了一遍盛景,立刻回来;

第三组旅客也上岛游玩,但由于停留时间过长,在刚好吹起顺风时急忙赶回，丢三落四，好不容易占下座位；

第四组旅客一边游玩，一边观察船帆是否扬起，而且认为船长不会丢下他们把船开走，故而一直停留在岛上，直到起锚时才慌忙爬上船来，许多人为此而受了伤；

第五组旅客留恋于美丽的风光，留在岛上。结果，有的被猛兽吃掉，有的误食毒果生病而死。

犹太人认为，第一组对人生的快乐一点也不体会，人生缺少乐趣；第三组、第四组人由于过于贪恋和匆忙，吃了很大苦头；第五组最不理解；只有第二组人既享受了少许快乐，又没有忘记自己的使命，这是最贤明的一组。

他们觉得享受人生乐趣是人类的特权和义务：漂亮的衣物、漂亮的家、贤惠的妻子、聪明的儿子，这会使人心情愉快，工作中也是力量倍增。所以，拉比们把发誓不喝酒的人认为是"罪人"和"傻瓜"。

但拉比们在对酒的态度上也体现了犹太人那种掌握适度的分寸感，故而他们也认为，酒这种东西最忌过度，一喝多了，麻烦就来了。"只要不沉溺于酒杯，就不会犯罪。"想一想生活当中那些因烂醉如泥而丢尽脸面的人，更觉犹太人的态度非常有道理。

当然，完全放弃享受，一味地拼命工作也不应提倡。所以，犹太人推崇真实，顺其自然，即使有不好的念头，但只要不去做就是高尚的人。这才是真正的、有血有肉的人，而不是不食人间烟火的"神"。

犹太人认为，不但要承受遭遇到的困难，还要让自己享受生活中的快乐。先贤们为幸福而感激的时候从不犹豫，鼓励人们从拥有的一切事物中寻找幸福。

享受是一贯的，节制也是必需的。犹太人善于把自我满足和自我约束结合起来，这正是他们的生活方式值得学习的地方。

躬行

"自己的事情一定要亲自去做。哪怕你完成得没有别人好，那终归也是你自己的劳动成果。只有一次一次的不好，才能换来以后的完善。如果总是依赖别人，那么你的一生将始终与贫穷和低声下气为伴。"犹太人常常这样教育孩子。在他们看来，孩子有了自己的能力和地位后，与家人和社会的沟通才会变得更容易，才更能适应周围环境的变化。

有一个犹太商人有两个儿子。父亲宠爱大儿子，他想把自己的全部财产都留给他。但是母亲很可怜小儿子，她请求丈夫先不要宣布分财产的事。她总想找个办法让两个儿子分得平均一些。商人听从了妻子的劝告，暂时没有宣布分财产的决定。

有一天，母亲坐在窗前哭泣，拉比看见了，就走上前来问她为什么哭得这么伤心。她说："我怎么能不伤心呢？对我来说，两个儿子都一样亲，可是我的丈夫却想把全部财产留给大儿子，而小儿子什么也得不到。在我还没想出帮助小儿子的办法以前，我请求丈夫先不要向儿子们宣布他的决定。但是我到现在也不知道怎样才能解决这个烦恼。"拉比说："你的烦恼其实很容易解决。你只管让丈夫向两个儿子宣布，大儿子将得到全部财产，小儿子什么也得不到。但以后他们将各得其所。"果然，小儿子一听说自己什么也得不到，就离开家到耶路撒冷去谋生了。他在那里学会了许多手艺，增长了知识。而大儿子一直依赖父亲生活，什么也不学，因为他知道，他是富有的。父亲去世后，大儿子什么都不会干，最后把自己所有的财产都花光了；而小儿子却在外面学会了挣钱的本事，变得富裕起来。

实际上，在不少发达国家，对在校学习的孩子要求也是非常"苛刻"的。在日本，许多学生利用课余时间，在饭店端盘子、洗碗、做家教，在商店售货或照顾老人等，以此挣钱交学费及零用。美国人一贯教育孩子自主自立，七八岁的小孩就成了"小商人"，出售他们的"商品"来挣零用钱。美国中学生有个口号：

"要花钱自己挣。"每逢假期,他们就成了打工族,自食其力。

现代家庭里的孩子大多是独生子女,物质生活相对优越,许多事情都由大人一手包办,衣来伸手,饭来张口,孩子在这样的环境中免不了失去独立生活的能力。这对以后孩子参与社会竞争是十分不利的。为人父母者要从小就培养孩子的独立能力。家长应该让孩子成长为一棵独立支撑、独当一面的大树,而不是靠大树遮风挡雨的、经不起风吹雨打的脆弱小草。

犹太父母认为,再富也不能富孩子。让孩子吃点苦,有"台阶"让他自己爬。只有这样,孩子才能"一鼓作气",攀上光辉的顶点。

自我鼓励

孩子需要鼓励,大人也需要鼓励;他人需要鼓励,自己也需要鼓励。什么是鼓励?鼓励就是通过特定的奖赏对人对己的再理解和再认同。

在纽约的北郊住着一个名叫艾米丽的女孩,她整日自怨自艾,认定自己的理想永远实现不了,她的理想也是每一位妙龄女郎的理想:和一位潇洒的白马王子结婚、白头偕老。艾米丽总以为别人都有这种幸福,自己却永远被幸福拒之于千里之外。

一个雨天的下午,不幸的艾米丽去找一位有名的犹太心理学家,因为据说他能解除所有人的痛苦。她被让进了心理学家的办公室,握手的时候,她冰凉的手让心理学家的心都颤抖了。他打量着这个忧郁的女孩,她的眼神呆滞而绝望,讲话的声音像是来自于墓地。她的整个身心都好像在对心理学家哭泣着:"我已经没有指望了!我是世界上最不幸的女人!"

心理学家请艾米丽坐下,跟她谈话,心里渐渐有了底。最后对她说:"艾米丽,我会有办法的,但你得按我说的去做。"他要艾米丽去买一套新衣服,再去修整一下自己的头发,他要艾米丽打扮得漂漂亮亮的,对她说星期二他家有个晚会,他要请她来参加。

艾米丽还是一脸闷闷不乐，对心理学家说："就是参加晚会我也不会快乐。谁需要我，我能做什么呢？"心理学家告诉她："你要做的事很简单，你的任务就是帮助我照料客人，代表我欢迎他们，向他们致以最亲切的问候。"

星期二这天，艾米丽应约来到了晚会上。她按照心理学家的吩咐尽职尽责，一会儿和客人打招呼，一会儿帮客人端饮料，一会儿给客人开窗户，她在客人间穿梭不息，来回奔走，始终在帮助别人，完全忘记了自己。她眼神活泼，笑容可掬，成了晚会上的一道彩虹。散会时，同时有三位男士自告奋勇要送她回家。

一个星期又一个星期，一个月又一个月，这三位男士热烈地追求着艾米丽，艾米丽终于选中了其中的一位，让他给自己戴上了订婚戒指。不久，在婚礼上，有人对这位心理学家说："你创造了奇迹。""不，"心理学家说，"是她自己为自己创造了奇迹。人不能总想着自己、怜惜自己，而应该想着别人、体恤别人。艾米丽懂得了这个道理，所以变了。所有的女人都能拥有这个奇迹，只要你想，你就能让自己变得美丽。"

心理补偿

现在，心理失衡的现象在生活中时有发生。消极情绪占据内心的一部分，而由于惯性的作用使这部分越来越沉重、越来越狭窄；而未被占据的那部分却越来越空、越来越轻。因而心理明显分裂成两个部分，沉者压抑，轻者浮躁，使人出现暴戾、轻率、偏颇和愚蠢等难以自抑的行为。这虽然是心理积累的能量在自然宣泄，但是它的行为却具有破坏性。

这时我们需要的是"心理补偿"。犹太人很善于调节心理的失衡状态，通过心理补偿恢复平衡，甚至增加建设性的心理能量。

有人打了一个颇为形象的比方：人好似一架天平，左边是心理补偿功能，右边是消极情绪和心理压力。你能在多大程度上加重补偿功能的砝码而达到心理平衡，你就在多大程度上拥有了时间和精力去从事那些有待你完成的任务，并有充分的乐趣去享受人生。

那么，应该如何去加重心理补偿的砝码呢？

要有正确的自我评价。情绪是伴随着人的自我评价与需求满足状态而变化的。所以，人要学会随时正确评价自己。有的青少年就是由于自我评价得不到肯定，某些需求得不到满足，此时未能进行必要的反思，调整自我与客观之间的距离，因而心境始终处于郁闷或怨恨状态，甚至悲观厌世，最后走上绝路。由此可见人一定要正确估量自己，对事情的期望值不能过分高于现实值。当某些期望不能得到满足时，要善于劝慰和说服自己。不要害怕，没有遗憾的生活是平淡而缺少活力的生活。遗憾是生活中的"添加剂"，它为生活增添了改变与追求的动力，使人不安于现状，永远有进步的余地。处处有遗憾，然而处处又有希望，希望安慰着遗憾，而遗憾又充实了希望。正如法国作家大仲马所说："人生是一串由无数小烦恼组成的念珠，达观的人是笑着数完这串念珠的。"没有遗憾的生活是最大的遗憾。

为了能有自知之明，常常需要正确地对待他人的评价。因此，经常与别人交流思想，依靠友人的帮助，是求得心理补偿的有效手段。

必须意识到你所遇到的烦恼是生活中难免的。心理补偿是建立在理智基础之上的。人都有感情，遇到不痛快的事自然不会麻木不仁。没有理智的人喜欢抱屈、发牢骚，到处辩解、诉苦，好像这样就能摆脱痛苦。其实往往是白花时间，现实还是现实。明智的人是承认现实，既不幻想挫折和苦恼突然消失，也不追悔当初该如何如何，而是想到不顺心的事别人也常遇到，并非是老天跟你过不去。这样你就会减少心理压力，尽快平静下来，对那件事做个分析，总结经验教训，积极寻求解决的办法。

在挫折面前要适当用点"精神胜利法"，即所谓"阿Q精神"，这有助于在逆境中进行心理补偿。例如，实验失败了，要想到"失败乃是成功之母"；被人误解或诽谤，要想到"在骂声中成长"的道理。

但是，在做心理补偿时也要注意，自我宽慰不等于放任自流和为错误辩解。一个真正的达观者，往往是对自己的缺点和错误最无情的批判者，是最严格要求自己的进取者，是乐于向自我挑战的人。

记住雨果的话吧："笑就是阳光，它能驱逐人们脸上的冬日。"

第17辑　与人交往

>>>

两个人总比一个人好。

人应交友以便能跟他一起读《圣经》，一起研习《密西拿》，一块吃饭，一同饮酒，并向他吐露心曲。

——《塔木德》

《塔木德》认为"四海之内皆兄弟"："神在开始时，为什么仅仅创造一个人呢？这是为了防止任何人说他自己的血统优于别人的血统。因为如果当初只造出一个人，那么溯源而上，每个人都会发觉大家都是来自同一个祖先，所以，也就不会有这一个民族比那一个民族更优越的说法了，因为实际上，大家都是从同一个亚当繁衍下来的。"

犹太人认为，那些能化敌为友的人才最强大。

但是他们从不借钱给朋友，因为他们认为借钱给朋友的代价是失去朋友。

成为朋友吧

犹太人认为，人需要有朋友一起吃饭，一起喝酒，一起学习《圣经》，一起学习《塔木德》……给自己找个朋友，对他倾诉心底所有的秘密。

《塔木德》里有这样一个故事：画圈者豪厄生活于公元前5世纪的罗马帝国早期。他不但是位著名的学者，还被认为是魔法师，尤其擅长求雨。他的绰号"画圈者"大概来自他求雨时最壮观的技艺表演：他在地上画一个圈，和他的祈祷者一起站进去，雨不多不少正好满足庄稼的需要。当雨下够了，他就再祈祷，雨就停了。

有一天画圈者豪厄看到有个老人在栽豆荚树。他问那人需要多长时间这棵树才能结果子，那人回答说要70年。

豪厄坐下来吃东西，觉得昏昏欲睡，他躺下睡着了。他周围的石头升起把他遮在里面，他一口气睡了70年。

醒来的时候，他看见有个人正在摘树上的果子。

"你是栽这棵树的人吗？"豪厄问。

"不，我是他的孙子。"那人说。

"那么我睡了70年！"豪厄惊讶地叫起来。

豪厄回到原本自己生活的地方。

"画圈者豪厄的儿子还活着吗？"他问那个地方的人。

"他的儿子不在了，"人们说，"不过他的孙子还活着呢！"

"我是画圈者豪厄。"他说，但是没人相信他。

豪厄不得不离开家，来到他学习的地方，他看到很多学者正在一起学习。

"法律对于我们就像在画圈者豪厄的时代一样清楚，"他听见学者说，"因为不论什么时候豪厄来到学习的地方，他总能澄清学者们阅读文本时遇到的问题。"

"我是豪厄。"他兴奋地对他们大声说。

但是学者们不相信他。

豪厄受到深深的伤害,他祈求死去。他的祈祷得到回应,他死了。

于是便有了谚语:"要么结成伙伴,要么死去。"从这个悲剧可知,友谊犹如生命的阳光,缺少友谊,不如死去。

《塔木德》中还记载了这样一则故事:

有个富翁生了10个儿子,他计划自己去世的时候给他们每人100第纳。

可是,随着时光流逝,他只剩下950第纳。所以他给前9个儿子每人100第纳,对最小的儿子说:

"我只剩下50第纳了,我还得留出30第纳作丧葬费。我只能给你20第纳。不过,我有10个朋友,准备都给你,他们比100个第纳好多了。"

他把最小的儿子介绍给朋友们,不久就死去了。

那9个儿子各自谋生,最小的儿子也慢慢地花父亲留给他的那点钱。当他只剩下最后一个第纳的时候,他决定用它请父亲的10个朋友美餐一顿。

他们一起吃啊喝啊,纷纷说:"在这么多兄弟中他是唯一还记得我们的人。让我们报答他对我们的好意。"

于是,他们每个人给了他一只怀了牛犊的母牛和一些钱。母牛产下小牛,他卖了牛犊,开始用换回来的钱做生意。最后他比自己的父亲还富有。

然后他说:"我父亲说朋友比世上所有的钱都珍贵,这话一点都不假。"

朋友的可贵之处在于,他总在你最需要帮助的时候出现,救你于水火。

在犹太人看来,朋友比世上所有的金钱都珍贵,为了朋友,甚至可以牺牲生命。

有两个亲密的朋友,由于战争受阻,被分隔在两个敌对的国家。

有一次,其中的一个去看望另一个,结果被当作间谍囚禁起来,判了死刑。

他乞求国王发一次善心。

"陛下,"他说,"您让我回自己的国家用一个月时间料理好后事,月底我就回来接受死刑。"

"我怎么能相信你还会回来?"国王说,"你给我什么保证?"

"我的朋友可以保证,"这个人说,"如果我不回来,他可以替我死。"

国王把这个人的朋友找来，他的朋友对这个条件表示同意。

到了一个月最后一天，太阳已经落下去了，那人还没有回来。国王下令把他的朋友处死。就在刀即将落下的时候，那个人飞快地赶回来了，把刀搁在了自己的脖子上。可是他的朋友阻止了他。

"让我替你死吧。"他请求道。

国王被深深地感动了。他下令把刀拿开。

"既然你们有这么深的爱和友谊，"他说，"我恳求你们让我也加入进来吧。"从那一天起，他们都成了国王的朋友。

懂得宽容

犹太人是一个弘扬"善"的民族，同时也是一个对"恶"十分理智、十分坦然面对的民族，后一种品质尤为难能可贵。在犹太人看来，恶本身是无所不在的，伊甸园里有，其他地方也有。《塔木德》上说，当年上帝发大水淹没不义之人时，曾预先告知义人诺亚，让他造一艘大船，全家避难于船上，并将所有动物都按一公一母配齐，各带一对。当时，善闻讯也急急忙忙跑来找诺亚，要求登舟避难。可是，它却遭到诺亚的拒绝。诺亚说："我只能让成公母一对的上船。"于是，善只好跑回树林，寻找可以和自己成为一对的对象，结果找到了恶，便一起成双作对地登上了方舟。从此以后，有善的地方就必有恶的存在。这就是说，犹太人基本上把恶看作某种正常存在的东西，是世界的一个组成部分，就像诺亚上方舟时不仅带了洁净的动物，也带了不洁净的动物一样。

在待人处事中，度量直接影响人与人之间的关系是否能和谐发展。人与人之间经常会发生矛盾，有的是由于认识水平的不同，有的是由于一时的误解造成的。如果我们能用宽容的度量谅解别人，就可以赢得时间，使矛盾得到缓和。反之，如果度量不大，即使芝麻大的小事，相互之间也会斤斤计较，争吵不休，结果伤害了感情，影响了友谊。在这个世界上我们各自行自己的人生之路，纷纷扰扰，难免有碰撞，心地最和善的人也难免有伤别人心的时候。

在18世纪，法国科学家普鲁斯特和贝索勒是一对论敌。他们围绕定比定律争论了有9年之久，他们都坚持自己的观点，互不相让。最后的结果是普鲁斯特获得了胜利，成了定比这一科学定律的发明者。

但是，普鲁斯特并未因此而得意忘形，忘乎所以。他真诚地对与他激烈争论了9年之久的对手贝索勒说："要不是你一次次地责难，我是很难进一步将定律研究下去的。"同时，普鲁斯特特别向众人宣告，定比定律的发现有一半功劳是属于贝索勒的，是他们共同促使了定律昭示天下的。

在普鲁斯特看来，贝索勒的责难和激烈的批评，对他的研究是一种难得的激励，是贝索勒在帮助他完善自己。这与自然界中"只是因为有狼，鹿才奔跑得更快"的道理是一样的。

普鲁斯特的宽容是博大而明智的，他允许别人的反对，不计较他人的态度，充分看到他人的长处，善于从他人身上吸取营养，肯定和承认他人对自己的帮助。正是由于他善于包容和吸纳他人的意见，才使自己走向成功。

著名的天文学家第谷和开普勒之间的友谊就是一曲优美的宽容之歌。

开普勒是16世纪的德国天文学家，在年轻尚未出名时，曾写过一本关于天体的小册子，深得当时著名的天文学家第谷的赏识。当时第谷正在布拉格进行天文学的研究，第谷诚挚地邀请素不相识的开普勒和他一起合作进行研究。开普勒兴奋不已，连忙携妻带女赶往布拉格。不料在途中，贫寒的开普勒病倒了。第谷得知后，赶忙寄钱救急，使得开普勒渡过了难关。后来由于妻子的缘故，开普勒和第谷产生了误会，又由于没有马上得到国王的接见，开普勒无端猜测是第谷使坏，于是写了一封信给第谷，把第谷谩骂一番后，不辞而别。第谷其实也是个脾气极坏的人，但是受此侮辱，第谷却显得出奇的平静。他太喜欢这个年轻人了，认定他在天文学研究方面的发展将是前途无量的。他立即嘱咐秘书赶紧给开普勒写信说明原委，并且代表国王诚恳地邀请他再度回到布拉格。

开普勒被第谷的博大胸怀所感动，重新与第谷合作，他们俩合作不久，第谷便病重不起。临终前，第谷将自己所有的资料和底稿都交给了开普勒。这种充分的信任使得开普勒备受感动。开普勒后来根据这些资料整理出著名的《路德福天文传》，以告慰第谷的在天之灵。

浩瀚如海洋般的宽容情怀，使第谷为科学史留下了一页人性光辉的佳话。这种宽容像雨后的万里晴空，清新辽阔，一尘不染。

当我们恨仇人时，我们的内心被愤怒充溢着，这就等于给了他们制胜的力量，那力量妨碍我们的睡眠、我们的胃口、我们的血压、我们的健康和我们的快乐。如果我们的仇人知道他们如何令我们苦恼，令我们心存报复的话，他们一定非常高兴。我们心中的恨意完全不能伤害到他们，却使我们的生活变得像地狱一般。

有人说，宽恕是软弱的表现，其实这是错误的。冤冤相报抚平不了心中的伤痕，它只能将伤害者和被伤害者捆绑在无休止的怨恨战车上。印度前总理甘地说得好：倘若我们大家都把以眼还眼式的正义作为生活准则，那么全世界的人恐怕就要都变成瞎子了。

第二次世界大战后，科学家雷德侯·列布赫也说过这样一句格言："我们最终必须与我们的仇敌和解，以免我们双方都死于仇恨的恶性循环之中。"

在同一联盟内部，宽恕是消除内部矛盾的有效方法。对志趣相投的群体来说，唯有不断地宽恕，才能取得事业上的共同成功。

把敌人变成朋友

为什么神在开始的时候，不一下子就造出许多人，却只造出一个人来，让全人类自一个人而繁衍成许多人呢？

拉比的答案是："这是神为了告诉我们，谁夺取了一个人的生命，就等于杀害全人类。"

相对地，如果谁能救一个人的生命，那么他就等于拯救了全世界人的生命；同样地，爱上一个人时，也就等于爱上整个世界的人。

因为人类都是一个祖先繁衍下来的，所以同源同根。因此犹太人认为人要去爱整个人类。

因为有这样一个大人类的观念，在历史的长河中，尽管犹太人受尽迫害，历尽坎坷，但是，一旦犹太人有能力主宰异族命运的时候，他们却并不会迫害侮辱其他民族。相反，他们能够以平常的心对待其他人，甚至用爱心去帮助他们。

为此，犹太人有句名言说："谁是最强大的人？化敌为友的人。"

犹太人认为，谅解和接受曾经伤害过你的人，才是最好的待人之道，这样就能得到希望中的回报。为此犹太拉比高度赞美那些"受到侮辱却不侮辱别人，听到诽谤却不反击"的人。

他们历来主张把罪恶本身与犯罪之人加以区分。

有几个拉比碰上了一伙十恶不赦的坏人。其中有一个拉比在忍无可忍的情况下，诅咒他们都死了算了。

可是，在他们中有一个伟大的拉比却说：

"不，身为犹太人不应该这么想。虽然有人认为这些人还是死了比较好，但不能祈祷这样的事发生。与其祈求坏人灭亡，不如祈求坏人改邪归正。"

《塔木德》的结论是：处罚坏人对谁都没有什么益处。不能使他们改悔，那才是人类的一种损失。

在《塔木德》中还有一则约瑟夫接纳哥哥的故事，被犹太人视为为人处世的典范。

约瑟夫是雅各的儿子，受到兄长的排挤，在小时候被兄长卖往埃及为奴，后来约瑟夫在埃及做了大官。有一年闹饥荒，约瑟夫的哥哥们一路逃荒来到埃及。当约瑟夫发现自己的哥哥们时，就走上前说："我是约瑟夫，父亲还好吗？"

可是，哥哥们简直不相信这是真的，一时无法回答，一个个都目瞪口呆了。

约瑟夫又对哥哥们说："请你们走近些。"

当哥哥们走近时，约瑟夫说："我是你们的兄弟约瑟夫，你们曾经把我卖到埃及。"

兄长们还是不敢相信。但是当他们明白一切都是真的时，看着眼前的弟弟如此荣耀，如此威风，吓得说不出话来了。

这时几位兄长听到约瑟夫说："现在，你们不要因为把我卖到这里而谴责自己，这是上帝为了救我的命才把我送到这里来的。"

约瑟夫的话语，其实就是一种宽以待人、化敌为友的为人处世之道。这也是犹太人的处世之道。

对整个人类充满爱心而去真诚爱护每一个人，这就是千百年来犹太人的一贯思想。

不借钱给朋友

莎士比亚有句名言："不要把钱借给别人，借出会使你人财两空；也不要向别人借钱，借进来会使你忘了勤俭。"这句话有一定道理。

你可以用其他友善的方式接济你的朋友，但不要借钱给他。借钱给他人就是掏钱为自己买了一个敌人。

犹太人朋友之间很少涉及金钱，他们之间朋友是朋友，金钱是金钱，分得十分清楚。他们一般不把友情掺入金钱。

犹太人之间的朋友，大家彼此都很不错，就在一起吃饭喝酒。这样就表示你是他喜欢的朋友，他愿意和你经常来往。但是你要是借钱，他们很少答应。

这不是因为大家彼此之间不信任，而是他们处事的一种精明。

犹太人是十分自尊的，他们一般是绝不肯向人求助的。即使遇到了困难，他们也是依靠自己的力量来解决，而很少向别人请求帮助。假如一个人向自己的朋友去借钱，那说明这个人已经处于生活比较困难的时候了。有人借钱给他，他就总是感到忐忑不安，心里总是想着把钱尽快还给自己的朋友，见了朋友就感觉很不好意思。虽然朋友浑然不觉借钱人的尴尬。而借钱人为了避免这种愧疚的心情一般就会回避自己的朋友，希望自己尽快地还钱，那样自己才觉得在朋友面前会坦然。有了这种心理，这样的朋友就会因为金钱变得很不自在。

而朋友呢，如果也恰好需要这笔资金，但是已经将钱借给别人，而且为了让别人放心，自己一般不会说还钱的时间。朋友什么时间有了钱，就什么时间来还，而自己许多事情却急切需要资金办理，但是话已经出口，就很不好意思去要钱。所以，犹太人之间就心照不宣地达成默契：不借钱给自己的朋友。

犹太人开的餐馆贴着这样的一首歌谣："我喜欢你，你要借钱，我不能借，怕你借了，以后不再上门。"说的就是这样的意思。

犹太人喜欢放高利贷收取利息，这是他们几百年的传统了，他们如果自己有闲余的资金，就会把这些钱放出去收取利息，而有人需要钱自然就可以去借贷了。所以，犹太人没有钱的时候，喜欢去借贷来渡过难关。向他人借贷是一种商业行为，这与向朋友借钱的行为是不一样的。

有个故事是这样的：

雅可夫借给亚瑟500美元，明天就要到期了，但是亚瑟根本没有钱可以还。雅可夫三天前就已经提醒亚瑟，还有三天就该还钱了。"到明天雅可夫一定会来要钱的"，想到这里，亚瑟坐卧不宁，烦躁地在房子里走来走去。"你为什么还不睡觉？"他的妻子问他，"我向雅可夫借了钱了，明天早上非还他不可。""你现在有钱了吗？""我连一个子也没有呢！"

"既然这样，你就睡觉吧。着急的应该是雅可夫而不是你。"

亚瑟妻子的话代表了我们处理债务的一般态度，既然没有钱就干脆放心休息，反正着急也没用。而事实上，雅可夫也确实没有办法，如果逼朋友还钱，那与朋友长久培养起来的感情就会因此而崩溃了。打官司更是浪费自己的钱财，对朋友的感情也更是致命的打击。

还有一个故事：

梅西克向罗扬借了1200马克，但是梅西克一直没有钱还。每当遇到罗扬，梅西克都会避而不见。可罗扬又束手无策。

这时，他的另一个朋友对他说："你不妨写信给梅西克，叫他尽快归还1800马克的债，瞧瞧他的反应。"

罗扬也十分需要这笔钱，就给梅西克去了一封信。

两天后，梅西克就回信了，信中说："罗扬，我记得很清楚我借了你1200马克，你怎么说我欠了你1800马克，随信附上1200马克。如果你要打官司的话，你准输。"

罗扬虽然成功地要回了自己的钱，但通过这次事件，两人的关系就可想而知了。

因此，洞悉人情的犹太人说：借钱，即是掏钱给自己买了个敌人。

第 18 辑　事业第一

把你的心思永远只专注于一个地方。

——《塔木德》

犹太人工作时，恨不得在他们的办公室门外高挂"免扰牌"，上写一行大字：

"免扰！我在挣钱！"这方面，他们不折不扣是工作狂，那种专注的精神永远是世人的榜样。英特尔公司前总裁和CEO犹太人安迪·葛洛夫也说过一句著名的话：只有偏执狂才能生存。只有工作的偏执狂，才能取得事业的成功。

工作的偏执狂

商业繁荣中时刻孕育着毁灭的种子。随时都会发生的突变，需要我们做个信念的偏执狂。

1997年5月21日，来自匈牙利的犹太移民葛洛夫出任英特尔董事长，成为这家信息产业巨无霸的掌门人。

1997年底，葛洛夫入选《时代》杂志年度世界风云人物榜。

今天，葛洛夫领导着英特尔，驱动着全世界80%的个人电脑。

人们为此惊呼，惊呼葛洛夫是个天才。而实际上，以上都不能算是葛洛夫成功的标志，《只有偏执狂才能生存》的写就，才是这位天才最重要的注脚。

《只有偏执狂才能生存》一度是最畅销的商业著作之一。人们认为它的畅销原因是葛洛夫说出了一句话："只要涉及企业管理，我就相信偏执万岁。"或者说，人们看到了"葛洛夫式的偏执即是对信念异乎寻常的执着"。在这本书中，葛洛夫呼唤着这个世界出现越来越多的偏执狂。葛洛夫对于有可能是灾难性的突变有着非同一般的认识：

"突变之时，企业将面对'10倍速的变化'；

"能否预测、适应突变是企业成败的关键；

"技术的突进、竞争对手的策略、企业自身组织机构的调整是突变的三个主因。"

经历突变的企业，当年重获兴盛的极少。葛洛夫的天才就在于无论面临怎样的危机，他对信念都保持着近乎偏执般的执着，率领英特尔成功地跨越了一个又一个突变。

放弃存储器是葛洛夫迄今为止最精彩的一幕"偏执"瞬间。

20世纪80年代，英特尔在世界电脑存储器市场独领风骚，遭到日本厂商"定价永远低10%"竞争策略的持久攻击。就在英特尔风雨飘摇之际，葛洛夫断然决定:"放弃存储器!"

"你能想象没有存储器的英特尔?!"英特尔的高级经理们当时愕然质问。"我想我能!"正在进餐的葛洛夫咽下了一大块面包,只吐出了这四个字。英特尔危机就因这四个字的说出而化解。放弃存储器的英特尔就这样重新出发,一路走过来,走到今天,成为全世界最大的微处理器供应商,使全世界的个人电脑主流用户成为英特尔的追随者。

如果你愿意做个葛洛夫那样的偏执狂,那么请你从念如下的犹太箴言开始。

"不要去请教怀疑你的人,或把想法告诉他;

不要向女人问如何打铁,或向懦夫问战争;

不要向吝啬鬼问感激,或向硬心肠的人问善行;

不要向一个散漫的人问如何完成工作,或向懒惰的人问如何完成要求严格的任务;

有时一个矮个子的人比高塔顶上的7个看守人还能看到更远、更多的东西;

要听从自己的判断,因为自己是最可信赖的。前提是你这时住在真理的屋子里。"

也许你难以偏执到葛洛夫那种程度,但你一定会遭遇类似葛洛夫曾经遭遇过的突变。从容应对突变,以执着的信念应对突变,以偏执狂的姿态在突变时高歌,我们就会把突变变成我们新的起点。要听从自己的判断,因为自己是最可信赖的。前提是你这时住在真理的屋子里。

专注于目标

《塔木德》中有则故事是这样说的:

一个人找到智者约瑟,看到约瑟正在树上摘苹果。"尊敬的约瑟,我有一个问题要问你。"这个人喊。

"我现在不能下树回答你的问题,因为我今天受雇于这里的庄园主,我的时间是属于他的。"

约瑟因为在树上说了拒绝回答问题的一句话,影响了摘苹果,收工之后主动向庄园主提出扣下一点工钱。

由此可见做事专注、精力集中也是犹太人的一个特征。

人的生命虽然各有长短,有人长命百岁,有人青壮之时夭折,但不管怎样,每个人都有其宝贵的一生。这一生,每个人只有一次。因此,人必须珍惜自己难得的一生,在这有限的人生中实现自己的愿望。

当然,人各有志,在不同社会、不同背景、不同时期,人的志向是会发生变化的。犹太人因其民族的特性和所处的环境,普遍都能从小怀志,确立自己人生的奋斗目标。正因为这样,许许多多的犹太人能集中人生有限的时间和力量去攻克一个目标,所以成功率比别人高。

在人生的竞赛场上,没有确立目标,是不容易得到成功的。许多人并不乏信心、能力、智力,只是没有确立目标或没有选准目标,所以没有走上成功的途径。这道理很简单,正如一位百发百中的射击手,如果他漫无目标地乱射,其结果是可想而知的。又如驴子一天到晚绕着石磨不停地转动,但是什么地方也到达不了,因为它没有目标。

犹太人大卫·布朗是英国的一位商人,他的发迹过程,就是他一生所确立目标的实现过程。他出生于1904年,父亲经营一间小型齿轮制造厂,几十年一直惨淡经营,仅可以赚取一点生活费。尽管如此,布朗的父亲还是一个头脑清醒的人,总结自己没有选好奋斗目标的教训,把希望寄托在儿子身上。为此,他严格要求布朗勤于学习和读书,每逢假日就规定他到自己的齿轮厂去参加劳动,与工人们一样艰苦工作,绝无特殊照顾。

布朗在家庭的教育下,在工厂里工作和生活了较长时间,养成了艰苦奋斗精神,熟悉了工业技术、知识,形成了自己的人生奋斗目标。这样,布朗父亲的目标总算实现了。但布朗自己的奋斗目标却不在齿轮厂方面,而是利用自己积累的经验向赛车生产这个目标去奋斗。他通过观察,发现当代人汽车使用已普及,预感汽车大赛将会成为人们的一种流行娱乐方式。于是他克服重重困难成立了大卫布朗公司,不惜投入重金聘请专家和技术人员搞设计,采用先进技术和设备进行生产。1948年,布朗生产的"马丁"牌赛车在比利时举办的国际汽车大赛中夺魁，大卫布朗公司因此一举成名，订单如雪片般飞来，布朗从此走上发迹之路，布朗父亲及布朗自己确立的目标都实现了，可谓一箭双雕。

著名犹太政治家、美国前国务卿基辛格是专注于政治、成功于政治的又一事例：基辛格1977年被"逼下梁山"，退出政界，可他并不善罢甘休，梦想着有朝一日"东山再起"。不料他的夫人放出话来，如他重返政坛，她就与他分道扬镳。无奈之下，他只好转而从事对他来说完全陌生的商业咨询。

"创业"之初，基辛格一无法律根底，二无财政资助，也可以说是困难重重。但他毕竟聪明过人，索性一不拜律师事务所，二不拜银行，而打出"受雇政治家"的招牌，公开宣布：在收取巨额咨询费后愿为企业战略指点迷津，承担外交咨询使命，为公司老板充当国家安全顾问，大有"姜太公钓鱼，愿者上钩"之意。招牌亮出不久，"大鱼"纷纷咬钩。戈德曼公司、萨克斯公司和另一个由三家银行组成的财团一下子就掏给了基辛格35万美元。他用这笔钱成立了"基辛格协会"，不仅自己干，还拉了一帮朋友，包括担任过美国国家安全顾问的斯考克罗夫特，担任过副国务卿的伊格尔伯格·罗杰斯等。

这些年来，基辛格凭着自己对国际形势发展走向的精辟见解和入木三分的分析，身兼评论员、投资公司咨询家等职，使每年成百上千万的美元流入口袋。

犹太人从商，注重确立人生奋斗目标，先是确立目标，然后全力以赴而终至成功。这样才能充分发挥他们的潜在能力。

绝不拖沓

犹太人常把积压"未决"文件的人视作无能之辈。因此，他们一到办公室后，首先就会瞅一眼办公桌上的文件，以此来断定那个人的能力如何。他们认为，一个不能够及时处理文件的人，根本就谈不上什么能力，肯定是无能之辈。

犹太人喜欢全面发展的人才，商人应不仅会经商，还应当知识渊博，并有较强的综合素质，如果缺少这些，是绝对成不了一名好商人，赚不了大钱的。

在犹太人的办公桌上，你看不见"未决"的文件。犹太人有极强的时间观念，他们绝不浪费时间。在他们看来，办公桌上的待批文件如果积压，就会对重大事情造成影响。这些文件有商业往来的信件、商业函件等，每个信件，都包含着一条信息，给商人提供赚钱机会。如果把这些亟待回答的文件积压在办公桌上，过一段时间后再来处理，很可能为时已晚。因为对方的时间是宝贵的，当他迟迟等不到消息时，就会断然放弃，另觅合作伙伴去了。所以，他们对自己手中的文件都极其重视。

在犹太人的上班时间里，专门安排了处理文件的时间。他们一般是把上班后大约1个小时的时间当作专门处理文件时间。在这段时间里，将昨天下班到今天上班之间所接到的商业函件回信，用打字机打好发出去。在这段时间里，是不让外人打扰的。这样，他们才能集中精力处理这些文件，以求高质量、高效率。

"马上解决"是犹太人的座右铭。他们认为，拖延工作是最可耻的事。犹太人不管做什么事，尤其是处理自己的生意问题时，绝不把问题遗留到明天，绝不拖延，总是按照"每天都有每天的计划"办事。

出售的是时间

《塔木德》中说："有四种尺度可以测量人，那便是金钱、醇酒、女人以及对时间的态度。这四种尺度有共同之处——它们都有吸引人的地方，但是却不可以沉迷其中。"

犹太钻石商巴奈·巴纳特能够成为南非首富之一，一个重要的因素就是他视时间为商品，把银行的时间"卖"了，并且"卖"出了好价钱。

初到南非，巴纳特是一个从事矿藏资源买卖的经纪人，每个星期六都是他赚钱最多的日子——因为这一天银行停业较早，他可以尽兴地开出空头支票购买钻石，然后在星期一银行开门之前售出钻石，以所得现金支付货款。

巴纳特就这样把银行星期天停业的时间给卖了。这一天，去银行要求兑付的人会被银行"暂缓付款"的一句话挡回,但空头支票不会被打回来。

他要做的事情,就是在每个星期一的早上给自己的账号存入足够多的钱,以兑付他星期六所开出的支票。他这种拖延付款的办法,没有侵犯任何人的合法权利,调动了远比他实际拥有的资金多得多的资金。

让人尤其敬佩的是,巴纳特让持有空头支票的钻石卖主总是在星期一上午就收回了全部货款。

创业初期,巴纳特就是巧妙地利用时间,才聚积财富从而跻身于世界富翁排行榜。

犹太人认为,要赚钱,首先得有赚钱的时间,而且在赚钱中要合理使用时间,否则就等于白白浪费时间。

因此,犹太人非常珍视时间,他们认为时间就是金钱,所以常以一分钟多少钱的概念来工作。一个打字员,如果下班时间到了,即使只剩下十几个字就可完成的文件,她也会立刻放下工作回家。他们认为,浪费时间就等于浪费他们保险柜里的金钱。

犹太人把时间视作金钱,他们对时间是按时按分计算的。老板请员工做事,工薪是按时计算的。犹太人会见客人十分注意恪守时间,绝不拖延。客人来访,必须预约时间,否则就要吃闭门羹。犹太人对于突然来客是十分讨厌的,如果来合作生意,可能会导致失败。

时间的价值还显示在赶季节占领市场方面。在激烈的市场竞争中,谁能在一个市场上一马当先,以质优款新的产品问世,谁就必能获得较好的经济效益。如电子手表,刚上市时每块售价几十美元乃至几百美元。当许多竞争者推出同类产品时,其价值一落千丈,每块售价只有几美元。又如人们日常的必需品蔬菜,在反季节时售价高于盛产季节数倍。为什么会出现如此大的反差呢?这显然是"时间"的价值。

时间的价值表现在生意的全过程中。一个企业经营效益的高低,与其费用水平的高低息息相关。根据众多的企业核算,其经营费用中有70%左右是花费在占用资金的利息上。如一个企业一年的营业额为10亿元,其资金年周转率为2次,言下之意,该企业每年占用资金为5亿元。若按银行利息为12%(年息)计算,一年共支付利息达6000万元。如果该企业能把握一切时间并进行有效管理。使资金周转达到一年4次，那么，其支付的利息就可节省3000万元。换句话说，该企业就可多盈利3000万元了。除此之外，加快货物购入和销出，加快货款的清收等，都体现出时间的价值。

不找任何借口

杰出的犹太人认为，借口永远是弱者的可怜宣言。在失败面前，不要为自己寻找借口，要明白，那样做欺骗的只是自己，犹太人不会为自己的失败寻找借口。

一个漆黑的晚上，坦桑尼亚奥运马拉松选手艾克瓦里吃力地跑进了墨西哥奥运体育场，他是最后一个到达终点的选手，空空的体育场上只剩下他一人，享誉国际的记录处制作人格林斯潘远远看到这一切后，感到非常不解，他走上前去问艾克瓦里："既然结果已成定局，你为什么还要坚持跑到终点？"

这位来自坦桑尼亚的年轻人轻声地回答说："我的国家把我从两万多千米之外送到这里，是让我来完成这场比赛的，而不是叫我在这场比赛中起跑的。"

也许，在许多人看来，艾克瓦里的行动有些愚蠢而略带偏执，但成就一个人的，却正是高度责任感和一颗积极而绝不轻易放弃的心："没有任何借口和抱怨，职责就是他一切行动的准则。"

现实生活中，我们常常会听到这样的借口和抱怨："如果不是……我本可以早点到的……""我太忙了，没时间去做……""要不是上道工序延迟的话，我们早就……""我们以前不是这样的……"

时间久了，这所有的借口都成了顺理成章的事情，成为推诿与迟延的理由，人们总是在思量自己的得失，挑剔着别人的差错，能不负责尽量不负责，为确保自己的利益不受损害，找出种种借口欺骗公司，欺骗别人，也欺骗自己。但是，就在你寻找种种借口的时候，机会已经从你身边悄悄溜走了……

杰出犹太人告诫我们千万别找借口！在现实生活中，我们缺少的不是去寻找任何借口的人，而是那种想尽办法去完成任务的人。在他们身上，体现出一种负责、敬业的精神，一种服从、诚实的态度，一种完美的执行能力。

其实，在每一个借口的背后，都隐藏着丰富的潜台词，只是我们不好意思说出来，甚至我们根本就不愿说出来。借口让我们暂时逃避了困难和责任，心理上得到了一些慰藉。但是，借口的代价是非常巨大的，它给我们带来的危害一点儿也不比其他任何恶习少。

犹太人归纳的经常听到的借口主要有以下四种表现形式。

一、我开始就没答应做这件事情，所以出了问题不是我的责任（不愿承担责任）。

许多借口总是把"不""不是""没有"与"我"紧密联系在一起，其潜台词就是"我与这件事情没有太大关系"，不愿承担责任，把本应自己承担的责任推卸给别人。一个团队中，是不应该有"我"与"别人"的区别的。一个责任感不强的员工，不可能获得上司的信赖和尊重，也不可能获得同事的支持和信任。如果每个人都养成了找借口的习惯，那么就会在无形中提高沟通成本，削弱团队协调作战的能力。

二、近段时间我很忙，我尽量吧（拖延）。

找借口的一个直接后果就是容易让人养成拖延的坏习惯。在每个公司里我们都会发现这样的员工：他们每天看起来很忙碌，似乎尽职尽责了，但是，他们把本应一个小时完成的工作变得需要半天的时间甚至更多。因为他们把工作当成一个接一个的任务，他们寻找各种各样的借口，拖延逃避。这样的员工都会让每一个管理者头痛不已。

三、我们以前没有这么做过，或这不是我们这里的做事方式（缺乏创新精神）。

寻找借口的人总是因循守旧的人，他们缺乏一种自动自发工作的能力和创新精神，因此，希望他们在工作中做出创造性的成绩是徒劳的。借口会让他们躺在以前的经验、规则和思维惯性上舒服地睡大觉。

四、我从没受过适当的培训来干这项工作（不称职、缺少责任感）。

这其实是为自己的能力或经验不足而造成的失误寻找借口，这样做显然是非常不明智的。借口只能让人逃避一时，却不可能让人如意一世。

不愿承担责任、拖延、缺乏创新精神、不称职、缺少责任感，看看吧，那些看似冠冕堂皇的借口背后隐藏着多么可怕的东西啊！

其实，无论是在工作中还是在生活中，人们都是不喜欢找借口的人的。试想，如果你与某人约好时间见面，而他迟到了，见面张口就说路上车太多了，或者是他在门口迷路了等等，你会怎么想？生活中只有两种行动——要么努力地表现，要么就是不停地辩解。没有人会喜欢辩解的，那些动辄就说我以为、我猜、我想、大概是的人，想想吧，你们从这些话中得到了些什么？

成功的犹太人从来不会在生活和工作中寻找任何的借口。但是不幸的是，很多人却不能摆脱借口的包围。当你没有完成一项工作时，会有很多的借口在那儿响应你、声援你、支持你，你很容易学会抱怨、推诿、迁怒，甚至愤世嫉俗。借口就是一张敷衍别人、原谅自己的"挡箭牌"，就是一副掩饰弱点、推卸责任的"万能器"。有多少人把宝贵的时间和精力放在了如何寻找一个合适的借口上，而忘记了自己的职责和责任啊！

寻找借口唯一的好处，就是把属于自己的过失掩饰掉，把应该自己承担的责任转嫁给社会或他人。这样的人，在企业中不会成为称职的员工，也不是企业可以期待和信任的员工；在社会上不是大家可信赖和尊重的人。这样的人，注定最终只能是一事无成的失败者。

第19辑　爱情与婚姻

神没用男人的头造女人，因为女人是不可以支配男人的。同时，神也没用男人的脚来造女人，这是因为不可以让女人成为男人的奴隶。独用男人的肋骨来造女人，就是希望女人经常能在男人的心中。

——《塔木德》

《塔木德》教导人们说，"假如有男女两个孤儿，你应该先救那个女孩，因为男孩可以去做乞丐，但是我们却不能准许女孩子如此。"像爱你自己一样地爱你的妻子，好好保护她，不要让女人哭泣，因为神将一滴一滴地计算着她的眼泪。犹太人认为男女是平等的，好的女人能让男人站起来。"如果你的妻子矮小，你要俯首聆听她的话。"

男女平等

妇女在犹太人心中的地位是很重要的,下面这则故事可窥见一斑:

有一次,大帝对甘木列拉比说:

"你们的上帝是个贼?他为什么在亚当熟睡时偷他一根肋骨呢?"

这时大帝的女儿插进来,对甘木列拉比说:

"让我来回答。"

然后转向大帝,说:"叫一个法官来!"

"你要法官干什么呢?"大帝吃惊地问。

"晚上小偷进了我的房间,"公主回答,"他们偷了一个银罐,却留下了一个金罐。"

"希望这样的偷盗每晚都有!"大帝大笑。

"那好,"公主大声说,"亚当不也是这样吗?上帝偷了他一根肋骨,给他留下一个贤惠的妻子。"

"我的意见是,"大帝再次辩驳,"在亚当熟睡的时候,上帝这么做是错的,如果他想要他的肋骨,他尽管要就是了。"

"父亲!"公主大叫,"给我拿一大块肉来。"

大帝好奇的按照她的话做了。

公主在他父亲面前,把拿来的那块生肉放进热灰里开始烤。等做好了,她对父亲说,"现在,父亲,请吃肉吧。"

大帝却觉得很恶心,他拒绝吃。他刚看见它的时候是生肉,现在却裹满了灰。

"它真让我恶心!"他大叫。

"那,你看!"公主胜利地说,"如果当亚当醒着的时候,看到上帝用他的肋骨变成女人,那以后他一看到她,就会觉得恶心。"

《圣经》记载：神使亚当沉睡，并取走了他的一条肋骨，造成一个女人夏娃；女人是男人的骨中骨、肉中肉。因此，人要离开父母，与妻子合二为一，结合一体。恋爱中，男人追求女人，是因为男人一心想取回自己失去的那根肋骨，而女人也渴望回到她所诞生的地方去。这两种神奇力量相互吸引，便有了男女的结合。

《塔木德》上说：神没用男人的头造女人，因为女人是不可以支配男人的。同时，神也没用男人的脚来造女人。这是因为不可以让女人成为男人的奴隶。独用男人的肋骨来造女人，就是希望女人经常能在男人的心中。

《塔木德》教导人们说，尊敬你的妻子，因为这样你才能丰富自己。男人要时刻注意给妻子应得的尊敬，因为家中的一切幸福都有赖于妻子。

"像爱你自己一样爱你的妻子，好好保护她，不要让她哭泣，因为神将一滴一滴地计算着她的眼泪。"

"假如有男女两个孤儿，你应该先救那个女孩，因为男孩可以去做乞丐，但是我们却不能准许女孩子如此。"

在犹太社会中，殴打妻子是可耻的行为。这一点完全区别于中世纪的天主教会。天主教会立法规定："必要时可以殴打妻子。"到15世纪末，英国仍然立法奖励殴打妻子。19世纪时，竟然还允许出售妻子。

犹太人自古以来便没有对女性的偏见。犹太律法规定严罚殴妻者，当妻子被殴而提出诉讼后，常常可以获得离婚的判决，而且可以要求丈夫支付一笔可观的赡养费。

有一句谚语在欧洲流传很广：当犹太人饥饿的时候，他会唱歌；但当基督徒饥饿的时候，他就会殴打妻子。

女人不必违反自己的本意，而受男人意志的强制。在犹太人中，女人没有欲望时，丈夫若强行施暴，便要判强奸罪。犹太社会中，离婚率非常低，因为犹太男人都知道爱护自己的女人，而且同房时，要多为妻子着想，不可以自顾自地首先达到高潮。

犹太人很注重对女性的教育，早在公元1475年，罗马的犹太社会里，就有专门为女性而设立的学校，让女孩们在此研读"犹太法典"和"犹太教规"。与旧时代其他民族相比，犹太女性受教育的程度明显地要高出许多。

犹太人认为，女性应该帮助成就丈夫的学业和事业，更应为育儿及家事而贡献力量。

可以说，犹太人尊重女性、提倡男女平等的传统源远流长，这样就使得犹太人家庭的质量很高。这里不光是指犹太家庭比较富有，更主要的是指犹太人的家庭幸福，充满了祥和的气氛。

好女人是所学校

拉比阿吉瓦年轻时是耶路撒冷富人卡尔巴·沙乌的牧羊人。卡尔巴美丽端庄的女儿发现这个牧羊人非常高贵，于是对他说：

"如果我和你订婚，你愿意出去学习《律法书》吗？"

他回答说："是的，我完全同意。"

他们秘密地结了婚。他走了，去学习《律法书》。可是当她的父亲听说这件事，把她从家里赶了出去，并发誓永远不会认他这个女婿。

阿吉瓦在外面待了12年。他回家时带回来1.2万个学生。

快到家的时候，他听见一个老人对他的妻子说：

"这样的活寡你还要守多久？"

他的妻子回答说："如果他听我的话，应该在外面再学12年。"

阿吉瓦就回到学院又学习了12年。第二次回家的时候他带来2.4万个学生。

得知这一消息，他的妻子准备出门迎接。邻居对她说：

"我们借给你衣服穿吧，不要显得太寒酸。"可是她拒绝了。她来到他面前，埋下头去亲吻他的脚。他的学生们想把她推开，可是拉比阿吉瓦大叫起来："不要动她。我和你们所有的一切都是她给予的。"

当她的父亲卡尔巴·沙乌听说镇上来了一个学者，就自言自语地说："我要去找他，也许他能帮我解除誓言。"他已经开始为自己发那样的誓言感到后悔了。

"如果你知道你的女婿是个学者，你还会那样发誓吗？"拉比阿吉瓦问他。

"如果他知道一章甚至一条法律，"卡尔巴说，"我也不会那样发誓。"

然后拉比阿吉瓦说："我就是帮你放羊的那个人，我出去学习都是为了你的女儿。"

卡尔巴·沙乌听到这里，就匍匐在阿吉瓦的脚边，分了一半的财产给他。

犹太人认为，与一个女人结合，这个男人要么站起来，要么倒下去。理想的妻子正是能让男人站起来的女人。

可是，在现实生活中，我们也会看到很多人，甚至是一些大人物竟然毁在他的婚姻和家庭上。古犹太的希仑皇帝便是其中的一个。

希仑皇帝的皇后玛丽是一位绝世的美人。希仑三世为她闭月羞花般的容貌所迷惑，不顾周围人对此婚事的极力反对而迎娶了她。其实，玛丽只不过是一个落魄贵族的女儿罢了。可是，他完全被她的优雅、年轻、美丽所迷惑，不顾一切地娶她为妻，并封她为皇后。

他们具备了健康、权力、财富、名声、爱情……这完美的爱情结合，真是空前轰动。但是幸福的日子并不长久。这份炽热的爱情，逐渐失去了光芒，剩下的只是一堆余烬。虽然，希仑三世好不容易娶玛丽为妻，但是，谁也想不到，充满了忌妒和猜疑心的皇后，完全不听希仑的规劝，经常闯入政治会议中来吵。她又深恐丈夫在外另有情妇，于是严密地监视着希仑。不但如此，她还去姐妹家诉说丈夫的不是，或哭闹着跑到希仑的书房里，数落他一顿。

虽然希仑拥有好几个行宫，却永远无法获得片刻的宁静。

皇后如此地唠叨，只有加速爱情的窒息，招致不幸的后果罢了！当希仑皇帝实在无法忍受皇后的骄纵、多疑、越礼的时候，他宣布废除皇后。这时皇后才意识到自己的行为有多么地愚蠢，而更不幸的是，由于希仑皇帝择后的不当，使皇帝本人成为臣民和群众的笑柄，这位皇帝在经历了最初几年的风光后，在不得志中被他的弟弟赶下了台。

因此，在犹太人眼中，婚姻的幸福和家庭的美满完全取决于女性，因为对婚姻和爱情而言，女性一直是最好的老师。

女人的爱情观

精打细算

犹太人出了名的精打细算，一丝不苟。不用等账单送来，他们在心里已经把数目算出来，精确到个位，所以想给他们报花账比登天还难。

约翰曾交往过这样一个女友，分手时给约翰亮出一个小本子，上面是所有她为约翰破费的钱财明细单，小到一杯咖啡（她等约翰时买了自己喝的，约翰应该负担一半，因为如果不来等约翰就不必花钱买这杯咖啡），大到一件羽绒服（那是送给约翰的生日礼物，约翰受用，当然应该由约翰来付账），另外还有两笔旅行费用（是她在追求约翰时自作主张给约翰报名，硬把约翰拉去的，自然应该和约翰分摊费用）——总而言之，算来算去，约翰该还她一万元。

她还理直气壮地说："如果我们两个人一直交往下去，自然不必算账。可既然已经分手，就不应该遗留经济问题。"看着账单约翰目瞪口呆。他把账目一次还清后，在很长的时间内患有"女性恐惧症"。

情场犹太人就拥有这种判断力。一个男人的前途是否美好，可能性格占一半，大多数女人都愿赌服输，可情场犹太人不赌——她的青春只有一次，怎么可能去承受50%可能性的失误？所以一定要看到结果才出手。

所谓有志者事竟成，那些目标明确的情场犹太人大都各得其所。不要期货，只认现货的原则让情场犹太人立于不败之地。虽然不会有什么意外的收获，但也绝不会蚀本。

吝啬

犹太人的吝啬尽人皆知。其实"吝啬"对于女人来说，似乎不是一个致命的弱点，很多男人还因为有一个"勤俭持家"的太太而沾沾自喜。

可情场犹太人不只吝惜金钱，更吝惜感情付出。让她们付出真情真比掏钱包还难。有些男人的论点是：女人心软，只要她们动了真情，什么事情都好商量。看来这些男人是没有遇到过情场犹太人，她们的一颗理智无比、坚不可摧的心灵从来不会出现松动和软化的时刻，即使你飞身一跃为她跳楼自杀，也别指望她到医院来看望你——这样会招致别人的闲言碎语，对她的前程不利。

虽然"情场犹太人"的女人们都宣称是"自立自主"的女性，有能力用自己的双手挣出面包和黄油，可她们的势利心态却不为此而稍作收敛。她们相信爱情应该是"互利互惠"的事情，否则免谈。

不信幻想

极少的情场犹太女人愿意和男朋友到公园里约会，因为那样很寒酸，也没什么有趣的消费项目。她们愿意选择咖啡馆、西餐厅、豪华购物中心、舞厅等高档场所见面，这样才让她们觉得兴致盎然。她们的"精神生活"和"物质世界"结合得过于紧密了，这让男人觉得很乏味。再有钱的男人也喜欢那些坐在男朋友自行车后座上还有说有笑的女人。

对于情场犹太人来说，物质是面包，精神是果酱，光有果酱是无法度日的，太腻，也吃不饱。还不如光吃面包来得更可靠些。

男性的择偶

在挑选对象时，《塔木德》中有一段这样的话劝告男人：不要重美貌要重家庭，睁开眼睛挑选自己的新娘，不要只看外表，而是要看家庭背景，因为优雅风度是虚假，美貌是徒劳，敬畏上帝的女儿才值得赞美。

如果择偶只看重对方的美貌，那么夫妻之间婚后可能会出现不忠的事情。

犹太人看重用知识赚钱，他们认为对方是学者家庭为最佳。

怎么去选择理想的家庭呢？犹太人有这样的看法：

第一，为了能和学者的女儿结婚，一个人变卖所有家产也在所不惜。

第二，如果娶不到学者的女儿，就娶一个大人物的女儿也未尝不可。

第三，如果娶不到大人物的女儿，就娶一个犹太领袖的女儿也可以。

第四，如果娶不到犹太领袖的女儿，就娶一个慈善家的女儿为妻。

最后，如果娶不到慈善家的女儿，那么就娶一名教师的女儿。

但是，绝对不能和游手好闲人家的女儿结婚。

犹太人择偶时把学者家庭放在首位的原因何在呢？一位拉比说：

"只要能娶学者的女儿为妻，男人愿意做出任何牺牲，理由是如果将来他死了，或者被流放，他完全相信自己的孩子会有学问、会继承他的事业。"

"他不愿和一个出生在愚昧家庭的女儿结婚，因为一旦他死去或者被流放，恐怕他的孩子会不学无术。"

这就是犹太人的择偶标准，他们非常相信遗传学，他们不仅看重人的生物性遗传，而且注重知识和社会内容方面的遗传。